ALEGRIA DE TRABALHAR

Para Billy, Coco e Tula

ALEGRIA DE TRABALHAR

30 soluções para melhorar a cultura
da sua empresa e voltar a cair de
amores pelo seu trabalho!

Bruce Daisley

Proteção de direitos

Título em português: Alegria de Trabalhar. Copyright da tradução por ©AlfaCon Editora. Copyright © Bruce Daisley, 2019. Publicado pela primeira vez como The Joy of Work pela Random House Business Books, uma marca da Cornerstone. Cornerstone faz parte do grupo Penguin Random House. Todos os direitos reservados. Nenhuma parte deste livro pode ser utilizada ou reproduzida sob quaisquer meios existentes sem autorização por escrito dos editores.

Fotos reproduzidas de Unsplash: house p. 217 por Luke Stockpoole; homem de barba p. 217 por Tanja Heffner; cara feliz p. 287 por Hian Oliveira. Foto reproduzida de Pexels: cara zangada p. 287 por Pixabay. Todos os tweets reproduzidos por cortesia do Twitter, copyright © respectivas contas do Twitter.

Diretor Presidente
Evandro Guedes

Diretor da Editora / Operações e Gestão
Javert Falco

Diretor de Marketing / TI
Jadson Siqueira

Coordenação Editorial
Wilza Castro

Supervisão Editorial
Mariana Castro

Supervisão de Editoração
Alexandre Rossa

Analista de Conteúdo
Mateus Ruhmke Vazzoller

Assistente Editorial
Tatiane Zmorzenski

Consultor Editorial
Fábio Oliveira

Tradução
Cristina Yamagami

Revisão Ortográfica
Suzana Ceccato

Capa
Alexandre Rossa

Projeto Gráfico e Editoração Eletrônica
Nara Azevedo

Finalização
Alexandre Rossa

D134a

DAISLEY, Bruce. Alegria de Trabalhar; tradução Cristina Yamagami. 1.ed. Editora AlfaCon: Cascavel/PR, 2019.

352 p. 16 x 23 cm

ISBN: 978-85-8339-482-2

Alegria no Trabalho. Protagonismo na Carreira. Psicologia do Trabalho. Autorrealização. Felicidade Individual e Coletiva no Ambiente de Trabalho. Cultura Empresarial. Motivação no Trabalho. Cooperação. Trabalho em Equipe Desenvolvimento Pessoal. Inteligência Emocional. Reconhecimento no Trabalho. Felicidade no Trabalho. Liderança. Companheirismo no Trabalho. Respeito e Diversidade no Trabalho. Trabalho. Experiência no Trabalho. Bruce Daisley. Editora AlfaCon.

CDU: 658.3

Dúvidas?
Acesse: www.alfaconcursos.com.br/atendimento
Núcleo Editorial:
　Rua: Paraná, nº 3193, Centro - Cascavel/PR
　CEP: 85.810-010

Núcleo Comercial/Centro de Distribuição:
　Rua: Dias Leme, nº 489, Mooca - São Paulo/SP
　CEP: 03118-040

 SAC: (45) 3037-8888

Prefácio

Ao longo da minha carreira, por menor que fosse a minha área de influência e contribuição, a minha relação com o trabalho sempre precisou ser pautada em alguns princípios básicos: saber que estava contribuindo para a construção de algo maior, ter a possibilidade de construir redes de relacionamento dentro e fora da empresa, trabalhar com equipes diversas, entregar resultados e, sobretudo, ser feliz.

Em 2015, quando me juntei ao Twitter Brasil, meu desejo não era diferente, e a empresa não me decepcionou. O Twitter, na verdade, superou todas as minhas expectativas e, com menos de um ano de casa, eu escrevia o artigo "O que aprendi trabalhando no Twitter", que celebrava um ambiente de trabalho onde informalidade se misturava com responsabilidade e onde a combinação de gêneros, idades, raças, experiências e estilos de vida trazia uma saudável tensão criativa e resultava em mais inovação e melhores resultados.

Foi no Twitter que a minha história cruzou com a de Bruce Daisley, Vice-Presidente da empresa na Europa, no Oriente Médio e na África. Meu primeiro encontro com Bruce foi em uma reunião de líderes em Nova Iorque. Foi dele a responsabilidade de ser nosso mestre de cerimônias e me lembro, como se fosse hoje, do seu grande poder de comunicação, aliado à rapidez de pensamento e ao humor inteligente. Bruce Daisley é hoje um dos profissionais mais influentes da indústria da mídia e criador do *podcast Eat Sleep Work Repeat*, um dos mais populares podcasts de negóci os do Reino Unido.

Ao longo de uma bem-sucedida carreira em empresas de tecnologia, Bruce assumiu para si a missão de entender como podemos tornar nossos trabalhos mais gratificantes, produtivos e agradáveis. E, nessa busca, ele promove mediações constantes com psicólogos, neurocientistas e especialistas, que compartilham suas visões e aprendizados sobre como podemos melhorar o ambiente de trabalho.

Em **Alegria de Trabalhar**, Bruce faz um ótimo resumo de vários estudos e evidências históricas que mostram como o trabalho pode ser uma parte positiva da vida das pessoas. O livro apresenta 30 conselhos práticos sobre como melhorar a forma como trabalhamos. Esses conselhos são distribuídos em três seções, que criam um fluxo de leitura muito agradável: *Recarregue as baterias, Sincronize-se e Crie um Buzz*.

Ao longo das seções, você aprenderá como ser mais produtivo trabalhando menos. Além disso, você entenderá o poder de uma boa noite de sono e compreenderá como o riso torna as pessoas mais livres para expor suas visões e ideias. A relação entre equipes diversas e melhores resultados, a importância de adotar o "Modo Monge" todas as manhãs e os benefícios da criação de um ambiente de trabalho onde as pessoas se sintam psicologicamente seguras para se mostrarem vulneráveis também são alguns dos temas explorados por Bruce, de forma simples e inspiradora.

Alegria de Trabalhar é uma leitura obrigatória para todos que querem construir uma cultura de trabalho que incentive a criatividade e a produtividade, seja individual ou em equipe e, com isso, contribuir para a geração de melhores resultados.

Por fim, nas últimas páginas do livro você vai descobrir por que as pessoas respondem à pergunta "Como é trabalhar no Twitter?" com a hashtag *#LoveWhereYouWork*. Sim, assim como Bruce, eu também acredito de forma genuína que nós podemos ser felizes no trabalho!

Fiamma Zarife
Diretora-Geral do Twitter Brasil

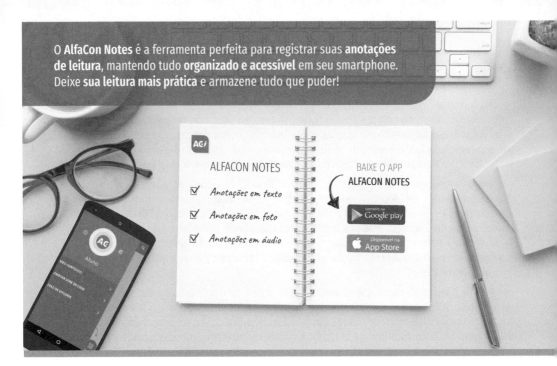

Passo 01:

Instale o **Aplicativo AlfaCon Notes** em seu smartphone.

Passo 02:

Faça o cadastro na plataforma **AlfaCon** ou entre com seu Facebook.

Passo 03:

Você terá acesso ao seu Feed de estudos, no qual poderá encontrar todas as suas anotações.

App AlfaCon Notes
Para criar uma nova anotação, clique no ícone localizado no canto inferior direito da tela.

Passo 04:

Cada tópico de seu livro contém **um Código QR** ao lado.

App AlfaCon Notes
Escolha o tópico e faça a leitura do Código QR utilizando o aplicativo AlfaCon Notes para registrar sua anotação.

Passo 05:

 Pronto! Agora você poderá escolher o formato de suas anotações:

Texto: Basta clicar no campo **"Escreva sua anotação"** e digitar seu comentário, **relacionado ao conteúdo** escolhido.

Áudio: clique no ícone **"microfone"**, na lateral inferior direita, mantenha o ícone pressionado enquanto grava suas considerações de voz sobre o tópico que está lendo.

Foto:

1) Clique no ícone, na lateral **inferior esquerda**.

2) **Fotografe** as anotações realizadas durante sua leitura.

3) Envie no ícone na lateral **inferior direita**.

» Agora você tem suas **anotações organizadas** e sempre à mão. Elas ficarão **disponíveis** em seu smartphone.

» Pronto para essa **nova experiência?** Então, baixe o app **AlfaCon Notes** e crie suas anotações, anotou? ;)

Mais que um livro. É uma experiência!

Conteúdo

Introdução.. 11

Podcast 25

Parte 1   **Recarregue as suas baterias......27**

Introdução..28

Recarga 1: Passe a Manhã no Modo Monge......... 35

Recarga 2: Faça uma reunião caminhando 44

Recarga 3: Use fones de ouvido 49

Recarga 4: Livre-se da doença da pressa 59

Recarga 5: Encurte a sua semana de trabalho 65

Recarga 6: Destrone o seu capataz interior 75

Recarga 7: Desative as suas notificações............. 81

Recarga 8: Saia para almoçar............................ 91

Recarga 9: Defina as suas próprias regras 99

Recarga 10: Faça uma desintoxicação digital 106

Recarga 11: Tenha uma boa noite de sono 112

Recarga 12: Faça uma coisa de cada vez............ 116

Podcast 120

Parte 2   **Sincronize-se 123**

Introdução... 124

Sincronia 1: Mude o bebedouro de lugar 149

Sincronia 2: Sugira uma pausa para um café 154

Sincronia 3: Reduza as suas reuniões pela metade 159

Sincronia 4: Organize um encontro social 169

Sincronia 5: Dê muita risada............................ 178

Sincronia 6: Energize os programas de boas-
-vindas 188

Sincronia 7: Não deixe o seu chefe ser um chefe
ruim (e não seja um também) 192

Sincronia 8: Saiba quando deixar as pessoas
em paz... 203

Podcast 209

Parte 3 **Crie um Buzz........................... 211**

Introdução..................................... 212

Buzz 1: Veja o trabalho como um problema a
ser resolvido.. 240

Buzz 2: Admita quando pisar na bola 247

Buzz 3: Mantenha as equipes enxutas 253

Buzz 4: Focalize os problemas, não as pessoas.. 260

Buzz 5: Crie uma Hack Week 265

Buzz 6: Proíba celulares nas reuniões.............. 272

Buzz 7: Promova a diversidade 279

Buzz 8: Substitua as apresentações pela leitura 283

Buzz 9: Conduza um pre-mortem...................... 290

Buzz 10: Relaxe... 296

Podcast 303

Epílogo: #LoveWhereYouWork 304

Bibliografia 312

Notas.. 319

Índice Remissivo 341

Agradecimento... 351

Recursos

 Ao final de cada *parte*, o leitor pode acessar *podcasts* (em inglês) para se aprofundar no tema tratado.

Para conhecer melhor as ideias de Bruce Daisley, acesse seu *podcast*:

https://eatsleepworkrepeat.com/category/*podcast*/

Introdução

Como cair de amores pelo seu trabalho

Qual foi o pior emprego que você já teve na vida? No dia do meu 16º aniversário, 30 centímetros mais baixo do que o 1,80 metro que tenho hoje, comecei a trabalhar numa lanchonete no centro da cidade de Birmingham, na Inglaterra. Eu era tudo o que um adolescente confiante não é, morrendo de vergonha da minha voz ainda meio fina e sem um pingo de traquejo. Inexperiente no mundo do trabalho, eu também morria de medo de ser demitido se meus chefes me pegassem conversando com qualquer pessoa e passava o tempo todo em silêncio. Do mesmo modo como nenhum aluno jamais admitiria gostar da escola, eu meti na cabeça que o trabalho não é uma coisa para se gostar. Tudo o que eu fazia era ir para a lanchonete e limpar as mesas em silêncio.

Eu era tão submisso que acatava qualquer ordem sem pestanejar, chegando a cumprir a exigência do gerente de limpar uma montanha de cocô de rato debaixo de uma pia, usando só toalhas de papel. Um belo dia, fui poupado do serviço de limpeza e meu chefe me mandou vestir uma fantasia ridícula e sair pelas ruas distribuindo vouchers de desconto para os passantes que, pelo que tudo indicava, não ficaram muito felizes em me ver.

Todavia, pensando bem, será que eu posso dizer que aquele foi o meu pior emprego? Olhando para trás agora, até pode ser, mas, na época, provavelmente não. O que aconteceu foi que, quando fiquei sabendo que nada me impedia de bater papo com os colegas, até os dias mais longos e mais difíceis passaram a ser um prazer. Ficou claro que a minha felicidade aumentava na proporção direta do número de risadas que eu dava por dia. Naqueles momentos de descontração, acabei criando vínculos com os colegas. Passar horas a fio trabalhando feito um camelo ao lado deles era melhor do que ficar em casa de braços cruzados esperando alguém inventar a Internet.

Depois daquilo, trabalhei em bares, fábricas, restaurantes e hotéis (reconheço que é muito mais fácil gostar desses empregos quando não se tem uma família para sustentar). E, pulando de um emprego ao outro, comecei a ver um padrão se formando. Descobri que os melhores lugares para trabalhar não eram necessariamente a criação de algum líder visionário apresentando um plano primoroso. Pelo contrário, os melhores lugares para trabalhar pareciam ser bons *apesar* dos chefes. Trabalhei num restaurante mexicano que virou uma verdadeira festa quando o dono, uma pessoa horrorosa, teve o último ataque de fúria e saiu batendo os pés e a porta. Ele era um verdadeiro pulha, ignóbil, horrendo (para evitar soltar um palavrão aqui), mas as pessoas só faltaram soltar rojões assim que ele saiu de cena.

Foi quando me dei conta de que a cultura de um lugar não depende só dos chefes. A cultura é formada por todas as pessoas. Todos nós podemos ajudar a transformar o trabalho num lugar acolhedor e ter um emprego gratificante.

Steve Jobs, numa frase que acabou ficando famosa, disse que "Você precisa adorar o que faz". Esse é o tipo de coisa que é mais fácil falar do que fazer, e é um daqueles conselhos casuais que podem deixar as pessoas se sentindo incapazes. Se precisamos adorar nosso trabalho, de quem é a culpa se isso não estiver acontecendo? A culpa é nossa? Será que o chefe não poderia usar isso contra nós? "Se você gostasse mesmo deste trabalho, não estaria pedindo um aumento/dizendo que você tem muito a fazer/reclamando que está estressado. Talvez seja o caso de encontrarmos alguém que realmente *queira* trabalhar aqui."

Contudo, apesar de eu achar errado deixar a cargo das pessoas encontrarem satisfação no trabalho, todos nós temos o poder de fazer com que o trabalho seja, no mínimo, um pouco mais agradável. O problema é que todas as evidências sugerem que o que está acontecendo é o contrário. Aquela suspeita de que "o trabalho costumava ser muito mais divertido do que é hoje" de fato parece ter uma base na realidade. Muitos de nós não somos apaixonados pelo que fazemos e é exaustivo tentar cair de amores pelo trabalho. Um levantamento da Gallup sobre a força de trabalho global sugere que apenas 13% dos funcionários são engajados no trabalho, o que significa que eles estão muito envolvidos e entusiasmados com sua atividade e seu local de trabalho. No caso do Reino Unido, essa porcentagem é ainda mais baixa: 8%.[1] Ficamos cada vez mais exauridos com a torturante sensação de que podemos perder o emprego a qualquer minuto e por um ambiente de trabalho que parece estar afetando cada vez mais o nosso tempo livre, enquanto corremos loucamente para acompanhar nossos e-mails e dar uma espiada no celular no domingo de manhã, caso aquele toque que acabamos de ouvir seja o arauto de algum incêndio a ser apagado.

Apesar da minha experiência limpando cocô de rato, eu diria que em geral tive muita sorte na vida profissional. Na última década, tive o privilégio de trabalhar em empresas como Google, Twitter e YouTube. Antes disso, trabalhei nas empresas responsáveis pelas revistas *Heat* e *Q*, Capital Radio e Kiss. Adorei trabalhar em todas essas empresas e, quando avancei para o meu cargo atual e passei a liderar minhas próprias equipes, é com orgulho e prazer que ouço os visitantes elogiando o clima do nosso escritório do Twitter em Londres ou recebo e-mails pedindo dicas para melhorar seu local de trabalho.

No entanto, o que me levou a transformar meu interesse pela cultura do trabalho em um estudo mais sério foi um momento em que as coisas não iam tão bem no Twitter. As pessoas não pareciam mais estar tão motivadas quanto antes. Algumas estavam saindo da empresa. Outras pareciam exauridas e desanimadas. E o pior era que eu não fazia ideia do que tinha dado errado ou como resolver o problema.

Em meio à insegurança e duvidando da minha própria capacidade, tomei a decisão um tanto quanto intrigante de começar um *podcast*. Achei que o *podcast* me daria uma oportunidade de conversar com especialistas do campo da psicologia organizacional, as pessoas que conhecem a fundo o mecanismo de um local de trabalho. Para minha surpresa, muitas das respostas que eles deram pareciam muito simples. Então, eu e Sue Todd reunimos algumas dessas dicas no The New Work Manifesto, uma lista de oito mudanças que qualquer pessoa pode fazer para melhorar seu trabalho. A reação do público foi extraordinária. Delegacias de polícia, enfermeiros, advogados e bancos entraram em contato conosco para saber como poderiam usar e adaptar as ideias para o trabalho deles.

O que descobri é que não faltam estudos, pesquisas e investigações científicas sobre o que faz com que o trabalho seja mais gratificante. O problema é que parece que as evidências nunca parecem se aplicar ao dia a dia do trabalho das pessoas. Por isso, com este livro, me propus a resumir tudo que os especialistas sabem, em 30 mudanças simples, que qualquer um pode fazer sozinho ou sugerir à equipe. Algumas dessas dicas eu já conhecia há um bom tempo e comprovei sua eficácia com minha própria experiência. Outras me ajudaram a corrigir maus hábitos que desenvolvi e que também notei em algumas pessoas. Algumas dicas podem parecer um enorme contrassenso... mas funcionam.

Nosso trabalho, não importa qual seja, pode ajudar a dar sentido à vida. Podemos relutar em sair espalhando aos quatro ventos que amamos o nosso trabalho, mas nunca devemos ter vergonha de nos orgulhar do prazer que temos com o que fazemos.

Espero que este livro o ajude a ser mais feliz.

Sob pressão

Por fora, Julian sempre passava a impressão de ser um homem tranquilo e despreocupado, mas estava sob uma enorme pressão. Ele se sentia cercado de exigências e expectativas aonde quer que fosse. Pessoas ligando para ele só para ver se estava tudo bem, mas com um tom de insistência na voz; colegas ansiosos para saber o que ele pretendia fazer em seguida. Você pode até achar que o seu trabalho é pequeno demais em comparação com um astro do rock, mas eu garanto que a história de Julian Casablancas vai ajudá-lo a voltar a curtir o seu trabalho.

Is This It, o primeiro álbum do The Strokes, foi um enorme sucesso de crítica e de público desde que foi lançado, em 2001. Uma pontuação de 91% o coloca entre os 40 melhores álbuns de todos os tempos no site Metacritic. O *Guardian* o nomeou um dos cinco melhores álbuns da década, a *NME* o considerou o quarto melhor de todos os tempos e declarou que a banda

Introdução 15

tinha o potencial de "salvar o rock". Um crítico da revista *Rolling Stone* disse que o álbum foi "mais prazeroso e intenso do que qualquer outra coisa que ouvi este ano" e o descreveu como "o tipo de coisa que faz uma lenda". Em um ano, a banda já esgotava ingressos nas mais prestigiosas locações do mundo.

Como acontece com a maioria dos álbuns de estreia de artistas desconhecidos, o processo de criação não foi nada glamouroso. O The Strokes, um grupo de cinco integrantes de Nova York, gravou o álbum em um estúdio rudimentar no porão de um apartamento em Manhattan. Todo o trabalho de composição no disco recaiu sobre os ombros do vocalista Julian Casablancas, que, de tão preocupado em compor novos hinos, acabou na posição deplorável de ter apenas a quarta melhor cabeleira do grupo. Mas o resultado, apesar de intencionalmente baseado em reverências musicais ao rock de garagem e ao som dos anos 1960 e 1970, também foi inovador. A banda passou o ano seguinte fazendo turnês e promovendo o álbum, e atraiu uma fervorosa base de fãs. Em pouco tempo, as pessoas já especulavam sobre como seria o próximo álbum.

Se uma estreia é uma maneira de fincar uma bandeira na terra, o segundo álbum não raro constitui as bases de uma reputação. Pouquíssimos artistas atingem o status de ícones no primeiro disco, mas podem atingi-lo no segundo. Foi o que aconteceu, por exemplo, com o Nirvana (com seu álbum *Nevermind*), com Amy Winehouse (*Back to Black*), com Kanye West (*Late Registration*) e com o East 17 (*Steam*). Sabendo disso, para o The Strokes, gravar um segundo álbum com base no sucesso do primeiro era um passo importantíssimo para o futuro do grupo. E seria um desafio e tanto viver à altura do primeiro álbum, considerando que ele tinha rendido nada menos que um Disco de Platina à banda.

O resultado foi uma enorme pressão. Pressão dos fãs, pressão dos críticos, pressão da família, que só queria ajudar, pressão da própria banda. Rumores começaram a surgir sobre sessões de gravação descartadas e projetos que não davam em nada e acabavam sendo abortados. Julian Casablancas estava tão estressado que desabafou a um jornalista da revista *Mojo*: "Eu mesmo estou me pressionando tanto que parece que não vou aguentar. E se um crítico ou o público disser: 'Ele foi uma enorme decepção desta vez'? Eu ficaria pirado e terrivelmente magoado".[2]

Ciente da enorme demanda de entregar um segundo trabalho espetacular, a banda seguiu aos trancos e barrancos e entregou o novo álbum, *Room on Fire*, para a gravadora a tempo de entrar no período de pico de vendas, no quarto trimestre de 2003. Os CDs começaram a ser produzidos e enviados para jornalistas entusiasmados pela banda. Imagino o medo de decepcionar pairando sobre a cabeça de Casablancas quando ele foi ler as primeiras críticas sobre o lançamento de outubro. Se ele não estivesse sentado, com certeza cairia de costas.

As críticas foram claramente desfavoráveis. Os críticos disseram que o álbum tentava repetir os truques do álbum de estreia e que a banda tinha perdido a originalidade. Um jornalista do *Guardian* sugeriu que "Grande parte de *Room on Fire* soa como uma banda esgotada tentando desesperadamente lembrar o que eles fizeram certo no álbum de estreia... metade do *Room on Fire* não passa de uma encheção de linguiça sem qualquer inspiração".[3] Nos Estados Unidos, a *Entertainment Weekly* traduziu com precisão o que muitos ouvintes acharam do novo disco: "[O novo álbum] não passa de um xerox borrado de *Is This It*".[4]

Será que o estresse destruíra a criatividade de Casablancas? Será que sua inventividade fora esmagada pela pressão de ser original? Evidências científicas irrefutáveis sugerem que as tensões e expectativas (criadas por ele mesmo e pelos outros) foram diretamente responsáveis por destruir a capacidade criativa de Casablancas. O que pode ter acontecido é que, em certo ponto, a pressão deixou de ser uma injeção de energia e acabou engessando a criatividade do artista. Sua mente ficou cheia de ruído e distração, sem deixar espaço para novas ideias. Quando estamos estressados, a inventividade muitas vezes é a primeira a sair do barco. Diante dessa situação, acabamos recorrendo ao que pareceu ter dado certo da última vez. Nós só repetimos em vez de inovar. Como o jornalista da *Entertainment Weekly* comentou: "É preocupante ver o The Strokes se repetindo já no início da carreira".[5]

O que isso tem a ver com o seu emprego? Bem, hoje em dia, o estresse é praticamente um estado normal no nosso dia a dia no trabalho. E os mesmos fatores que praticamente destruíram o processo de composição musical também conspiram para dificultar as decisões que tomamos no plano profissional. Nosso ambiente de trabalho está mudando e esses fatores negativos só estão ganhando força. Dito de outra forma, o trabalho está piorando. E as perspectivas são ainda mais desanimadoras. Basicamente, todos nós estamos presos no meio de duas tendências que estão mudando radicalmente tanto a natureza do trabalho quanto seus efeitos psicológicos sobre nós. Essas tendências passam varrendo tudo e podem ser chamadas de *megatendências*. Uma delas é a *conectividade constante*. A outra é a *inteligência artificial*.

Nos últimos 20 anos, temos sido enormemente afetados pelas demandas do trabalho. A possibilidade de receber e enviar e-mails pelo celular provocou uma transformação fundamental no nosso relacionamento profissional. Estamos conectados com o trabalho na rua, no ônibus e no sofá. Passamos mais tempo trabalhando, mas nada indica que estejamos produzindo mais.

No começo, tudo parecia um sonho. Receber e-mails no celular transformou num piscar de olhos a relação entre o local de trabalho e a atividade de trabalhar. De repente nos vimos livres para responder às mensagens em qualquer lugar, o que pareceu uma grande libertação. Finalmente tínhamos como responder a consultas dos clientes sobre o custo de um serviço no conforto do nosso sofá; tínhamos como comprar uma passagem de avião enquanto esperávamos um café; o colega do financeiro tinha como encaminhar à empresa um vídeo engraçado depois do *happy hour* de sexta. Mal sabíamos que receber e-mails no celular nos levaria a trabalhar mais. E ninguém poderia imaginar que trabalharíamos tanto.

Todavia, a essa altura, já dá para ter uma boa ideia. Um levantamento conduzido em 2012 sugeriu que os trabalhadores de escritórios britânicos viram sua jornada de trabalho aumentar em média 23%, ou duas horas por dia,[6] de 7,5 para 9,5 horas. Estamos falando de um aumento respeitável, especialmente considerando que os salários não aumentaram de acordo. Pior ainda, nossa disponibilidade mental para o trabalho está se estendendo ainda mais. Um estudo norte-americano descobriu que 60% dos trabalhadores passavam conectados ao trabalho 13,5 horas por dia todos os dias da semana e mais cinco horas nos fins de semana, o que equivale a uma semana de mais de 70 horas de conectividade.[7] E, como agora estamos disponíveis, nossos empregadores passaram a acreditar que é assim que deve ser. Um levantamento global sobre a força de trabalho realizado pela Gallup descobriu que, quando as empresas esperavam que os funcionários permanecessem conectados fora do horário de trabalho, 62% deles atendiam à expectativa.[8]

Como mostrarei mais adiante, os benefícios de trabalhar mais não foram comprovados. Na verdade, todas as evidências sugerem que a lei dos retornos decrescentes entra em ação à medida que o número de horas de trabalho aumenta, e uma das primeiras consequências é uma redução da nossa criatividade. Quando nos esgotamos, atingimos o que os psicólogos chamam de estado de "afetividade negativa" (veja p. 219 para saber mais). O problema é que esse estado tem o poder de nos fazer passar do amor ao ódio pelo trabalho. Cientistas demonstraram que, se não estivermos em um estado de grande bem-estar pessoal, começaremos a não gostar do nosso trabalho.[9]

Ao mesmo tempo, a conectividade que está nos exaurindo também está nos deixando mais infelizes. Metade das pessoas que checam o e-mail fora do horário de trabalho apresenta altos níveis de estresse, de acordo com cientistas que mensuraram os níveis de cortisol secretados na saliva.[10]

Como se isso não bastasse, a outra tendência (quero dizer, *megatendência*) é a inteligência artificial.

A chegada dos robôs é uma perspectiva assustadora, em grande parte porque ninguém sabe no que isso vai dar. Já dá para ver que a automação afetará enormemente muitos empregos mal remunerados. Todavia, como a inteligência artificial é ideal para executar tarefas repetitivas, a tecnologia pode ter um efeito desestabilizador ainda mais amplo. Uma das profissões que podem correr risco de extinção é o setor jurídico. O problema é que grande parte do trabalho jurídico envolve analisar documentos na tentativa de identificar precedentes de casos anteriores. Em outras palavras, o trabalho de "reconhecimento de padrões" do tipo que os computadores são especialmente bem equipados para fazer com rapidez e eficiência.[11] Assim, embora o direito possa parecer uma boa perspectiva no momento, muitas projeções sugerem que quase metade de todos os empregos jurídicos será eliminada com o tempo.[12] Em poucos anos, um programa de computador é que decidirá que "essa disputa legal é parecida com outro caso que teve tal e tal resultado".

Mas não faltam otimistas por aí. Matthew Taylor, CEO da Royal Society of Arts, que foi convidado pela primeira-ministra Theresa May para elaborar um relatório sobre o futuro do emprego,[13] me disse: "Pela análise, parece que o aumento das vendas do varejo pela Internet está criando empregos. Então, é verdade que o número de pessoas trabalhando em lojas físicas caiu. Mas o número de pessoas trabalhando em depósitos e na entrega de pedidos aumentou muito mais do que a queda do número de pessoas trabalhando no varejo".[14] De qualquer maneira, é difícil ignorar a previsão chocante de que qualquer emprego que hoje paga menos de £30 por hora corre o risco de cair nas mãos dos robôs.

E quais empregos têm mais chances de sobreviver? Em termos relativos, quanto mais rotineira for uma tarefa, mais fácil será substituir um ser humano por uma máquina. O que deve ficar claro para nós é que os trabalhos mais difíceis de substituir provavelmente serão os que requerem capacidade intelectual para resolver uma série imprevisível de problemas. Trabalhos que forçam as pessoas a perguntar-se continuamente "E se fizéssemos isso?", "E se tentássemos aquilo?", "E se mudássemos a embalagem?" Trabalhos que requerem criatividade no dia a dia. Inventividade, inteligência, ideias... esses são os atributos que a inteligência artificial tem menos chances de substituir, pelo menos por enquanto.

Pouca gente se dá conta, mas uma consequência da primeira megatendência de conectividade é que o trabalho

Introdução   21

está fritando o nosso cérebro. Não é por acaso que parece que vivemos mais ansiosos nos dias de hoje. O problema é que a principal parte da nossa vida, o trabalho, nunca foi mais estressante. É bem verdade que o mundo do trabalho nunca foi um mar de rosas, mas, uma ou duas gerações atrás, as pessoas contavam com uma divisão clara entre o trabalho e a vida pessoal e não precisavam passar o tempo todo checando se alguém precisava delas no escritório.

E este é o grande problema. Se quisermos sobreviver às consequências da inteligência artificial, precisamos estimular a criatividade no trabalho. Porém, a pressão que a conectividade constante nos impõe deixa-nos tão estressados, que é cada vez mais difícil que sejamos criativos no trabalho. Estamos entre a cruz e a espada. Como já vimos, alguns cientistas chamam esse estado de "afetividade negativa". Neste livro, mostrarei como 50 anos de estudos científicos revelaram as desvantagens da afetividade negativa e as vantagens da afetividade positiva.

As evidências sugerem que todos nós temos a capacidade de mudar e melhorar as coisas, mesmo se não ocuparmos uma posição de liderança no trabalho. E, mesmo se formos chefes de algumas pessoas, muitas das decisões sobre como as coisas devem ser feitas na empresa são tomadas pela alta administração. Mas isso não nos impede de mudar nossos próprios sentimentos e melhorar as interações da nossa equipe. Este livro se aplica a toda e qualquer pessoa. Não importa se você trabalha sozinho ou se a única maneira de mudar as coisas é sugerir à equipe assistir a um TED Talk sobre maneiras de melhorar as coisas. Saiba que você tem o poder de fazer a diferença na sua própria vida e na vida das pessoas ao seu redor.

Dividi este livro em três seções. Juntas, elas compõem um guia para criar ambientes de trabalho mais felizes, mas fiz de tudo para que cada capítulo possa ser lido individualmente.

Recarregue as baterias – na primeira seção, darei dicas para você recarregar as suas próprias baterias. Como podemos voltar a 100% de bateria? Quais são algumas dicas simples para fazer com que o trabalho não seja tão exaustivo? Como podemos passar da *afetividade negativa* à *afetividade positiva*?

Sincronize-se – na segunda seção, uso pesquisas científicas inovadoras para dar sugestões sobre como promover a confiança e a conexão na sua equipe. Parto da premissa de que não é você quem toma as decisões ou, em outras palavras, que você não pode simplesmente dizer às pessoas o que fazer. Mas você não pode presumir que seu chefe sabe como melhorar as coisas. Os CEOs não leem livros como este. Eles fazem cursos que custam milhares de dólares. Mas posso dizer que já vi dezenas de exemplos de equipes que melhoraram com a ação de apenas um colega movido por uma visão e alguns bons artigos.

Crie um *buzz* – esta seção descreve o nirvana de qualquer equipe: uma cultura de trabalho que tem uma energia especial. Alguns dos estudos mais empolgantes que apresentarei nas partes 2 e 3 foram realizados no Instituto de Tecnologia de Massachusetts (MIT), em Boston, onde um pesquisador especialmente brilhante está abrindo o caminho e mostrando que as melhores equipes de sucesso não só têm uma energia especial, como é possível mensurar seu nível de energização. Que lições podemos aprender para nos ajudar a estimular a criatividade, a energia e o sucesso da nossa equipe? Como podemos levar nossa equipe a ter um *buzz*?

O brilhante pesquisador ao qual me refiro é o professor Sandy Pentland. Antes de ele entrar em cena, os pesquisadores costumavam analisar diferentes situações de trabalho fazendo simulações em laboratório. Pentland descartou as situações artificialmente simuladas. Ele e sua equipe criaram "medidores de pessoas", pequenos crachás sociométricos individualizados que cada trabalhador leva pendurado no pescoço. Como a maioria dos trabalhadores já usa algum tipo de crachá, para se identificar ou entrar e sair do escritório, nenhum participante do estudo teve de adaptar seu comportamento. Os crachás *high tech* de Pentland lhe possibilitaram analisar o que de fato acontece nos escritórios, o que as pessoas realmente fazem e como suas decisões efetivamente afetam os outros. Ele também foi capaz de descobrir o que *não* funciona. As constatações de Pentland devem nos ajudar a repensar nosso comportamento no escritório, tanto em termos do que devemos fazer quanto do que não devemos. *Spoiler*: o e-mail praticamente não aumenta os níveis atuais de produtividade.

Por meio de estudos como esse, encontraremos uma maneira de reenergizar seu escritório com um *buzz* especial. Escolha um capítulo. Leia, experimente, leve-o a uma reunião de equipe, empreste-o a um amigo. Você verá que todos nós podemos levar o prazer de volta ao trabalho.

Vamos voltar a curtir nosso trabalho. É hora de redescobrir a alegria de trabalhar.

Podcast (em inglês)

Os robôs estão chegando ao seu trabalho? Matthew Taylor entregou um relatório ao primeiro-ministro, analisando o futuro do trabalho no Reino Unido. Aqui, ele explica sua visão sobre o futuro do trabalho e como o trabalho pode ser uma força para aumentar a felicidade.

Matthew Taylor é o CEO da RSA. Ele já foi um estrategista político, trabalhando com Tony Blair.

http://eatsleepworkrepeat.com/are-the-robots-taking-over/

Parte 1
RECARREGUE AS SUAS BATERIAS

Doze dicas para melhorar seu desempenho e tornar seu trabalho incrível

Introdução

Recarga 1	Passe a Manhã no Modo Monge
Recarga 2	Faça uma reunião caminhando
Recarga 3	Use fones de ouvido
Recarga 4	Livre-se da doença da pressa
Recarga 5	Encurte a sua semana de trabalho
Recarga 6	Destrone o seu capataz interior
Recarga 7	Desative as suas notificações
Recarga 8	Saia para almoçar
Recarga 9	Defina as suas próprias regras
Recarga 10	Faça uma desintoxicação digital
Recarga 11	Tenha uma boa noite de sono
Recarga 12	Faça uma coisa de cada vez

Introdução

Jamais subestime a importância de recarregar as baterias

Alexandra Michel, que trabalhava na indústria bancária e se tornou uma acadêmica, passou nove anos estudando os banqueiros de investimento enquanto eles escalavam pela árvore de dinheiro mágica dos bancos.

Os bancos de investimento não são famosos pelo carinho e atenção dedicados às práticas de trabalho de suas equipes. A regra tácita, em vigor durante décadas, era que as empresas do setor esperavam que os jovens iniciantes trabalhassem 15 horas por dia (das 8h às 23h) em troca da chance de transformar-se em um do 0,1% dos megabilionários. Em 2015, a Goldman Sachs revelou que o salário médio em seu escritório no Reino Unido era de £1 milhão. Pensando que essa média incluía funcionários administrativos com salários mais baixos, como secretários, o salário médio dos banqueiros era ainda mais alto que isso. Para os funcionários mais bem pagos da empresa, o valor pode ser muito mais alto que a bagatela de £1.[1] Os trabalhadores que se dedicam por 15 horas diárias no início da carreira podem começar ganhando apenas uma migalha em comparação a isso, mas a promessa de um salário milionário no futuro é um grande motivador, pelo menos por alguns anos, e horas de sono e uma vida afetiva caem para o segundo plano.

Poucos de nós somos obrigados a passar tantas horas trabalhando, mas podemos aprender muito observando como esse esquema implacável de trabalho afeta a saúde física dos banqueiros. E, com base nisso, podemos identificar os fatores estressantes na nossa própria vida.

O estudo de Michel descobriu que o excesso de trabalho quase sempre prejudicava a saúde física das pessoas, incluindo grandes mudanças de peso, perda capilar causada pelo estresse, ataques de pânico e incapacidade de dormir. No terceiro e quarto anos, a saúde dos funcionários pode sofrer graves prejuízos, incluindo diabetes, problemas cardíacos, endócrinos, imunológicos e até câncer. Em geral, os outros conseguem identificar com facilidade os sintomas do excesso de trabalho: "Ela não conseguia ficar com os olhos abertos", observou um cliente em relação a uma pessoa da equipe.[2]

As consequências mentais foram igualmente graves, incluindo dependência (drogas, bebidas alcoólicas, pornografia), perda de empatia, depressão e ansiedade. Na verdade, os efeitos físicos e mentais se mostraram inextricavelmente vinculados. Em outras palavras, o esgotamento físico levou a um débito no *orçamento corporal* das pessoas que a dependência tentava compensar.

"Sou a pessoa mais disciplinada que conheço. Mas às vezes parece que meu corpo assume o controle e faz coisas que me levam a me odiar. Simplesmente não tenho como evitar. Estou desesperado", disse um banqueiro. Outro banqueiro que lutava contra o vício acrescentou: "Às vezes acordo de manhã, lembro o que fiz no dia anterior e queria que tudo fosse só um pesadelo. Tudo o que eu quero é conseguir me controlar durante o dia e não deixar meu corpo se apossar de mim de novo". Outro banqueiro explicou que suas tentativas de controlar seu corpo muitas vezes levavam a consequências físicas: "Quando eu dava conta, me via fazendo de tudo para entorpecer o corpo para ele não me atrapalhar".

A conclusão de Michel foi que os banqueiros que ela estudou em geral se tornaram versões pioradas de si mesmos. "Corri para o carro do Uber", um banqueiro lembrou, "mas a porta estava trancada. O motorista tentou destrancar, mas não conseguia porque eu não parava de forçar a porta. Fiquei tão furioso que enlouqueci e comecei a esmurrar o vidro, xingando o coitado". *O motorista do Uber olha para a câmera. Pisca. Dá uma estrela ao passageiro.* "Quando você deixa de gostar do seu corpo, e deixa de ter compaixão e respeito por si mesmo, acaba fazendo a mesma coisa com os outros. Os banqueiros que se permitem esse distanciamento se transformam em verdadeiros tubarões devoradores de pessoas", disse o diretor de um banco de investimento a Michel. É alarmante, mas o excesso de trabalho também afeta a capacidade dos banqueiros de distinguir o certo do errado. E, como seria de se esperar, o ritmo implacável começou a extinguir qualquer centelha criativa que a pessoa poderia ter: "Antigamente, eu me sentia cheio de vida e as ideias me vinham com facilidade. Hoje em dia, preciso me esforçar muito mais e mesmo assim não tenho ideias muito originais", disse um funcionário, angustiado.

Como seria de se esperar, os *Jogos Vorazes* do excesso de trabalho resultam em muitas baixas no setor bancário. As pessoas não passam de lenha para alimentar a fogueira das vaidades. Para as grandes empresas, trazer sangue novo faz parte do processo. Não há espaço para muita compaixão, porque em alguns meses as empresas vão fazer a fila andar e uma nova leva vai entrar. E, afinal de contas, nada disso é novidade. Os bancos usam essas práticas há décadas. As pessoas passaram muitos anos fazendo vista grossa a esses excessos. Na verdade, eles eram vistos como rituais de trote para conquistar um lugar na panelinha dos bilionários.

Em agosto de 2013, um estagiário de 21 anos que trabalhava na divisão de investimentos do Bank of America Merrill Lynch teve um colapso e morreu de uma crise epiléptica. Quando o corpo de Moritz Erhardt foi encontrado, os colegas contaram que ele tinha passado três dias sem dormir.[3]

Mas algumas mudanças foram feitas depois disso. O setor bancário correu para melhorar suas culturas de trabalho. No outono de 2013, a Goldman Sachs orientou sua mais recente leva de recrutas a usar uma abordagem diferente. "Por favor, não trabalhem aos sábados", os gestores imploraram com uma compaixão inédita, acrescentando que os colaboradores não deviam trabalhar mais de 70 a 75 horas por semana. A "Regra do Sábado" da Goldman evoluiu e se transformou em uma regra de que os funcionários não podiam trabalhar no escritório das 21h de sexta até a manhã de domingo. E a Goldman não foi a única a fazer esse tipo de mudança. A Credit Suisse também lançou uma Regra de Sábado e o Bank of America Merrill Lynch sugeriu que os funcionários não trabalhassem mais do que 26 dias por mês.[4]

Meus colegas americanos fariam uma pausa para "digerir" essas informações. Está claro que alguma coisa está acontecendo no setor. Mas será que deveríamos ficar com pena desses aspirantes a milionários? Ou aplaudir as lágrimas de crocodilos dos gestores dos bancos? De um jeito ou de outro, os excessos do setor bancário nos dão uma ideia, apesar de extrema, do que acontece na nossa própria vida.

É quase certo que a sua semana de trabalho é mais curta do que a dos banqueiros, mas, se a sobrecarga de trabalho deles pode causar danos (por vezes irreversíveis) num período de três ou quatro anos, o estresse do *nosso* trabalho também deve nos afetar, mesmo se levar mais tempo para vermos os efeitos.

Introdução   31

Como os banqueiros, tentamos mascarar os efeitos danosos do trabalho em excesso. A maioria de nós ainda não chegou ao estágio do tubarão devorador de pessoas, mas podemos reconhecer alguns sintomas.

O mundo está sendo varrido por uma epidemia de *burnout*. Naturalmente, nem sempre os empregadores inescrupulosos querem arcar com a despesa de evitar a estafa dos funcionários. Como acontece no setor bancário, setores inteiros se baseiam nesse modelo de exaurir e fazer a fila andar. Contratar jovens recém-formados sedentos para subir na empresa, forçá-los a trabalhar 15 horas por dia e botá-los no olho da rua quando não conseguirem mais aguentar o tranco.

Todavia, se essas longas jornadas de trabalho são praticadas há gerações em alguns setores, por que parece que as pessoas estão pagando um preço mais alto por isso agora? O problema é que hoje em dia passamos o tempo todo conectados ao celular.[5] É verdade que os banqueiros sempre trabalharam demais, mas, antes dos celulares, aquelas míseras sete horas por dia fora do trabalho eram efetivamente passadas *fora do trabalho*. Agora, não podemos nos dar ao luxo nem de ter essa breve trégua. É cada vez mais difícil fugir do trabalho. Diante dessa mudança, essa antiga prática está levando as pessoas ao colapso. Os setores que se baseiam nesse modelo estão descobrindo que estão exaurindo e descartando muitos de seus futuros talentos.

A situação do mundo do trabalho moderno está tão grave que, em um levantamento após o outro, mais da metade dos trabalhadores relata sentir-se esgotada ou exaurida.[6]

Outra tendência que tem sido observada nos últimos anos é a intensificação da solidão no trabalho. Pesquisadores descobriram que, junto com o aumento da exaustão, a sensação de isolamento também aumentou enormemente.[7] As pessoas vão ao escritório, muitas vezes passam o dia inteiro em meio a um mar de cubículos e mesmo assim se sentem solitárias. Um levantamento recente sugeriu que 42% dos trabalhadores britânicos não têm um único amigo no trabalho.[8] Essa é uma situação no mínimo extraordinária. No passado, as pessoas empregadas costumavam ser mais felizes e mais satisfeitas do que as desempregadas. Nosso emprego, fosse ele qual fosse, costumava nos dar um senso de propósito e um sentimento de companheirismo.

Acontece que todas as estrelas se alinharam e acabamos nascendo numa era de alucinantes avanços tecnológicos. Se você perdeu um programa na TV à noite, pode vê-lo no celular no ônibus a caminho do trabalho. Usando esse pequeno dispositivo que levamos por toda parte, agora temos como falar com todas as outras pessoas do planeta. Quando sonhamos com esse futuro, nunca nos imaginamos como zumbis tropeçando pela rua para entrar eletronicamente no escritório. Pelo contrário, imaginamos mordomos robóticos nos servindo sorvete enquanto tomamos sol à beira da piscina.

Alguma coisa não deu certo, mas como podemos esperar corrigir a situação se não analisarmos as evidências?

Esta seção se propõe a conduzi-lo em um processo de recuperação. Sugiro uma série de reformas destinadas a ajudá-lo a ser mais feliz no trabalho e a transformar o seu escritório em um lugar mais alegre. Nesta seção você encontrará os últimos estudos científicos para mostrar ao seu chefe e a seus colegas, bem como sugestões para melhorar a sua vida no trabalho. Pense nela como uma coletânea de soluções comprovadas para melhorar seu desempenho. Todas as mudanças propostas foram testadas e comprovadamente aumentaram a produtividade, a criatividade e o prazer no trabalho.

Nos últimos 15 anos, vimos avanços incríveis no que se sabe sobre o trabalho. Graças à neurociência, à economia comportamental e ao advento do novo campo do "*people analytics*", hoje sabemos mais do que nunca sobre como o trabalho afeta as pessoas e o que podemos fazer para melhorá-lo. Você encontrará inúmeras sugestões que efetivamente transformarão a sua atitude em relação ao trabalho... e, em consequência, farão de você uma pessoa mais feliz.

O trabalho costumava ser muito mais prazeroso do que é hoje. Mas temos o poder de resolver isso. Precisamos reconhecer que as demandas mudaram e nos adaptar a elas.

Recarga 1

Passe a Manhã no Modo Monge

Como é o seu escritório? É bem provável que ele seja um espaço de *layout* aberto. Hoje em dia, parece que a única discussão sobre a arquitetura dos escritórios diz respeito à decisão do *tipo* de *layout* aberto onde você vai ter de trabalhar, o que, por sua vez, geralmente se resume a uma discussão para decidir se o seu chefe vai ter uma sala ou se terá uma mesa ao lado de uma "sala de reunião", onde ele vai acabar enfurnado.

O chefe da Google tem uma sala.[1] O chefe do Facebook trabalha ao lado de uma sala de reunião. O da Netflix não tem uma sala.[2] O da Gap tem uma sala (mas não tem uma mesa... vou deixar para você imaginar como ele trabalha).

O que nossos chefes fazem é um reflexo de dois fatores conflitantes: o desejo de parecer mais próximo de suas equipes e a dificuldade de fazer qualquer trabalho num escritório de *layout* aberto.

Os escritórios começaram a desaparecer à medida que o trabalho se tornava cada vez mais informal, menos empresas exigiam que os funcionários usassem gravata durante todo o dia e os trabalhadores tiveram permissão de dar um toque pessoal no local de trabalho. Para muitas pessoas, os escritórios se tornaram uma mera relíquia do modelo hierárquico ultrapassado. A ausência de corredores e espaços definidos mostrava que a empresa tinha interesse em promover uma estrutura mais achatada e não estava preocupada em impor camadas de gestão.

É claro que outra razão da popularidade do *layout* aberto foi o fato de ser extremamente barato. Quando o aluguel sobe, uma das soluções que fazem mais sentido, economicamente falando, é derrubar as paredes. Um colunista do *Financial Times* citou evidências de que o custo de um *layout* aberto em mesas em Londres em 2017 era de cerca de £15.000 anuais, e salas individuais sem dúvida custam ainda mais.[3] Foi por isso que as paredes foram derrubadas. Amplos espaços abertos foram adotados pela maioria das empresas. Muitos acabaram com uma aparência agradável e elegante. O espaço adicional permite pendurar pinturas nas paredes ou uma decoração melhor. Permite a entrada de mais luz natural.

Seus adeptos argumentam que o *layout* aberto também promove um ambiente de trabalho melhor, com encontros casuais inesperados, colegas se reunindo e atingindo epifanias maravilhosas em um bate-papo informal. Jony Ive, diretor de *design* da Apple, descreveu sua visão para o novo escritório da empresa na Califórnia, que abrigaria 13 mil funcionários, como um "símbolo de abertura e de circulação livre". Ele disse à revista *Wired*: "A ideia é fazer um prédio onde todas essas pessoas possam criar vínculos, colaborar, andar por aí e conversar".[4]

O único problema dessa visão utópica é que isso na verdade não acontece. Escritórios de *layout* aberto foram estudados vez após vez e a conclusão é sempre a mesma: em termos de produtividade, eles são um desastre. Vejamos as conclusões de um estudo feito em uma companhia de petróleo e gás. "Os psicólogos avaliaram a satisfação dos funcionários com o ambiente, bem como seu nível de estresse, o desempenho no trabalho e as relações interpessoais antes da transição, quatro semanas após a transição e, por fim, seis meses depois", explicava a introdução do relatório. O que eles descobriram não foi nada animador: "Os funcionários foram prejudicados em todos os critérios: o novo espaço era disruptivo, estressante e pouco prático e, em vez de se sentirem mais próximas, as pessoas se sentiam distantes, insatisfeitas e ressentidas. A produtividade caiu".[5] Outra pesquisa realizada em uma empresa diferente sugeriu que, quando os trabalhadores mudavam para um escritório de *layout* aberto, o número de e-mails que as pessoas enviavam aumentou 56% e as interações presenciais caíram em um terço.[6] Um estudo conduzido na Nova Zelândia descobriu que o *layout* aberto não só aumentou as demandas sobre os trabalhadores como também levou as pessoas a serem menos amistosas umas com as outras, talvez pela frustração de não conseguir fazer o trabalho a contento.[7]

Ao apresentar sua visão para o escritório da Apple, Jony Ive usou termos maravilhosamente empoderadores. Mas nem todos os funcionários concordaram. Tanto que, de acordo com o *Silicon Valley Business Journal*, alguns dos engenheiros mais seniores da empresa optaram por trabalhar em outros prédios.[8] De acordo com relatos, o barulho e a distração do *layout* aberto não se adequavam à maneira como as equipes da Apple criavam seus produtos mundialmente famosos.

Chega a causar estranheza a ausência de evidências a favor do *layout* aberto. As pessoas que trabalham em escritórios de *layout* aberto tiram muito mais dias por licença médica do que as que trabalham com apenas um punhado de colegas (menos de seis) por perto.[9] Quando vão ao trabalho, de acordo com um relatório, distrações constantes forçam as pessoas a serem interrompidas em média a cada 3 minutos, por colegas parando para fazer uma perguntinha, fragmentos de conversas ouvidas sem querer, sem mencionar todas as outras distrações da rotina de um escritório moderno.[10] Considerando que os especialistas argumentam que pode levar até 8 minutos para retomar a concentração após uma interrupção, o tempo desperdiçado é enorme (outros especialistas chegam a sugerir que o tempo para retomar completamente a concentração profunda pode chegar a 20 minutos[11]). O fato é que os seres humanos não são bons em alternar a atenção. Um estudo voltado a analisar engenheiros de *software* sugeriu que, se um engenheiro estivesse trabalhando em cinco projetos simultaneamente, perderia 75% de seu tempo para alternar sua atenção entre eles, restando apenas 5% de atenção por projeto.[12]

Número de projetos simultâneos	Perda para a alternação de contexto	Porcentagem de tempo posteriormente disponível por projeto
1	0%	100%
2	20%	40%
3	40%	20%
4	60%	10%
5	75%	5%

A professora de Administração de Empresas, Sophie Leroy, descreve o processo. "As pessoas precisam parar de pensar em uma tarefa para fazer a transição completa da atenção e ter um bom desempenho em outra", ela explica. "Mas os resultados indicam que as pessoas têm dificuldade de desviar a atenção de uma tarefa inacabada e seu desempenho acaba saindo prejudicado."[13] Leroy diz que, quando passamos de uma tarefa (digamos, responder a um e-mail) a outra (como escrever uma apresentação), há um "resíduo de atenção". Em outras palavras, continuamos meio que pensando se a resposta àquele e-mail estava certa ou quando o chefe vai responder. O resultado é que passamos mais tempo fazendo um trabalho que, ainda por cima, não sai tão bom. Alguns cientistas chegaram a sugerir que, quando nos engajamos mentalmente nas multitarefas, nosso QI cai até 10 pontos (para todos os efeitos, é como se estivéssemos chapados).[14]

Interrupções constantes e distrações também nos dão a *sensação* de que não estamos avançando tanto no trabalho. E isso afeta muito o valor que atribuímos a nós mesmos. A psicóloga Teresa Amabile, que fez amplas pesquisas na área, constatou que as pessoas ficam satisfeitas no trabalho quando *se sentem confiantes de que fizeram algum progresso*. E isso não acontece respondendo a uma montanha de e-mails, mas focando uma única tarefa.[15] O psicólogo húngaro-americano Mihaly Csikszentmihalyi usa o termo "fluxo" para descrever esse fenômeno. Nas palavras de Csikszentmihalyi, quem entra no fluxo "está totalmente envolvido em uma atividade pela própria atividade. O ego se dissolve. O tempo voa. Toda ação, movimento e pensamento se seguem inevitavelmente ao anterior, como tocar jazz. Todo o seu ser está envolvido e você está usando suas habilidades ao máximo".[16]

Amabile observa que esses momentos de fluxo não precisam necessariamente ser prolongados. Os benefícios podem resultar de breves períodos de concentração. Tendo vasculhado mais de 9 mil registros diários de trabalho que os participantes do estudo mantiveram, ela e sua equipe descobriram que um dia gratificante para os participantes invariavelmente incluía um progresso considerável em alguma tarefa que estavam tentando realizar. Era um dia que incluía um momento (em geral solitário) em que as pessoas entram em um estado mental no qual as ideias pareciam finalmente se encaixar. Como um dos participantes relatou: "O evento mais importante do meu dia foi que... consegui me concentrar no projeto sem interrupções. [Antes] eram tantas interrupções para jogar conversa fora que eu não conseguia fazer um trabalho decente. Acabei tendo de ir trabalhar sozinho em outra sala para avançar no projeto".[17] A ausência de distrações leva ao silêncio, o silêncio leva ao fluxo, o fluxo leva ao progresso, o progresso leva à satisfação.

Pode parecer uma contradição com o que costumamos ouvir sobre a criatividade: que é um trabalho coletivo, que é fruto da colaboração em equipe. Até certo ponto, é mesmo, e uma conversa em grupo pode ser muito produtiva em espaços de trabalho de *layout* aberto projetados para isso.

Mas nosso trabalho mais importante tem mais chances de ser feito em solidão. Um sinal de que isso é verdade é se você já se pegou dizendo: "Eu não consigo fazer nada no trabalho", "Vou correndo para a sala de reunião antes que alguém entre, porque lá vou conseguir adiantar o trabalho".

O escritor e acadêmico Cal Newport cunhou o próprio termo para se referir ao "fluxo". Ele chama o processo de "trabalho focado" e o define como "atividades profissionais realizadas em um estado de concentração livre de distrações que elevam ao máximo as capacidades cognitivas da pessoa". Ele dá uma dica prática para atingir esse estado. "Estou começando a ver mais empreendedores", ele me disse, "especialmente CEOs de pequenas *startups*, praticando o que eu chamo de 'Manhã no Modo Monge'. Eles dizem: 'Ficarei incomunicável até às 11h ou meio-dia, não estarei disponível para reuniões, não vou responder a e-mails nem atender o telefone antes disso'. A empresa toda se adapta a essa ideia de que a primeira parte do dia é a *hora do foco*. A segunda parte do dia é para as outras coisas". Essa abordagem está de acordo com a recomendação de Amabile de adotarmos um modelo misto de trabalho, uma mistura de tempo em silêncio e contato com os colegas. Realizar um trabalho importante, para Amabile, "implica proteger implacavelmente blocos da semana de trabalho, blindando a equipe das distrações e interrupções que são uma condição normal da vida organizacional".

Que tal tentar fazer isso? Por que não dizer à sua equipe que, digamos, na quarta e na sexta, você vai trabalhar em casa e só irá ao escritório às 11h da manhã? Um dos meus colegas do Twitter em Londres tentou fazer uma versão da Manhã no Modo Monge. David Wilding leva nada menos que duas horas para ir de casa ao trabalho. Ele decidiu que pegar um trem para Londres na hora do rush era um desperdício de tempo. É impossível conseguir uma mesa no trem e ele passa as duas horas espremido em um mar de desconhecidos. Por isso, optou por pegar um trem um pouco mais tarde, quando consegue sentar-se em uma mesa, e (graças ao péssimo wi-fi do trem) se concentra em projetos que exigem mais foco do que responder a e-mails e bater papo com os colegas. Ele pode chegar um pouco atrasado ao escritório nos dias programados para pegar o "trem atrasado", mas, quando chega, sua Manhã no Modo Monge lhe proporcionou pelo menos uma hora de um valioso trabalho focado.

Rory Sutherland, o famoso publicitário e diretor executivo de criação da Ogilvy-One, vai ainda mais longe. Ele acredita que nem deveríamos ir ao escritório para responder a e-mails. Só deveríamos ir ao trabalho para conversar e encontrar as pessoas. Ele diz que, no passado, "você tinha de ir trabalhar para tirar um xerox, para usar o computador, para fazer uma apresentação, para enviar um telex e até para fazer um telefonema internacional... Você basicamente ia ao escritório para fazer isso porque a ligação custava £29 e você não desejava isso na conta de telefone da sua casa. Nesse contexto, o escritório cumpria muitas funções. E, se você estivesse fora do escritório, não dava para fazer muita coisa, além de trabalhar com um lápis e uma folha de papel e pensar sobre o trabalho". Entretanto, hoje em dia, "90% das funções de um escritório podem ser feitas em casa. Basta ter uma Internet decente. Por isso acho interessante levantar a questão: 'Para que serve um escritório hoje em dia?'" Na opinião de Sutherland, se você quiser ser mais produtivo e engajado no trabalho, é um erro ir ao escritório só para sentar-se diante do computador e responder a e-mails. O escritório é para fazer reuniões agendadas com as pessoas ou encontrá-las por acaso. "E o problema que sempre vejo", ele diz, "é que, quando você está ocupado com os e-mails, não está encontrando as pessoas por acaso, porque ler e responder a e-mails é um comportamento antissocial por natureza".[18]

Se parte do segredo de ser mais feliz e satisfeito no trabalho envolve sentir que você realmente está progredindo em um projeto importante, talvez tirar uma Manhã no Modo Monge duas vezes por semana possa ser uma boa ideia para você e seus colegas. Por que não sugerir isso para a sua equipe?

DICAS PARA FAZER A SEGUIR:

» Pense na última vez que conseguiu progredir em algum projeto. Você consegue pensar em maneiras de replicar as mesmas condições para a próxima tarefa? O que precisaria recusar, cancelar ou reagendar para se permitir três horas de trabalho ininterrupto duas vezes por semana?

» A maioria das pessoas acha que o Modo Monge funciona melhor de manhã, mas pode ser que, no seu caso, seja mais interessante reservar um tempo à tarde.

» Quando estiver no Modo Monge, tente evitar quaisquer distrações ou interrupções. Isso inclui silenciar o celular e fechar o e-mail.

» Mantenha um registro do que você conseguiu realizar no Modo Monge. As informações podem ajudá-lo a convencer o pessoal "do contra" a experimentar a ideia.

» Se você achar que essa nova abordagem não está dando certo, experimente diferentes horários e dias da semana.

Recarga 2

Faça uma reunião caminhando

Quando você está trabalhando diante do computador ou trancado em uma reunião tentando ter ideias, sair para uma caminhada pode parecer uma distração. Afinal, se você está atolado de trabalho, parar para fazer um intervalo só vai piorar as coisas. Você vai acabar com o mesmo volume de trabalho, mas com menos tempo para fazer tudo.

Todavia, algo mágico parece acontecer quando forçamos o sangue a circular pelo nosso corpo. E, para muitas pessoas, sair para uma caminhada é uma das melhores coisas para soltar as ideias e ativar as sinapses criativas. Como J. K. Rowling diz: "Não há nada melhor do que uma caminhada à noite para ter ideias". Outro escritor, Charles Dickens (um autor heroicamente prolífico que escreveu 15 romances, centenas de contos e editou uma revista semanal) trabalhava em intensos blocos de cinco horas de concentração, das 9h às 14h, todos os dias, e, concluída sua própria versão do trabalho focado, saía para uma caminhada de 15 a 20 quilômetros. "Se eu não fizesse isso, ficaria doente", ele argumentou. O filósofo Søren Kierkegaard explica bem a ideia: "Foi caminhando que tive minhas melhores ideias", ele escreveu, "desconheço qualquer pensamento tão opressivo que não possa ser dissipado por uma caminhada".[1]

Mas será que esses relatos são comprovados por alguma evidência científica? Foi o que Marily Oppezzo e Daniel Schwartz, da Universidade de Stanford, propuseram-se a investigar. Em seus experimentos, eles usaram uma série de testes de criatividade reconhecidos, como o teste de "usos alternativos", em que um item é sugerido a um participante, que é solicitado a propor maneiras criativas, porém apropriadas, de usar o item (por exemplo, um participante recebeu uma chave e, inspirado em seu formato, que lembrava vagamente um olho, sugeriu que a chave poderia ser usada como um novo olho; essa resposta *não* pôde ser considerada uma "inovação apropriada", mas a ideia que outro participante propôs, de uma vítima de assassinato prestes a morrer usar a chave para escrever o nome do assassino no chão, pôde ser considerada apropriada, apesar de ter suscitado alguns olhares temerosos dos outros participantes).[2] Em seguida, os testes foram repetidos em diferentes cenários: com participantes que estavam sentados depois caminhando, caminhando depois sentados, só caminhando e só sentados.

O que Oppezzo e Schwartz descobriram foi que a caminhada levou a um grande aumento do pensamento criativo. Com efeito, 81% dos participantes deram mais sugestões criativas quando estavam caminhando do que sentados (o aumento médio foi de 60%). A explicação dos pesquisadores foi que o exercício aeróbico durante o pensamento criativo (ou antes) teve o efeito de energizar esses pensamentos. A caminhada mostrou-se extremamente eficaz para ter ideias, apesar de não ter sido a maneira mais eficaz de resolver problemas lógicos complexos. Como os cientistas explicam, caminhar pode não ser bom para o *pensamento convergente* (ou seja, chegar à resposta "correta", padrão, para uma pergunta), mas é uma excelente maneira de estimular o *pensamento divergente* (sair-se com ideias novas e criativas). Melhor ainda, o efeito é duradouro. Os participantes que saíram para uma caminhada *antes* de precisar ser criativos saíram-se melhor nos testes do que os que ficaram sentados.

O *local* da caminhada também pode fazer diferença. Outro estudo, publicado em 2012, sugeriu que uma caminhada de 50 minutos ao ar livre pode ajudar na concentração. A experiência de perambular em meio à natureza tem o efeito de limpar nosso palato e desanuviar a nossa mente.[4]

Mas os benefícios não se restringem a ter ideias produtivas. Também dá para fazer reuniões caminhando. Chris Barez-Brown, diretor de uma empresa de treinamento de liderança chamada Upping Your Elvis, que ganhou fama por inspirar os líderes a ter ideias mais criativas, acredita firmemente que o poder criativo gerado por uma caminhada também tem um efeito enorme quando caminhamos com os colegas. Sua empresa emprega um processo que eles chamam de "Walk It Out" (algo como "caminhar para resolver", em tradução livre) para ajudar as pessoas a superar os obstáculos mentais subconscientes.

A abordagem de Barez-Brown é enviar os participantes em duplas para breves caminhadas (às vezes 30 minutos, muitas vezes bem menos que isso). Durante a caminhada, um deles é instruído a falar (ou "falar bobagens e delirar", como ele diz) sobre algum problema. Ele diz que as pessoas costumam receber a ideia com ceticismo: "Eu até posso tentar, mas duvido que vai ajudar em alguma coisa". No entanto, "meia hora depois eles voltam dizendo: 'Uau, tive uma revelação! Agora tudo ficou mais claro'". Barez-Brown acredita que, com essa abordagem, ganhamos uma nova perspectiva ao desemaranhar nossas ideias quando tagarelamos e deliramos sobre elas. "Não costumamos ter a chance de falar sobre a nossa vida sem nos editar", explica Barez-Brown. Todavia, quando caminhamos lado a lado com alguém, damo-nos a liberdade de reorganizar nossos pensamentos e apresentá-los de uma nova perspectiva. Algumas situações podem demandar meia hora de caminhada, mas, quando Barez-Brown conduz sessões de treinamento fora da empresa, sua técnica preferida é mandar as pessoas para caminhar por 7,5 minutos: uma pessoa para ouvir, outra para falar. "Em geral, quando as pessoas voltam, estão pensando com muito mais clareza sobre coisas às quais elas não prestavam muita atenção, coisas que as incomodavam".[5] Falar desse jeito lhes permite acionar o pensamento divergente gerador de ideias estimulado pela caminhada, mas também combina com o estilo de *filtrar as ideias* do pensamento convergente.

Algumas pessoas podem objetar que vagar ao ar livre falando sobre assuntos que podem ser extremamente confidenciais é um verdadeiro campo minado. E se alguém ouvir? Não é mais seguro manter o sigilo em uma sala de reunião a portas fechadas? De acordo com a máfia, não. Joseph C. Massino, o único chefe da máfia nova-iorquina que já cooperou com as autoridades, contou em um tribunal que as regras de ouro para ter uma conversa discreta incluem: "Você nunca fala num clube, você nunca fala num carro, você nunca fala ao celular, você nunca fala ao telefone, você nunca fala na sua casa".[6] (Além do conteúdo, acho que o jeito como ele falou daria um rap de máfia genial.) Massino testemunhou no tribunal que o mais seguro era conversar andando pela rua. Se a máfia, que sempre podia estar sendo seguida por agentes do FBI, considera seguro falar caminhando, suspeito que a sua empresa vai sobreviver se você falar sobre o plano de *marketing* do ano que vem, caminhando na praça.

Então, se você quiser um jeito de não ficar tão oprimido com o trabalho que tem para fazer hoje, ou quiser aclarar as ideias, pode ser interessante sair do escritório e dar um passeio a céu aberto. Nas palavras do filósofo alemão Friedrich Nietzsche: "Todas as ideias verdadeiramente grandes são concebidas caminhando".

DICAS PARA FAZER A SEGUIR:

- » Chame um colega para fazer uma reunião caminhando.
- » Saiba que as primeiras tentativas podem causar estranhamento. Continue tentando!
- » Mantenha em mente que algumas pessoas serão mais receptivas à sua sugestão. Outras podem não receber bem a ideia e acabar prejudicando a experiência. Não desperdice uma boa ciência com participantes nada solícitos.
- » Tente variar a duração das caminhadas. As sessões de 7,5 minutos de Chris Barez-Brown dão tempo suficiente para acionar nosso pensamento divergente antes de voltarmos a nos sentar para mobilizar o pensamento convergente.

 *Recarga 3*

Use fones de ouvido

A questão dos fones de ouvido é um grande divisor nos escritórios.

Alguém já discutiu sobre fones de ouvido no seu escritório? O pessoal mais velho da sua empresa, que pode sentir-se saudoso da época em que um escritório não envolvia um computador em cada mesa, ridiculariza os fones de ouvido, reclama deles ou fala com nostalgia da época em que as pessoas trabalhavam "direito"?

Os fóruns de profissionais de RH mostram uma furiosa divisão geracional sobre as vantagens ou desvantagens dos fones de ouvido.[1] Os mais jovens tendem a defender seu uso, os mais velhos os recebem com desconfiança. Em um artigo da *Harvard Business Review*, Anne Kreamer, que trabalhou na gestão da Nickelodeon, falou por muitos conservadores quando expressou sua firme desaprovação.[2] Se ela tivesse usado fones de ouvido no início da carreira, argumentou, teria perdido, entre outras coisas, a "empolgação coletiva" quando uma boa notícia percorria o escritório.

Longe de mim questionar a carreira de sucesso de Kreamer, mas me pergunto se ela não pode estar romantizando um pouco o passado. Como Kreamer, não sou exatamente um jovem, mas não consigo me lembrar de grandes "olas" de euforia se propagando pelo escritório como em um estádio de futebol. Será que eles batiam palmas a cada novo episódio de *Rugrats* na Nickelodeon? Todavia, na época à qual Kreamer se refere no artigo, os anos 1990, imagino que um terço ou até a metade das pessoas estava ao telefone a qualquer momento do dia. Acho que ver os colegas pulando alegremente pelo escritório não seria considerado um bom motivo para encerrar um telefonema... mesmo se eles tivessem acabado de ver um episódio de *Kenan & Kel*.

A verdade é que, como o poder no trabalho tem uma distribuição desigual em termos de gerações, virou moda culpar os jovens da Geração Y e da Geração Z pela maioria das coisas de que os chefes não gostam. Os fones de ouvido são uma das coisas pelas quais os trabalhadores mais jovens são culpados. Muita gente acha (equivocadamente) que, quando as pessoas não usam fones de ouvido no trabalho, elas se engajam em intensos diálogos socráticos, com colegas rabiscando em quadros brancos enquanto ouvem outros colegas discursando por perto sobre ideias espetaculares para os planos do próximo ano. Na realidade, o clima de trabalho não muda muito entre escritórios que permitem e os que não permitem fones de ouvido.

Os fones de ouvido são basicamente um mecanismo de enfrentamento, ajudando seus usuários a evitar distrações em um escritório onde, caso contrário, eles seriam constantemente interrompidos. Assim como os engenheiros seniores da Apple preferiram evitar o *layout* aberto do escritório (veja a Recarga 1), os usuários de fones de ouvido gostam de se isolar. Acontece que, em amplos escritórios de *layout* aberto nos Estados Unidos, não é incomum usar ruído branco (em alto-falantes ou fones de ouvido) para tentar bloquear estímulos indesejados.

Acho que os fones de ouvido não deveriam ser banidos. Pelo contrário, deveriam ser celebrados... exatamente do mesmo jeito como celebramos o Natal. Uma celebração não é algo que fazemos todo dia, mas marca uma ocasião especial. E o melhor jeito de trabalhar usando fones de ouvido é definir períodos em que eles são permitidos e períodos em que as equipes concordam em não usá-los. Se a sua equipe não topar a ideia das manhãs no Modo Monge ou se a sua empresa não disponibilizar um espaço para você poder trabalhar em silêncio, o melhor momento para usar fones de ouvido é de manhã. O ritmo circadiano da maioria das pessoas é propício a um trabalho focado nas primeiras horas de trabalho.

Os períodos antes e depois do almoço, por outro lado, são mais adequados a trabalhar sem fones de ouvido. Nesses momentos, os colegas podem criar vínculos, trocar ideias e conversar. Como explica um ex-gestor da Campbell's Soup, a famosa empresa norte-americana de sopas enlatadas: "Esses milhares de pequenas interrupções não são um impedimento ao trabalho. Eles *são* o trabalho".[3] É claro que é mais fácil dizer isso quando você pode trabalhar sozinho numa sala confortável à prova de som e, nos últimos dez anos, o número de interrupções aumentou tanto que imagino que até o Barão das Sopas passaria a reclamar.

Até esse ponto, tendi a me concentrar nas vantagens de *não* ser interrompido. Porém, vale a pena fazer uma pausa para falar sobre as vantagens das interrupções, porque, apesar de prejudicarem a cognição e a resolução de problemas complexos, elas podem estimular o pensamento criativo. E, também nesse caso, o esquema certo para o uso de fones de ouvido pode fazer uma grande diferença.

Muitas pessoas já estão familiarizadas com as diferenças entre o lado direito e o esquerdo do cérebro. Ou já podem ter ouvido falar sobre o que o economista comportamental

Daniel Kahneman batizou de "Sistema 1" (uma tomada de decisão rápida e instintiva, visceral) e "Sistema 2" (um pensamento mais lento, ponderado e reflexivo). Cabe notar que, embora muitos cientistas não vejam problema em usar esses termos simplificados para ajudar a ilustrar diferentes tipos de comportamento, o cérebro não tem um hemisfério direito e um esquerdo dedicado a tarefas específicas, nem regiões específicas para o pensamento rápido e para o lento. Como nos lembra Lisa Feldman Barrett, uma proeminente estudiosa do cérebro, "Kahneman sempre faz *muita questão* de dizer que não passa de uma metáfora, mas muitas pessoas parecem ignorá-lo e reduzir os sistemas 1 e 2 como se fossem áreas distintas do cérebro".[4] Por mais frustrante que possa ser para nós, os processos do cérebro são muito mais complicados do que gostaríamos.

Uma maneira de ver o cérebro é pensar que ele contém neurônios específicos para realizar tarefas incrivelmente precisas (um estudo sugeriu que uma célula cerebral parecia ser universalmente acionada pela Jennifer Aniston, por exemplo,[5] e o novo campo da neuroeconomia está decidido a descobrir quais neurônios do cérebro podem nos levar a tomar decisões específicas). Feldman Barrett, por outro lado, argumenta que, embora o cérebro possa realmente alocar uma célula ao conceito de, digamos, uma atriz de uma série de TV, essa célula estará localizada em um lugar diferente em cada cérebro individual. Nosso cérebro contém redes sobrepostas responsáveis pelo desempenho de diferentes funções. Se, por exemplo, quisermos nos concentrar no trabalho, o que requer o "pensamento convergente" (veja a Recarga 2), os estudiosos sugerem tentar acionar a chamada "rede de atenção executiva". Trata-se de um sistema no cérebro que nos permite desconsiderar distrações e nos concentrar para, digamos, ler e responder a todos os nossos e-mails. Se, por outro lado, quisermos ser mais criativos (ou seja, nos engajar no "pensamento divergente"), precisamos reduzir nossa "rede de atenção executiva" focada e permitir que a nossa "rede de saliência" e nossa "rede de modo padrão" preencham o espaço.[6]

A rede de saliência observa estímulos ao nosso redor e prevê suas implicações para as nossas ações. A rede de modo padrão parece ficar desativada quando estamos ocupados com alguma tarefa, mas é ativada quando nos lembramos do passado ou pensamos nas pessoas. Ela pode ser considerada o lar do devaneio no cérebro. Uma maneira de acionar essas duas partes do cérebro, como vimos na Recarga 2, é sair para uma caminhada. A pesquisadora Marily Oppezzo e seus colegas demonstraram que isso pode ter muitos benefícios. Essencialmente, para sermos criativos, precisamos deixar nossa mente vagar e dar asas à imaginação, o que não é fácil fazer quando a nossa rede de atenção executiva está em pleno funcionamento.[7] É mais fácil atingir o pensamento divergente fazendo algo diferente.

O executivo de publicidade Rory Sutherland explica como tem suas ideias: "Outro dia fiquei sabendo que Arquimedes teve sua ideia [de deslocamento da água] ao entrar na banheira, não depois. Isso porque a ficha tende a cair quando estamos naquela fronteira entre um estado e outro de ação. Por algum motivo, sair de um trem também costuma ter esse efeito. Temos esses breves momentos estranhos que nos parecem extremamente produtivos e agradáveis. É quase como se você estivesse treinando o cérebro para escapar da camisa de força de premissas e suposições que ele se acostumou a usar. É quando essa camisa de força dá uma afrouxada que você de repente tem algum tipo de *insight* criativo ou um voo da imaginação".[8]

Em outras palavras, quando a rede de saliência e a rede de modo padrão estão ocupadas administrando a rotina, a mente pode vagar e encontrar lugares inesperados. Na mesma linha, ao estudar a criatividade, cientistas descobriram que as pessoas que tendem a se distrair com mais facilidade com estímulos irrelevantes tinham mais ideias e ideias melhores. Quando você quiser ter ideias, é bom se distrair um pouco.

Outras evidências confirmando essa hipótese foram encontradas por três pesquisadores da Universidade Columbia, que demonstraram que, quando estamos tentando ser criativos ao resolver os problemas, pode ser mais produtivo transferir a atenção a alguma outra coisa do que nos manter concentrados em uma única coisa. Os pesquisadores deram a três grupos de pessoas dois problemas para resolver. Um grupo precisava tentar resolver o primeiro problema e, em seguida, partir para o segundo. O segundo grupo precisava alternar entre os dois problemas em intervalos predeterminados. O terceiro grupo teve permissão de alocar seu tempo como quisesse.

A maioria das pessoas pensaria que o grupo que teve a liberdade de dividir o tempo como achasse melhor encontraria as melhores soluções para os problemas. Mas quem teve os melhores resultados foi o grupo que alternou as duas tarefas em intervalos fixos. Os pesquisadores da Columbia deram a seguinte explicação: "Quando tentamos resolver problemas que requerem criatividade, é comum deparar, sem perceber, com um beco sem saída. Acabamos orbitando ao redor das mesmas ideias ineficazes e não percebemos que já passou da hora de seguir em frente".[10] A conclusão do estudo foi a de que o grupo que teve de alternar entre os dois problemas em intervalos definidos foi forçado a reinicializar seus processos mentais e pôde, com isso, encontrar novos pontos de vista e diferentes opções. Outros estudos confirmaram essa constatação. Os pesquisadores Steven Smith, David Gerkens e Genna Angello pediram aos participantes para criar listas de palavras com base em duas categorias diferentes (como "coisas frias e pesadas", ou "itens que você leva a um acampamento e comidas 'engordativas'"). Eles descobriram que as pessoas que alternaram entre as duas listas conseguiram pensar em mais itens (e itens mais criativos) do que as que focavam a primeira lista e só então passavam para a segunda.[11]

Em 1939, James Webb Young, um executivo de publicidade americano, escreveu o guia definitivo da humanidade para o processo de criatividade, intitulado *Técnica para produção de ideias*. Posso dizer que vale muito a pena obter um exemplar desse livreto absolutamente esclarecedor. No texto, Webb Young nos lembra do que todos nós já sabemos, "que uma ideia nada mais é do que uma nova combinação de velhos elementos".[12] Ele diz que as novas ideias são criadas quando enxergamos oportunidades de combinar duas ideias: "O segundo princípio importante é que a capacidade de reunir velhos elementos em novas combinações depende em grande parte da capacidade de enxergar relações". Com essa constatação, o publicitário posicionou-se mais de 50 anos à frente do nosso inventor favorito, Steve Jobs. Jobs fez uma afirmação bem parecida: "A criatividade não passa de um exercício de conectar as coisas. Quando você pergunta às pessoas criativas como elas fizeram alguma coisa, elas ficam um pouco sem graça, porque na verdade não fizeram nada, só enxergaram alguma coisa que ninguém vira até então. Depois de um tempo, a coisa toda acaba parecendo muito óbvia para elas. Isso acontece porque elas conseguiram conectar algumas experiências que tiveram e sintetizá-las em algo novo".[13]

Use fones de ouvido   55

Mas então, qual é a famosa técnica de James Webb Young? Ele a divide em três etapas simples:

1. Coleta das "matérias-primas" (de preferência, as provocações mais diversificadas e interessantes possíveis). Webb Young adverte que esse processo pode ser trabalhoso e frustrante. Ele diz que essa etapa costuma ser tão chata que tentamos evitá-la: "Em vez de trabalhar sistematicamente na tarefa de coleta de matérias-primas, ficamos de braços cruzados esperando alguma inspiração divina".

2. Digestão do material. O método preferido de Webb Young era usar pequenas fichas de indexação. A ideia é pegar todas as informações e ideias que você coletou e "senti-las", por assim dizer, com os tentáculos da mente. "Você pega um fato, vira-o de um jeito e de outro, olha-o sob diferentes luzes e 'sente' seu significado. Você junta dois fatos e vê como eles se encaixam". Não vai demorar para a sua mente se frustrar: "Você vai ficar exausto tentando montar o quebra-cabeça".

3. Processamento inconsciente. "Nesse terceiro estágio, você não faz absolutamente qualquer esforço direto." Você abandona o problema e faz de tudo para não pensar nele. Webb Young diz que uma boa noite de sono por ser de grande ajuda para desenvolver novas ideias. Depois de deixar o problema de lado, "ocupe-se de atividades que sirvam de estímulo para sua imaginação e suas emoções". Você pode sair para um passeio, ouvir música, ver um filme.

Webb Young diz que, se você tiver feito o trabalho de preparação (muitas vezes frustrante), "a ideia surgirá do nada".

Normalmente a ideia lhe virá à mente quando você não estiver pensando no problema em questão. "A ideia surgirá quando você menos espera. Enquanto faz a barba, toma banho ou, o mais comum, quando ainda estiver meio sonolento ao acordar de manhã."

O guia sistemático de Webb Young para gerar ideias ou as investigações científicas acima têm um ponto em comum. As ideias criativas são formadas pela colisão de duas ou mais ideias e essas colisões têm mais chances de ocorrer quando temos problemas para resolver e estamos distraídos. E é nesse ponto que os fones de ouvido voltam a entrar em cena. Depois de um período produtivo de trabalho focado com os fones de ouvido, podemos entrar numa zona criativa justamente pela ação de tirá-los.

Se você estiver a fim de tentar o experimento, será melhor conversar com a sua equipe antes. Apresente algumas evidências e pesquisas que acabamos de ver. Explique a definição de trabalho focado e como as ideias são formadas. Em seguida, peça à equipe para criar as próprias regras. Vocês podem combinar alguma coisa para servir de lembrete, como tocar determinada estação pelo alto-falante ao meio-dia. Ou podem combinar de usar os primeiros 90 minutos depois do almoço para bater papo. Como demonstraram os experimentos científicos acima, uma programação disciplinada (acertada com a equipe) pode levar a resultados melhores do que se deixar levar pelos eventos ao longo do dia.

Ben Waber, gestor da empresa de análise de locais de trabalho Humanyze, observa que algumas dessas etapas diárias já existem em forma embrionária na maioria dos escritórios. "O tempo de trabalho focado aumenta durante a maior parte do dia, exceto nos horários próximos à hora do almoço e antes de as pessoas saírem do escritório." Ele diz que os horários em que as pessoas tendem a conversar no escritório já são mais ou menos concentrados: "Das 12h às 13h e depois das 16h, o volume de interações mais do que triplica [em escritórios de *layout* aberto], com uma considerável redução das conversas em outros momentos do dia".[14] Outro estudo voltado a investigar as interações no escritório sugeriu que o horário mais barulhento é das 14h30 às 16h.[15] O período da tarde parece ser mais propício a bate-papos e conversas. Você pode usar essas informações para organizar o dia de maneira a administrar o fluxo de trabalho e produzir ideias.

E os fones de ouvido podem ser a sua arma secreta.

DICAS PARA FAZER A SEGUIR:

» Mantenha em mente que os fones de ouvido são o tipo de coisa que provoca amor ou ódio nas pessoas. Portanto, antes de fazer qualquer coisa, converse com os colegas. Pergunte qual eles acham que é o melhor horário para permitir fones de ouvido no escritório.

» Se vocês usam laptop no escritório, você pode criar "áreas de fones de ouvido" e "áreas de conversa". Algumas equipes optam por definir horários para as pessoas trabalharem lado a lado.

» Se usar fones de ouvido não é bem a sua praia, veja se você não está simplesmente saudoso de um estilo de trabalho que já não existe mais. Tente pensar em maneiras de melhorar o trabalho em um escritório dos dias de hoje.

Recarga 4

Livre-se da doença da pressa

Da próxima vez que entrar num elevador, quero que você aperte o botão do seu andar e não faça nada. Não pressione o botão para fechar a porta. Não pegue o celular. Só espere. Espere a porta fechar. Aposto que você ficou incomodado só de pensar em não fazer nada. Afinal, a ideia de não fazer nada é muito diferente do que você costuma fazer. O elevador chega e, se as portas não abrirem imediatamente, você volta a apertar o botão só para todo mundo ver que você não tem tempo a perder. Você pode até dar uma sacudida no botão, como se estivesse jogando Playstation, para ver se consegue acelerar as coisas.

Outro dia alguém me falou sobre o comportamento bizarro do pai. Ele chegava do trabalho e sentava-se numa poltrona. Só isso. Ele não via TV, não ouvia o rádio, não lia um livro. Ele não puxava conversa com ninguém. Ele só ficava sentado lá pensando em silêncio. Imagino que, se alguém lhe perguntasse sobre o que estava pensando, ele teria respondido calmamente: "Nada de mais". Ele não estava em um processo de cognição ativa, mas sim de reflexão tranquila.

Hoje em dia, essa inatividade nos parece ridiculamente improdutiva. Precisamos fazer alguma coisa e, numa era de hiperestimulação e intensa atividade, ficar sentado sem fazer nada nos parece uma brutal perda de tempo. Todos nós sofremos da doença da pressa.

E isso nem sempre é o fim do mundo. Significa que podemos muitas coisas. Um truísmo da administração diz que "se você quiser que algo seja feito, dê a tarefa a uma pessoa ocupada". Nós acreditamos que a ação leva à produtividade.

Voltemos ao elevador. Dependendo do país onde você mora, o botão para fechar a porta pode, por lei, ser feito para não funcionar ou reproduzir uma mensagem sonora e só fechar a porta depois de um tempo. Em muitos países, o tempo mínimo que a porta do elevador fica aberta é controlado por lei para permitir a entrada de pessoas com dificuldade de locomoção sem que se sintam pressionadas.[1] Em 2004, o *New York Times* relatou que os botões de travessia de pedestres eram configurados para não funcionar em ruas movimentadas nos horários de pico: os pedestres viam o indicativo acender, mas isso não passava da recompensa de um placebo. Os sistemas de trânsito eram ajustados para otimizar o tráfego de veículos coletivos, não para responder a pedestres apressados.[2] Estamos rodeados de dispositivos que mentem para nós, tentando apaziguar nossa necessidade constante de *fazer alguma coisa*.

É assim que funciona a doença da pressa. Uma das consequências do excesso sistêmico de estímulos na nossa vida é um sentimento constante e incômodo de inquietação, de que não vamos conseguir fazer tudo que precisa ser feito. A maior conectividade aumentou as demandas de trabalho. De acordo com o Radicati Group, sediado na Califórnia, uma pessoa envia e recebe em média quase 130 e-mails por dia.[3] Considerando que esse número baseou-se nos hábitos de e-mail de 2,8 bilhões de usuários do mundo todo, é mais do que provável que o número de mensagens enviadas e recebidas esteja mais próximo de 200 por dia para os trabalhadores do mundo desenvolvido. E ainda temos as reuniões. A maioria das empresas não mantém registros precisos do tempo que passamos em reuniões (talvez por vergonha), mas pesquisas recentes sugerem que um trabalhador de escritório britânico passa em média 16 horas por semana em reuniões com os colegas. Nos Estados Unidos, um estudo sugeriu que os gestores passavam 23 horas por semana em reuniões.[4]

E, além dos e-mails e das reuniões, somos forçados a processar uma montanha vertiginosa de informações. Daniel Levitin, autor de *A mente organizada*, argumentou: "Em 2011, os americanos absorviam cinco vezes mais informações por dia do que em 1986 (o equivalente a 175 jornais). No nosso tempo de lazer, sem contar o trabalho, cada pessoa processa 34 gigabytes ou 100 mil palavras por dia".[5]

O resultado é que a maioria de nós vive em um estado constante de preocupação, com a sensação de que nunca conseguimos dar conta de tudo. A geração dos nossos pais talvez ficasse incomodada se deixasse de fazer alguns itens de sua lista, escrita à mão, grudada na geladeira com um ímã. Hoje em dia, até a alegria fugaz de zerar os e-mails nos é roubada pela eterna sensação de que deixamos de fazer alguma outra coisa.

A doença da pressa é um problema concreto e explica por que os estudiosos dedicados a investigar o estresse no trabalho estão observando um aumento nos níveis de ansiedade entre as pessoas que têm a necessidade de passar o tempo todo conectadas. No Reino Unido, doenças relacionadas com o estresse no trabalho respondem por nada menos que a *metade* das faltas ao trabalho. Estamos adoecendo com as pressões e demandas do trabalho.[6]

O que podemos fazer para combater esse senso de urgência que nos consome? Em minha opinião, a primeira coisa a fazer é reconhecer que se manter constantemente ocupado não equivale a produzir mais.

"Costumávamos ter uma única reunião semanal", um grupo de arquitetos londrinos de grande sucesso me contou. "Bastava uma reunião para decidir tudo. Depois, arregaçávamos as mangas e voltávamos ao trabalho. Hoje em dia, fazemos reuniões para decidir reuniões." Eles concluem que: "Nossa empresa continua construindo o mesmo número de prédios. Só que hoje o processo é muito mais penoso".

Depois de reconhecer que manter-se ocupado não é o objetivo, o próximo passo é calibrar o senso de urgência. A onipresente expressão "assim que possível" pode levar a um nível desnecessário de ansiedade no escritório. Como dizem os fundadores da empresa de *software* Basecamp, "o Asap é inflacionário... Quando você se dá conta, só consegue fazer qualquer coisa colocando um post-it com o aviso 'assim que possível' na tarefa".[7] Da próxima vez que você se pegar pedindo alguma coisa com urgência, pare para pensar se a tarefa de fato é urgente. Se você puder reduzir a urgência de algumas tarefas, estará sendo mais honesto consigo mesmo e ajudando a melhorar o ambiente de trabalho de todos.

Além disso, você também precisa tirar um tempo para refletir e não fazer nada. Um momento de paz e tranquilidade reduzirá seus níveis de estresse. E aumentará sua criatividade. Sandi Mann, da University of Central Lancashire, que se tornou uma espécie de "especialista em tédio", defende a ideia de mobilizar a rede de modo padrão que vimos na Recarga 3. "Quando você começa a sonhar acordado e deixa sua mente livre para devanear", ela explica, "começa a pensar um pouco além da consciência, entrando no subconsciente. Isso permite conexões diferentes. É realmente incrível."[8] Em outras palavras, quando o nosso cérebro entra no modo padrão, ele começa a conectar ideias diferentes. Ele desvia a energia de alternar entre demandas urgentes para vagar em um estado prazeroso de sonho. Todavia, para que isso aconteça, você precisa realmente se render ao tédio. Você não pode mexer no celular nem ouvir um audiolivro. Liberte a sua mente de qualquer tipo de estímulo.

Por outro lado, se você sucumbir à doença da pressa, pode se ver preso em uma espécie de círculo vicioso. "Descobrimos que, quando as pessoas estão estressadas, elas tendem a alternar a atenção com mais rapidez", explica Gloria Mark, uma pesquisadora da área. E, é claro, quanto mais inquieto você fica e alterna a sua atenção, mais estressado se torna. Os efeitos em longo prazo podem ser terríveis. Cientistas voltados a analisar adolescentes que passavam as tardes alternando continuamente entre interações sociais e estímulos no celular descobriram que o hábito tinha impacto silencioso sobre sua forma de pensar: "Dois anos depois, eles ficaram menos criativos e imaginativos sobre o próprio futuro e tiveram mais dificuldade de pensar em soluções inovadoras para os problemas sociais".[9]

Então, da próxima vez que você entrar num elevador, aperte o botão e apenas espere. Os segundos adicionais podem abrir sua cabeça para uma ideia nova e brilhante. O pai sentado na poltrona não estava fazendo nada. Ele estava dando à sua mente um espaço para pensar.

DICAS PARA FAZER A SEGUIR:

» Não veja os espaços em branco na sua agenda (e na agenda dos outros) como um tempo não produtivo. Nossas melhores ideias costumam surgir quando não estamos fazendo nada e a nossa mente está vagando.

» Tente dirigir sem ouvir música. Tomar banho sem ouvir o rádio. Exercitar-se sem o Spotify. Veja quais pensamentos preenchem o espaço.

» Dê-se um tempo para não fazer nada. Veja como você se sente depois. Você fica menos ansioso e estressado?

» A meditação pode ajudar. Para algumas pessoas, meditar afasta as urgências e abre um espaço mental.

Recarga 5

Encurte a sua semana de trabalho

É difícil imaginar uma pessoa racional que não queira ouvir o que ele tem a dizer, mas é importantíssimo que você preste atenção às palavras de Andy Murray. Lenda do tênis e maior britânico vivo, Murray teve um *insight* que vai mudar tudo o que você pensa sobre o trabalho.

Explicarei por que em um momento, mas antes cabe uma pausa para pensar em como nossa semana de trabalho se multiplicou nos últimos tempos. Num passado não muito distante, terminávamos o dia de trabalho e voltávamos para casa. Hoje em dia, os e-mails estenderam o dia de trabalho para o metrô, para o sofá, para o banheiro. Mesmo quando estamos no trabalho, nosso dia é estendido pelo fardo imposto a nós pelo que Linda Stone, uma pesquisadora da Microsoft, chamou de "atenção parcial contínua".[1] Diante de uma gama tão grande de exigências, passamos o tempo todo dividindo nossa atenção entre novas montanhas de e-mails ou tentando conduzir reuniões enquanto damos umas olhadas no celular, preocupados com alguma outra coisa que pode estar acontecendo no momento.

E nos culpamos por não sermos capazes de dar conta de tudo. O novo estilo de trabalho impôs expectativas sem precedentes sobre nós e, mesmo assim, sentimo-nos culpados quando não conseguimos atender a essas expectativas. Não passamos a viagem de volta para casa digitando respostas a e-mails no celular porque somos varridos por uma sensação maravilhosa de produtividade, mas porque não suportamos a culpa de alguém achar que somos preguiçosos. Para piorar ainda mais as coisas, alguns especialistas querem nos convencer de que o segredo do sucesso é uma série de *life hacks* que nos permitirá fazer mais em muito menos tempo. Livros e *podcasts* sugerem ser possível atingir o sucesso trabalhando só quatro horas por semana. Isso me lembra do personagem do filme *Quem Vai Ficar com Mary?*, que teve a ideia brilhante de superar o famoso vídeo de exercícios *Abdominais em Seis Minutos* vendendo o próprio vídeo, cujo diferencial seria reduzir um minuto dos exercícios. Eu deveria ter roubado a ideia e dado a este livro o título de *Trabalhe 3 horas por semana*. A mensagem implícita desses livros e *podcasts* é que o problema não está no trabalho, mas em você. Nas entrelinhas, o que eles estão dizendo é: "Você precisa mudar a sua abordagem e correr atrás do prejuízo, seu dinossauro".

Como Daniel Levitin afirma em *A mente organizada*, nossa capacidade de fazer as coisas é limitada. "Nosso cérebro está configurado para tomar um determinado número de decisões por dia", ele escreve, "e, quando atingimos esse limite, não podemos tomar mais decisões, por mais importantes que elas sejam." Releia essa afirmação novamente e pense nas implicações disso para o seu trabalho. A cognição humana é um jogo de soma zero. Não podemos nos forçar a trabalhar indefinidamente e esperar um resultado de qualidade.

E, se você quiser provas da afirmação de Levitin, vale a pena considerar as constatações de Kathleen Vohs e seus colegas em um artigo publicado no *Journal of Personality and Social Psychology* em 2008. Eles observaram que, quando estudantes universitários foram solicitados a fazer muitas escolhas triviais (por exemplo, "Qual vídeo você gostaria de ver na aula?") e decisões ("Resolva esse problema [sem solução]"), eles tenderam a apresentar fadiga mental ou "esgotamento do ego". Essa fadiga os levou a optar por atividades de baixa energia, como assistir à TV e jogar videogame, em vez de atividades que exigiam concentração (como estudar ou ler), mesmo quando uma considerável recompensa acadêmica pelo sucesso era oferecida.[2] Ao desperdiçar sua atenção finita com coisas triviais, o cérebro deles perdeu a capacidade de acessar o pensamento criativo quando eles precisaram.

É nesse ponto que o tenista Andy Murray entra em cena. Em 2013, quando lhe perguntaram por que as partidas mais longas eram mais difíceis, ele explicou que a dificuldade não estava tanto na parte física. Afinal, os atletas treinam muito para desenvolver uma resistência hercúlea. A dificuldade estava no cansaço mental resultante de ter de tomar milhares e milhares de decisões. Chega um ponto em que a qualidade da tomada de decisão começa a cair.[3]

Sei que isso é o contrário do que estamos acostumados a ouvir. Crescemos aprendendo (em uma verdadeira lavagem cerebral) que só teremos sucesso se trabalharmos horas a fio. Presumimos que, se realmente quisermos avançar na carreira, precisamos ser um pouco mais como Marissa Mayer, a executiva do setor da tecnologia e a pessoa mais jovem (aos 33 anos) a ser incluída na lista das 50 mulheres mais poderosas da revista *Fortune*, e a primeira mulher a liderar a lista dos 40 melhores com menos de 40 da *Fortune*. Quando lhe pediram para revelar a fórmula do sucesso que ela ajudou a criar nos primórdios do Google, onde ela foi a funcionária número 20, ela declarou que foi a decisão coletiva dos primeiros Googlers de trabalhar 130 horas por semana.[4] Ela contou como conseguiu essa façanha reduzindo os intervalos para o banheiro, dormindo debaixo da mesa e passando "pelo menos uma noite por semana trabalhando, menos quando eu estava de férias... mas era raro eu tirar férias".

Chocante! E o pior é que nenhum estudo científico comprovou que esse martírio vale a pena. É verdade que muitos de nós nos lembramos de ter passado noites em claro estudando para fazer um trabalho na faculdade ou cumprir um prazo apertado. Todavia, esses casos foram explosões de atividades com recompensas proporcionais, e depois podíamos nos dar ao luxo de passar a manhã inteira dormindo ou jogando videogame.

Evidências históricas confirmam as constatações da ciência: que passar menos tempo trabalhando tende a ser mais produtivo. Em 1810, o industrial progressista Robert Owen fez uma campanha em defesa de dez horas de trabalho por dia, que, em uma década, se transformou no slogan "Oito horas de trabalho, oito horas de lazer, oito horas de sono", na crença de que a produtividade aumentaria com esse ciclo. E foi o que aconteceu. No fim do século, em 1893, as horas semanais dos trabalhadores da metalúrgica Salford Iron Works foram reduzidas, em uma manobra controversa, de 53 para 48 horas, e o resultado foi um aumento da produção total. E quando, no século seguinte, a Ford Motor Company reduziu o dia de trabalho para oito horas e ao mesmo tempo dobrou o pagamento para um mínimo de US$ 5 por dia (em uma manobra considerada por muitos como uma provocação radical), os lucros da empresa dobraram no ano seguinte.[5] O relatório anual da Ford de janeiro de 1914 demonstra um extraordinário engajamento social em comparação com as empresas contemporâneas: "Acreditamos que a justiça social começa em casa... Com base na nossa crença de que a divisão dos nossos ganhos entre capital e mão de obra é desigual, criamos um plano de ajuda ao nosso pessoal adequado para o nosso negócio". Pode-se argumentar que esse discurso foi uma espécie de cortina de fumaça. Afinal, a Ford, que nunca morreu de amores pelos sindicatos de trabalhadores, estava bem longe de ser uma pioneira esclarecida no tratamento de seus funcionários. Foram os fatores econômicos que determinaram a decisão da empresa. Eles previram, corretamente, que poderiam aumentar seus lucros se mudassem o padrão de trabalho de seus funcionários. (Foi um simples cálculo matemático com base nas 24 horas por dia: ao adotar um turno de oito horas, eles poderiam programar três turnos de oito horas em vez de dois turnos de nove horas.)

Se você quiser saber o número ideal de horas de trabalho por semana, vale a pena considerar a pesquisa realizada por John Pencavel, da Universidade Stanford, que, em 2014, fez uma ampla investigação de longas jornadas de trabalho.[6] Os dados foram extraídos de registros meticulosos das horas de trabalho de operários de uma fábrica britânica de munição na Primeira Guerra Mundial, em parte porque essa documentação sobreviveu e em parte porque Pencavel acreditava que, considerando que as munições eram fundamentais para vencer a guerra, os operários teriam uma grande motivação para se empenhar no trabalho. Afinal, ninguém quer ver seu país perder uma guerra.

As constatações do estudo foram claras. O ideal era trabalhar o máximo de 50 horas por semana. Como ele explica: "O produto marginal das horas de trabalho permanece constante até o ponto [cerca de 50 horas] horas, após o qual o produto marginal começa a cair".[7] Depois de 55 ou 56, quando os operários começavam a se exaurir, o produção começava a diminuir. De acordo com os dados de Pencavel, os operários que trabalhavam 70 horas por semana (dez horas por dia, sete dias por semana) não conseguiam produzir mais do que os operários que trabalhavam 55 horas.

Tirar uma folga no fim de semana também melhorou a produção. A produção total foi maior em uma semana de 48 horas com uma folga no domingo do que em uma semana de 56 horas (sem folga). Pense um pouco a respeito. Tirar um dia de folga aumentou tanto a produtividade de todos os dias de trabalho, de modo que o ônus de passar o domingo sem trabalhar compensou.

Se um exemplo retirado de uma fábrica da Primeira Guerra Mundial parece distante demais da nossa realidade, muitos outros estudos recentes chegaram à mesma constatação. Vejamos o exemplo da McKinsey, uma empresa de consultoria de gestão. Scott Maxwell, um executivo da McKinsey (que posteriormente entrou, com grande sucesso, no ramo de capital de risco), conta que um de seus primeiros mentores da empresa o alertou sobre uma falha nas práticas de trabalho da corporação. A McKinsey se orgulhava de seu estilo de trabalho de sete dias por semana. Se você tirasse um dia de folga, seria desprezado pelos colegas, que o taxariam de preguiçoso. Mas Jon Katzenbach, o mentor de Maxwell, confidenciou que sua religião exigia que ele só trabalhasse seis dias (embora ele nunca tenha contado a ninguém) e mesmo assim ele parecia ser mais produtivo do que os colegas que trabalhavam a semana inteira sem descanso.[8] A conclusão de Katzenbach foi que a norma do excesso de trabalho era mais "para inglês ver" do que para efetivamente aumentar a produção. Era só para manter as aparências, como dormir debaixo da mesa ou mostrar que você consegue passar o dia inteiro sem ir ao banheiro. E Katzenbach foi ainda mais longe: ele achava que seu ponto de maior rendimento seria uma semana de quatro dias de trabalho.

Maxwell passou a observar a relação entre as horas de trabalho e a produção de seu pessoal quando abriu sua empresa de capital de risco. Ele não só observou, como também monitorou sistematicamente esses fatores. O que ele descobriu foi claro: "Para cada hora [que sua equipe] trabalhava mais de 40 horas por semana, a produtividade caía. Na verdade, a produtividade atingia o auge com pouco *menos* de 40 horas por semana". Com base nisso, Maxwell lançou uma nova política em sua empresa. Ele proibiu trabalhar à noite e nos fins de semana e feriados.[9] Ele instruiu seus funcionários a trabalhar menos para garantir que eles produzissem mais.[10]

Stewart Butterworth, CEO da Slack, desenvolvedora do *software* de trabalho colaborativo de mesmo nome, adotou uma abordagem parecida em sua empresa. A Slack defende um dia de trabalho bem delineado. O valor da empresa de "trabalhar duro e ir para casa" se reflete na decisão de remover mesas de pingue-pongue e pebolim dos escritórios e encorajar seu pessoal a levar essa energia para sua vida pessoal (como praticar kitesurf ou fazer algum trabalho autônomo de sua preferência). Como vimos, não importa se o nosso trabalho envolve trabalho manual como os operários do estudo de Pencavel ou um trabalho de escritório como consultores da McKinsey — se quisermos ser mais produtivos, é melhor reduzir o tempo que passamos na labuta.

O que se aplica a empresas individuais também se aplica a países em geral. Longas jornadas médias de trabalho não levam a mais produtividade nem a mais prosperidade. Com efeito, uma análise da revista *Economist* em 2013 mostrou que os países que trabalhavam menos tiveram maior produtividade.[11] Países com alto investimento de capital *per capita* têm trabalhadores mais produtivos. Esses países (como a Alemanha) recompensam a maior produtividade com turnos de trabalho mais curtos, o que, por sua vez, ajuda as pessoas a evitar o *burnout*.

Penso que a solução é mudar a maneira como pensamos sobre o trabalho. Precisamos ser mais firmes com o nosso horário profissional. Se pensarmos no trabalho como 40 horas semanais de produtividade, seremos forçados a tomar algumas importantes decisões. Precisaremos questionar se uma reunião de três horas realmente seria um bom uso do tempo. Passaremos a repensar como usamos o tempo de transporte para o trabalho. Seremos mais ponderados ao identificar o momento do dia em que temos mais energia para obter o nosso melhor desempenho.

Um exercício interessante é tratar o trabalho como blocos de 40 horas espalhados pela semana. Você pode usar alguns desses blocos no sábado de manhã trabalhando em um projeto que precisa ser feito. E pode compensar saindo do escritório mais cedo na quarta-feira para ir ao cinema.

Ou pode ser interessante adotar a técnica defendida por Tony Schwartz. Schwartz, um autor de sucesso (e *ghostwriter* de *best-sellers*, mas você está proibido de pesquisar quais livros ele escreveu sem assumir a autoria), usou sua experiência de exaustão no trabalho para criar uma organização voltada a revolucionar o local de trabalho. O Energy Project sugere abandonarmos a ideia de labutar horas a fio e focar a administração dos nossos picos de energia. A maioria das pessoas é mais produtiva em ciclos de energia de 90 minutos.[12] Tomar providências para maximizar a produção desses ciclos é a melhor maneira de produzir mais no trabalho.

Você já pode ter ouvido falar do abrangente experimento social conduzido na Suécia, onde o dia de trabalho de um grande número funcionários públicos foi reduzido para seis horas... sem qualquer corte salarial. (Os colegas do grupo de controle que foram deixados trabalhando oito horas por dia não devem ter ficado muito contentes. Imagine a frustração de ver um colega saindo do trabalho todos os dias duas horas antes "para o experimento".) Os que tiveram a sorte de ser incluídos no grupo experimental apresentaram menos absenteísmo, uma saúde melhor e mais produtividade. Um participante descreveu a experiência para o *New York Times* como "uma revolução na minha vida". Outro resumiu o que acontece quando você precisa fazer um trabalho em menos tempo: "Em poucas palavras, somos mais eficientes no trabalho".[13]

Muitos de nós não temos como nos dar ao luxo de anunciar ao chefe que a partir de agora só vamos trabalhar seis horas por dia. No entanto, pelo menos deveríamos tentar passar 40 (ou menos) horas de trabalho energizado e concentrado por semana, e nem um minuto a mais.

DICAS PARA FAZER A SEGUIR:

- » Coloque em sua cabeça que trabalhar demais não é motivo de orgulho. Trabalhar em picos concentrados de energia mantém seu nível de produtividade, mas deixa muito espaço para relaxar, pensar e ser criativo.

- » Discipline-se para sair do trabalho no horário, a menos que tenha algum incêndio para apagar que não possa esperar até o dia seguinte. Encoraje seus colegas a fazer o mesmo.

- » Divida o trabalho em blocos de uma hora. Se tiver de estender esse período, veja o que você pode deixar de fazer para compensar.

- » Não esqueça que, na melhor das hipóteses, trabalhar mais dissipa energia, criatividade e imaginação. Na pior das hipóteses, o excesso de trabalho leva à exaustão e ao *burnout*.

Recarga 6

Destrone o seu capataz interior

Nossa vida segue uma trajetória mais ou menos assim: primeiro vamos à escola, onde há regras para tudo: ser pontual; comparecer às aulas; fazer o dever de casa. Depois, podemos ir à faculdade, onde por um tempinho vivemos num universo paralelo em que as regras anteriores deixam de ser aplicadas: seria bom se você pudesse chegar às 11h, mas tudo bem; você entregou o trabalho com dois dias de atraso, mas não tem problema. E depois, quando entramos no mundo do trabalho, voltamos às velhas regras: chegar ao trabalho pontualmente; responder aos e-mails; comparecer de forma pontual às reuniões.

O problema é que nunca paramos para questionar essas regras. Você já se pegou passando os olhos pelo escritório e se perguntando: "Cadê todo mundo?" Mesmo sabendo que as pessoas provavelmente estão ocupadas trabalhando, parece que retrocedemos às normas disciplinadas da escola. As pessoas precisam estar em nossa frente para que nos convençam de que estão trabalhando.

Ouvi a melhor descrição desse jeito de pensar, de Dan Kieran, que é uma grande inspiração para mim. Kieran é um autor de sucesso e o fundador da Unbound, uma plataforma de publicação financiada por *crowdfunding*. Ele criou uma cultura criativa espetacular, repleta de ideias audaciosas e uma grande abertura a assumir riscos. Todavia, como me confessou, ele tem muita dificuldade de libertar-se de um profundo preconceito: "Eu me odeio por isso", ele confidenciou, "mas parece que tenho um 'capataz de escravos' vivendo dentro de mim." Se o escritório está quieto e vazio, ele ergue a cabeça e pergunta: "Cadê todo mundo?" Mas ele é o primeiro a admitir que, "para administrar uma empresa onde as pessoas queiram trabalhar, você tem de combater o instinto do capataz e focar o que as pessoas produzem".

O capataz quer que os escravos se apresentem ao trabalho na hora. Ele quer ver os escravos trabalhando ininterruptamente, sem parar para bater papo sobre o jogo de futebol do dia anterior. Kieran está coberto de razão. Nosso capataz interior não só é real, como vive profundamente dentro de nós e é dificílimo nos livrar dele. Ele é como aquele monstro de um filme de terror que se aproxima com um olhar cruel.

O modelo do ambiente de trabalho orientado a resultados (em inglês, "*results only work environment*"), mais conhecido pela sigla ROWE, recomenda um jeito diferente de fazer as coisas. Proposto por Cali Ressler e Jody Thompson e adotado rapidamente por grandes empresas como a Gap e a Best Buy, o ROWE envolve definir metas claras de curto prazo para as equipes e lhes dar a liberdade de trabalhar como bem entenderem. Nesse esquema, as pessoas não precisam seguir um horário de trabalho específico. Na verdade, elas nem precisam ir ao escritório. Reuniões só são feitas se as pessoas quiserem. Em muitos aspectos, o ROWE é para o trabalho o que a faculdade é para a escola: só faça o seu trabalho; não interessa como. É o fim do "presenteísmo", aquela cultura na qual os chefes só acham que as pessoas estão trabalhando se estiverem ao computador.

Os criadores do ROWE explicam que, antes de uma empresa conseguir atingir o estado evoluído de um ambiente de trabalho focado nos resultados, e não no comparecimento ao escritório, elas precisam promover uma desintoxicação no local de trabalho. Com isso, as empresas removem o "lodo" do escritório, que eles descrevem como "as críticas naturais em um local de trabalho, baseadas em crenças ultrapassadas sobre o tempo e o trabalho". Em outras palavras, são aqueles comentários bem parecidos com as opiniões tóxicas do nosso capataz interior.

É claro que essa abordagem não se aplica a todos os setores. Ela é mais adequada para trabalhos altamente individualizados, que não requerem colaboração ou presença física constante por parte dos funcionários, em oposição, por exemplo, ao trabalho de operários em uma fábrica. No entanto, se as pessoas trabalham sozinhas ou se têm total autonomia para decidir alguns aspectos de seu trabalho, o ROWE é a uma maneira perfeita de maximizar a produtividade. Uma ex-correspondente internacional de um conceituado jornal britânico me contou que, quando era alocada sozinha a uma capital europeia, ela vagava pela cidade, absorvendo o lugar, ouvindo o que as pessoas diziam em cafés, batendo papo e entrevistando influenciadores, antes de começar a escrever seus artigos. Quando ela voltou ao Reino Unido, recebeu uma mesa no canto do escritório ao lado dos banheiros. Se ela chegasse um pouco atrasada, seu chefe lhe pedia explicações para o atraso. Ela passou do estilo universitário de trabalhar para uma mentalidade de escola, o que resultou em menos satisfação no trabalho e um jornalismo de qualidade inferior. Porém, é interessante notar que a Best Buy, que tinha acolhido o ROWE de braços abertos, decidiu abolir o sistema em 2013 por achar que não estava obtendo o máximo de suas equipes. "O sistema se baseava na premissa de que o melhor estilo de liderança é sempre a delegação", explicou o CEO da Best Buy a um entrevistador, insinuando que, como todo o trabalho fora transferido para pessoas com autonomia, as equipes passaram a colaborar menos entre si.[1]

Fica claro que é importante buscar um equilíbrio. O ROWE pode ou não dar certo para você ou você pode optar por um estilo intermediário. Mas o princípio básico que fundamenta o conceito faz muito sentido, no mínimo por ser um contraponto interessante para aquele capataz que vive dentro de nós. Se você se pegar dando ironicamente um "boa tarde!" a um colega que chegou meia hora atrasado ao trabalho, fique esperto. Se você sabe que uma colega precisa levar o filho ao médico na quarta-feira à tarde e se pegar comentando algo como "Lá vai ela, saindo à francesa... Onde você pensa que vai?" quando a coitada tenta sair escritório sem ser notada às 4h da tarde, você precisa rever os seus conceitos.

Os capatazes não só têm o poder de destruir o moral de uma equipe como impedem as pessoas de fazer seu melhor trabalho. E também direcionam o nosso foco para o lado errado da equação de produtividade. O autor Daniel Pink confidenciou-me uma história envolvendo o ex-governador do estado americano de Nova Jersey, Chris Christie. Christie é um produto do movimento político global que permitiu que pessoas se fazendo de cidadãos comuns saíssem defendendo entusiasticamente o "bom senso" para ocupar posições de poder. Em 2016, depois de muitas pesquisas, foi elaborada uma lei estadual bipartidária decretando um intervalo diário de 20 minutos para crianças de menos de 11 anos de idade nas escolas de Nova Jersey. As evidências eram claras: a atenção das crianças (e, portanto, sua capacidade de aprender) melhorava visivelmente com a chance de descansar um pouco em um intervalo. Foi quando Christie entrou em cena, com seu chicote de capataz. "Essa lei é uma grande bobagem", ele declarou antes de vetá-la.[12]

O problema é que, apesar de todas as evidências e estudos científicos do mundo, muitas vezes deparamos com os "Chris Christies da vida". Eles dizem alguma coisa sobre "todo mundo sabe disso" ou que "isso não passa de uma questão de bom senso", para matar o que eles consideram meros "modismos passageiros". É normalmente nesse ponto que eles passam os olhos pela sala em busca das risadas grosseiras das pessoas de mentalidade afim.

Só poderemos melhorar nosso trabalho se conseguirmos destronar os capatazes do escritório. E isso inclui o capataz que vive dentro de cada um de nós.[3]

DICAS PARA FAZER A SEGUIR:

» Concentre-se no que você (e seus colegas) se propôs a fazer, e não em como você pretende fazer isso.

» Se acha que você ou os seus colegas não estão produzindo o suficiente, pense em soluções para esse problema específico em vez de sugerir trabalhar mais.

» Proíba piadinhas ou comentários jocosos sobre pessoas que saem antes ou chegam mais tarde ao trabalho. Descobri que ajuda muito deixar isso claro com uma simples declaração como: "Nós jamais, jamais fazemos comentários depreciativos ou jocosos sobre alguém que usa seu direito de trabalhar em horários flexíveis". Com isso, as pessoas ficam à vontade para trabalhar como acharem melhor.

» Tente uma sessão de "limpeza da lama" para as pessoas poderem falar sobre ocasiões em que se sentiram pressionadas por um capataz no trabalho.

Recarga 7

Desative as suas notificações

O cortisol ganhou uma má reputação... e nem sempre com justiça. É bem verdade que o hormônio é associado ao estresse (tanto o estresse psicológico quanto o físico), mas sua principal função é simplesmente fornecer mais combustível para o corpo. O cortisol é como o acelerador de um carro.[1] Em pequenas doses, ele nos deixa mais atentos, mais focados. O perigo é quando botamos o pé na tábua e pisamos com tudo no acelerador. Por exemplo, uma equipe de pesquisa alemã liderada por Clemens Kirschbaum sugeriu que uma enxurrada de cortisol no cérebro dificulta nossa capacidade de lembrar-se das coisas.[2] Não se sabe exatamente por que isso acontece, mas tudo indica que tem algo a ver com o efeito dos hormônios do estresse sobre o hipocampo. Os cientistas sabem que o hipocampo e a amígdala atuam juntos para armazenar experiências estressantes, mas eles parecem apenas registrá-las em vez de gravá-las em detalhes vívidos. O cérebro quer saber que você ficou com medo quando viu uma cobra naquele dia, mas não quer que você reviva a ansiedade do momento.

É bem verdade que alguns momentos de pressão podem levar a feitos extraordinários de realização humana. A psicóloga Teresa Amabile cita o exemplo da missão espacial Apollo 13, na qual, após uma explosão a bordo, uma equipe em terra teve de trabalhar 24 horas por dia para encontrar uma forma de os astronautas repararem um sistema danificado de filtragem de ar usando apenas os materiais limitados que tinham à disposição na nave espacial.[3] No fim, as soluções inventivas da equipe, incluindo aproveitar a capa de um manual de instruções, salvaram a missão e a vida dos astronautas. Todavia, segundo os estudos de Amabile, esses eventos são a exceção, e não a regra. Depois de analisar dados extraídos das reflexões diárias de pessoas que vivem situações menos incomuns do que os astronautas (trabalhadores de escritório), Amabile concluiu que, na maioria das circunstâncias, a criatividade e o estresse são inimigos e não convivem muito bem. Nas palavras dela: "Quando a criatividade fica sob um rigoroso escrutínio, ela em geral acaba morrendo".

As evidências são sistemáticas e generalizadas. Vejamos o desempenho dos times de futebol jogando em casa. Por que uma partida jogada em casa pode dar uma vantagem ao time? Se o único fator que determinasse o resultado em um jogo fosse a capacidade dos jogadores, os resultados de jogos em casa e em outros lugares seriam os mesmos. Entretanto, o que acontece é que os times que jogam em casa vencem 60% das partidas.[4] Isso acontece porque o maior número de fãs no estádio reduz os níveis de estresse do time e aumenta sua capacidade de jogar bem e com criatividade (isso se aplica a todos os esportes, e pesquisas mostram que o maior número de torcedores do time também leva a uma vantagem no hóquei no gelo[5]).

Da mesma forma, se o público começar a vaiar, o time terá mais dificuldade de jogar. Logo depois de o Newcastle, jogando em casa e sob furiosas vaias dos torcedores, ter sido derrotado por 3 a 0 pelo Liverpool, Joey Barton, o jogador de futebol desordeiro que virou um comentarista ponderado e depois técnico de futebol, afirmou que não tinha dúvida da relação entre a hostilidade dos fãs e a derrota do time. Barton foi mais sincero do que a maioria dos jogadores ousaria ser:

"Ainda não vi a famosa torcida cujo apoio eu esperava", ele declarou. "Pelo contrário, a torcida foi cruel. Acho que nunca vi torcedores tão cruéis. Os torcedores querem a vitória e querem logo de cara. Todavia, se eles não começarem a pensar de outro jeito e a torcer por nós, mesmo se estivermos perdendo, a situação não tem como mudar".[6]

Essa interpretação pode muito bem explicar o enigma do histórico de desempenho inferior da seleção inglesa de futebol (apesar da presença de jogadores que demonstram grande talento em seus times). Quando o treinador da seleção inglesa, Gareth Southgate, buscava identificar as razões para o sucesso do jogador do Manchester City, Raheem Sterling, ele não se concentrou em suas habilidades, mas em sua mentalidade: "Dá para ver que ele é confiante. Dá para ver que ele ocupa diferentes posições e, quando está diante do gol, dá para ver que ele acredita que vai conseguir marcar. Não é necessariamente porque ele é tecnicamente melhor. Ele só pensa um pouco mais em como finalizar, não sair chutando de qualquer jeito. Ele só é mais ponderado". Mesmo com esse desempenho todo, Sterling não se safa de críticas iradas dos fãs ingleses e, em um post nas mídias sociais em 2016, ele se autodenominou "o odiado". "Parece que às vezes o público é negativo demais", ele se queixou. "Eu adoraria ver alguns comentários positivos, só para o time saber que pode contar com o apoio dos fãs. Se você quiser que a sua seleção vença, tente ver o que o time tem de positivo. Ajude o time a ir à Copa do Mundo com tranquilidade, sabendo que pode contar com o apoio do país".[7] O apelo de Sterling mostra, em outras palavras, o que Amabile encontrou nos dados. Vejamos de novo o que ela disse: "Quando a criatividade fica sob um rigoroso escrutínio, ela em geral acaba morrendo". Em grande parte,

Desative as suas notificações   83

como ninguém esperava muito do desempenho da seleção inglesa na Copa do Mundo de 2018, os jogadores ficaram menos estressados e a vantagem foi clara.

O mesmo acontece no mundo das artes. Vimos os desafios que Julian Casablancas, do The Strokes, enfrentou ao compor o segundo álbum (veja p. 17). E não foi só o The Strokes que passou por essa dificuldade. Sam Smith, Duffy e a MGMT começaram a carreira aclamados pela crítica para depois serem recebidos com uma grande desilusão. Na TV, o comediante Harry Hill também fez de tudo para manter a criatividade, mesmo diante de uma pressão cada vez maior. Para quem via de fora, ele tinha o emprego dos sonhos, escrevendo o roteiro e estrelando o maior show de comédia do Reino Unido, atraindo uma audiência semanal de 6 milhões de pessoas. No entanto, a natureza do show, o *Harry Hill's TV Burp*, que fazia críticas engraçadas dos acontecimentos da semana anterior, exigia criar piadas numa velocidade alucinante, um trabalho que muitas vezes só era concluído poucas horas antes da transmissão. Esse estresse todo começou a pesar. Depois de mais ou menos uma década acumulando audiência, Hill estava esgotado e exausto. Um artigo de jornal descreveu-o e a sua equipe criativa de cinco pessoas usando o termo "esfrangalhado". Apesar dos rumores de que Hill tinha recebido uma proposta de £3 milhões anuais para continuar criando os 26 episódios da série todos os anos, ele estava sobrecarregado pelas expectativas do público. "O problema da *TV Burp* é que ela se apossa da sua vida", ele explicou ao *Daily Telegraph*.[8] "Era uma mistura de tédio extremo e estresse extremo. Ninguém aguentava trabalhar lá por muito tempo, o que acabava complicando ainda mais as coisas." Ou, como ele disse em uma entrevista ao *Daily Mirror*:

"Minha esposa Magda diz que eu viro um robô quando faço a *TV Burp*. Ela diz que meu corpo está lá, mas minha mente passa seis meses no trabalho. Um ano, eu fiz 21 episódios... a maioria das séries só tem oito. Acabei totalmente pirado. Se eu ouvisse a música tema em algum lugar, me dava um nó na garganta. Sem brincadeira. Até fiquei meio suicida... não suicida, mas muito, muito esquisito".[9]

O estresse, além de ser exaustivo e destruir a criatividade, também prejudica nossa capacidade de avaliar nossas verdadeiras realizações. "Embora prazos urgentes possam motivar as pessoas a trabalhar mais, a produzir mais e até a se *sentir* mais criativas", diz Amabile, "elas, em geral, acabam tendo ideias menos criativas."[10] Em seu estudo sobre funcionários de escritório, ela descobriu que, quando as pessoas se sentiam pressionadas, uma lacuna crescente se abria entre o desempenho que elas achavam que estavam apresentando e seu desempenho real: "Ao avaliar sua própria criatividade, os participantes do estudo em geral se consideravam *mais* criativos quando precisavam cumprir algum prazo apertado. O problema é que essas autoavaliações não tinham fundamento. Ficou claro que as pessoas ficavam cada vez menos criativas à medida que a urgência aumentava".[11]

Graças ao trabalho de Jaak Panksepp, também conhecemos os efeitos em longo prazo do estresse sobre a criatividade. Panksepp, cientista da Universidade Estadual de Washington, dedicou sua vida a decifrar o cérebro de ratos e provar que seus adorados roedores apresentavam muitos padrões de pensamento (e emoções) comuns a outros mamíferos, inclusive os seres humanos (ele observou, por exemplo, que os ratos dão risada quando fazemos cócegas neles[12]). Em seus estudos, ele categorizou o funcionamento do cérebro dos mamíferos em sete sistemas de comando emocional, cada um relacionado a uma função específica na cognição humana. Ele acreditava que cada uma dessas funções (busca, raiva, medo, luxúria, ajuda aos outros, pânico/pesar e brincadeiras) se originava não do córtex cerebral (a área do cérebro associada ao pensamento complexo), como os estudiosos defendiam até então, mas da amígdala e do hipotálamo. Em outras palavras, essas emoções fazem parte do nosso comportamento instintivo e, portanto, temos pouco controle consciente sobre elas.

No caso dos ratos, Panksepp descobriu que a empolgação da busca muitas vezes era mais forte que a satisfação de conseguir alguma coisa. Os ratos paravam de comer quando estavam saciados, mas nunca pareciam se cansar de explorar. Na opinião de Panksepp, o cérebro dos ratos é "um sistema exploratório, voltado a gerar expectativas e buscar recompensas".[13] Essa constatação comprovou a hipótese da neurocientista britânica Sophie Scott de que o cérebro é "uma máquina de buscar novidades".[14] Os ratos de Panksepp apresentavam um desejo inato de explorar novos lugares, experimentar coisas novas, testar oportunidades, o que Panksepp apelidou de "sistemas de busca e diversão". Em termos humanos, esses sistemas de busca e diversão são o que podemos chamar de criatividade.

Ou pelo menos é o que acontece até eles ficarem com medo. Quando Panksepp colocou pelos de gato perto dos ratos, eles ficaram imediatamente aterrorizados, apesar de nunca terem visto um gato na vida real. Essa reação instintiva é tão forte que foi observada em ratos de apenas 18 dias de idade. E, quando os ratos estavam com medo, eles interrompiam todas as brincadeiras criativas e atividades de exploração.[15] Como se isso não bastasse, eles só retomavam suas brincadeiras criativas três a cinco dias depois da remoção dos pelos de gato (a gaiola foi meticulosamente limpa, mas o trauma do estresse persistiu no corpo dos pobres roedores). No caso dos seres humanos, essa recuperação postergada é o que Teresa Amabile descreveu como "ressaca da pressão". E bastou a lembrança da ansiedade que eles viveram no passado para os ratos vivenciarem sua própria versão da ressaca da pressão.

Isso me leva ao tema desta Recarga: os celulares. De acordo com o professor Tom Jackson, da Universidade de Loughborough, as pessoas são interrompidas em média 96 vezes por e-mails em um dia de trabalho de oito horas. Muitos desses e-mails dão uma injeção de cortisol indutor de estresse na nossa corrente sanguínea.[16] Segundo estudos, quase metade de todas as pessoas que checam o e-mail do trabalho quando não estão trabalhando apresentam indícios de altos níveis de estresse.[17]

Por sua vez, o estresse dificulta a criatividade. "Cada e-mail que você recebe representa uma tarefa a mais e, no fim do dia, você fica exausto. No fim do dia, os trabalhadores ficam sem uma gota de criatividade e produtividade", disse Jackson ao *Guardian*.[18]

É desnecessário dizer que os celulares não são a única fonte de estresse no trabalho e que é impossível viver sem eles hoje em dia. Todavia, e se pudermos reduzir pelo menos um pouquinho o efeito dos smartphones na nossa vida? E se desligássemos todas as notificações do celular?

Pode parecer uma bobagem sugerir que tirar aquela notificação dos números de e-mails não lidos da sua tela inicial pode fazer com que você seja uma pessoa mais feliz, mas é uma das melhores coisas (e mais fáceis) que você pode fazer.[19] O problema é que essa notificação fica no seu pé, implorando para você dar uma espiada para ver qual incêndio está à espera de ser apagado. Se fosse só uma chateação, estaria bom. Alguns pesquisadores chegaram a afirmar que as notificações no celular nos levam a apresentar sintomas do transtorno do déficit de atenção com hiperatividade (TDAH).[20] Eles também observam que, quanto mais alternamos a nossa atenção de uma tarefa à última notificação, menos processamento mental aplicamos a elas. Esse é um exemplo dos custos de "alternar a atenção", que vimos na Recarga 1. Na explicação de um especialista: "As principais tarefas da memória de trabalho demandam a atenção e os traços de memória começam a se dissolver assim que a atenção se volta a alguma outra coisa".[21]

Ao contrário do que gostamos de alegar (ou até de acreditar), nossa memória de trabalho só consegue processar adequadamente uma coisa de cada vez. A multitarefa tem muito de mito, especialmente entre as pessoas que acreditam que fazem isso muito bem. Em um experimento que pediu que os participantes falassem enquanto dirigiam, foram justamente as pessoas que se disseram mais confiantes de sua capacidade de fazer as duas coisas ao mesmo tempo as que mais erraram (ou seja, apresentaram a maior diferença entre sua habilidade percebida e seu desempenho real).[22] Se quisermos fazer mais, é melhor focar uma coisa de cada vez. Como já vimos, as interrupções têm o poder de estimular o pensamento criativo, mas o foco é quase um superpoder que nos leva a níveis mais profundos de pensamento e a elaborar melhor as ideias.

Algum tempo atrás, a Telefónica e a Universidade Carnegie Mellon trabalharam em colaboração em um projeto para investigar os efeitos sobre o bem-estar das pessoas de desligar todas as notificações do celular por uma semana.[23] Apelidado de Desafio do "Não Perturbe", o projeto deu de cara com um beco sem saída logo no começo. Como explicou Martin Pielot, da Telefónica: "Ninguém topou participar do desafio. As pessoas ficavam horrorizadas com a ideia. Fomos forçados a reduzir o tempo do desafio de uma semana para 24 horas".[24] É interessante notar que o desafio de 24 horas acabou sendo muito mais proveitoso. Vivem nos dizendo que são necessários 60 dias para formar um hábito, mas os pesquisadores do projeto descobriram que metade dos voluntários que toparam desligar as notificações *por um único dia* passaram dois anos sem retomar seus velhos hábitos indutores do estresse.[25] Muitos disseram que ficaram mais produtivos, que a concentração se tornou mais fácil, especialmente quando trabalhavam ao computador, conforme relatou um participante do estudo.

Para Anna Cox, professora de Interação entre Humanos e Computadores da University College London, uma mudança comparativamente pequena na maneira como agimos é um exemplo de "microfronteira".[26] As microfronteiras são estratégias que as pessoas podem utilizar para se beneficiar mais da tecnologia e sentir que retomaram o controle da situação. "As pessoas passam o tempo todo checando as mídias sociais sem pensar duas vezes só porque está tudo lá, à mão, no celular", Cox explicou à revista *New Scientist*. "Qualquer coisa que dificulte um pouco isso pode ajudar a evitar o mau hábito."[27] Outras microfronteiras podem envolver excluir o aplicativo de e-mail quando entramos de férias ou ativar o modo *não perturbar* durante as refeições.

Recomendo vivamente remover todas as notificações de e-mail. Do computador, do notebook, do celular. Configure o e-mail especificamente para que você só possa ver o número de mensagens quando abrir o aplicativo. Pessoas que fizeram esse teste me disseram que até estão conseguindo respirar melhor. "Consegui chegar até o trabalho sem me preocupar com os e-mails", uma pessoa relatou. "Comecei a trabalhar no projeto e só lembrei de checar e-mail muito tempo depois", outra pessoa confessou, estupefata. Diga às pessoas que elas podem entrar em contato com você por telefone, em caso de urgência. Todavia, fora isso, faça as coisas só quando estiver preparado para isso. Não seja um escravo das suas notificações.

Ao desligar as notificações, podemos ser mais motivados e criativos quando estamos trabalhando. Por outro lado, podemos até ter uma sensação fugaz de vitória se optarmos por resolver os e-mails assim que eles chegam, mas o problema é que, se ficarmos estressados com isso, nossa eficácia pode acabar prejudicada.

Lembre que essa pequena mudança desestressante pode muito bem se traduzir em uma injeção de criatividade. Deixemos para o jogador de futebol Raheem Sterling as últimas palavras sobre o desempenho sem pressão: "Nós sabemos o que somos capazes de fazer, acredito no que somos capazes de fazer. Só precisamos ter o apoio e a torcida do público. Podem acreditar".

DICAS PARA FAZER A SEGUIR:

» Reduza o estresse permitindo-se fazer intervalos para se recuperar das demandas do trabalho sobre a sua mente e seu corpo. Como acontece com jogadores de futebol, músicos e ratos sentindo o cheiro de pelos de gato, não há como sermos criativos se estivermos estressados.

» Desative as notificações do celular. Mantenha um diário (ou um registro de produtividade) antes e depois para ver como as coisas mudaram.

Recarga 8

Saia para almoçar

Laura Archer, uma gestora do Museu de Londres, não conseguia parar por um minuto quando estava no trabalho. Responsável por todos os eventos de angariação de fundos do museu, ela vivia pressionada para propor novas formas de atrair parcerias com outras instituições de artes ou com empresas privadas londrinas. Ao mesmo tempo, precisava pensar em maneiras de aumentar o número de associados do museu para ajudar a cobrir os custos de operação de uma das principais instituições de Londres.

Diante disso, como a maioria de nós faz quando está sob pressão e acha que não vai conseguir dar conta de tudo, ela começou a trabalhar um pouco mais. A decisão parecia fazer sentido para cumprir os prazos apertados e mostrar aos colegas que ela estava se empenhando. Desse modo, aos poucos, ela foi cortando a hora do almoço para conseguir um tempinho a mais.

O efeito foi desastroso, como Archer contou em seu *blog* (e livro) *Gone for Lunch* e depois em uma conversa comigo. "Acho que nunca me dei conta das vantagens de sair para o almoço, além do fato de que eu adorava fazer isso", ela me disse. "Foi quando a sobrecarga de trabalho me privou da hora do almoço que percebi como aquilo me afetava. Eu basicamente entrei em colapso. Meu humor deteriorou. Minha energia foi ao chão. Minha motivação no trabalho despencou. Meus hábitos alimentares degringolaram. Se eu passava o dia inteiro no trabalho, tudo o que queria era chegar *em* casa à noite e pedir alguma bobagem ou comer alguma comida congelada, alguma coisa fácil ou 'engordativa' e que tinha muitas chances de não fazer bem à minha saúde. E eu ia querer uma taça de vinho, em casa ou em um *happy hour* com os amigos... só para me dar aquele agrado, sabendo que no dia seguinte ia começar tudo de novo. E cafeína. Eu não costumo tomar café, mas estava tomando um ou dois cafés por dia, o que para mim já era demais. Tudo isso fora a vontade incontrolável de comer doces."

Os efeitos multiplicaram-se: "Comecei a me sentir péssima. Pesada. Quando o fim de semana finalmente chegava, eu tinha tido uma semana tão horrenda em termos de energia e dieta que tudo o que eu queria era passar a manhã toda na cama. E, para ter uma injeção de empolgação e energia, eu saía no sábado à noite para beber. Passava a manhã inteira de domingo na cama. No domingo à noite, eu ainda estava exausta e sem qualquer energia para a semana que estava para começar, sabendo que o ciclo se repetiria".[1]

Uma verdadeira multidão de pessoas se vê presa nessa situação. Trabalhadores de escritório britânicos e americanos estão cada vez mais acostumados com a prática de comer no trabalho, respondendo aos e-mails com uma mão e devorando um sanduíche com a outra. Uma pesquisa de 2015 conduzida pela BUPA (um grupo de assistência à saúde, com sede na Inglaterra) sugeriu que quase dois terços dos britânicos não conseguem tirar nem 20 minutos do almoço, e muitos deles dizem que fazem isso porque se sentem pressionados pelo chefe a trabalhar mais.[2]

No entanto, todas as evidências mostram que essa é uma maneira terrível de trabalhar e viver. Os sintomas de Archer (fadiga, exaustão crônica e uma dieta pouco saudável) são comuns a muitas pessoas que recorrem à tática de pular o almoço. E tudo isso se junta à sensação geral de cansaço provocada pelo excesso de trabalho. Pesquisadores descobriram que as pessoas consideram exaustivo praticar o que especialistas chamam de "autorregulação". Se tivermos a chance de fazer o que bem entendermos, vamos preferir passar o dia inteiro de moletom no sofá e descansar. Todavia, se tivermos de passar um fim de semana prolongado com os nossos sogros, por exemplo, tendo de medir as palavras, a linguagem corporal e fingir interesse, nossa energia cairá rapidamente. O que fazemos diante dos nossos sogros é a autorregulação. Segundo os pesquisadores, se tivermos de exercitar a autorregulação pulando a hora do almoço, invariavelmente sofreremos exaustão mental e física, porque estaremos fazendo algo que preferiríamos não fazer.[3]

O cansaço constante relatado por Archer merece uma análise mais minuciosa. Temos uma espécie de tanque de energia *mental*, que até uma hora de atividade física (digamos, malhar na academia) pode ajudar a reabastecer. Sem essa injeção necessária de energia, o cansaço se multiplica. As psicólogas Emily Hunter e Cindy Wu recentemente encontraram uma correlação entre pular o almoço e a exaustão de fim de semana (como Archer confirmou quando constatou que se privar da hora do almoço estava arruinando suas noites de sábado[4]). Theo Meijman e Gijsbertus Mulder sugeriram que esse hábito pode levar a distúrbios do sono.[5] Você pode se dar a liberdade de sair para o almoço sabendo que, com isso, vai ter energia para passar o fim de semana com a família e os amigos.

Além disso, se pularmos a hora do almoço, nossa produtividade cairá imediatamente. Os dados revelam que o desempenho da tarde já é ruim. Saindo ou não para o almoço, somos visivelmente menos tolerantes e nossas decisões são consideravelmente piores do que no período da manhã. Assim, como Daniel Pink observou em seu livro *Quando*, de 2018, os juízes tendem a dar sentenças mais severas depois do almoço e os médicos tendem a fazer diagnósticos menos precisos.[6] Na Duke Medical Center, no estado americano da Carolina do Norte, uma pesquisa descobriu que a probabilidade de erros médicos aumentou quatro vezes às 4h da tarde (chegando a 4,2%) em comparação com as 9h da manhã. E tudo isso independentemente de as pessoas fazerem ou não intervalos para o almoço. Se levarmos em conta o hábito de pular a hora do almoço, a situação piora ainda mais.

Se fizermos uma pausa para o almoço, poderemos reduzir nosso cansaço da tarde e recuperar o equilíbrio, mobilizando o poder restaurador dos intervalos. Daniel Pink apresenta inúmeros exemplos das vantagens de adaptar nossas demandas à "cronobiologia" do nosso corpo. Na Dinamarca, por exemplo, os pesquisadores descobriram que, quando as crianças podiam fazer um intervalo antes de uma prova à tarde, elas mais do que compensavam a deterioração normal do desempenho vespertino. Francesca Gino, de Harvard, mostrou que, apesar de as notas nas provas normalmente caírem ao longo do dia (um efeito que, infelizmente, é mais pronunciado nas crianças menos brilhantes), incluir um intervalo tem o poder de eliminar esse efeito. Gino explica: "Se os alunos pudessem fazer um intervalo por hora, as notas das provas chegariam a melhorar ao longo do dia".[7]

Essas constatações sugerem duas mudanças necessárias nos nossos hábitos de trabalho. Para começar, é mais interessante deixar as tarefas importantes para fazer antes do almoço. De manhã, nossa mente está mais clara e mais capaz de dar conta de complexos desafios cognitivos. Em segundo lugar, devemos tirar da nossa cabeça que vamos conseguir produzir mais se pularmos os intervalos. Acho que no fundo todos já sabemos disso, mas achamos que a regra não se aplica a nós. Diante da escolha de zerar todos os e-mails em vez de sair para o almoço ou para uma caminhada, sabendo que os e-mails continuarão lá, além de outros 30, a decisão nos parece muito clara. Por que alguém escolheria largar os e-mails e sair para passear? Mesmo se o preço a pagar for uma produtividade menor à tarde.

No entanto, antes de você dar de ombros e dizer: "Pode até ser, mas não para mim", considere a descrição de Laura sobre o poder transformador de uma pausa para o almoço: "Você ganha um novo fôlego", ela me contou. "Você volta ao trabalho como se estivesse chegando de manhã cedo, porque deu um descanso para a sua mente; você deu um descanso para o seu corpo. Quando o fim de semana chega, você olha para trás e pensa: 'Uau! Nessa semana consegui ir três vezes a galerias de arte e ver as exposições que queria'". "O melhor de tudo", ela conclui, "é que eu olho para trás e vejo que meu ano foi repleto de cor e criatividade. Somei todo o tempo das horas do almoço e vi que equivale a 30 dias de férias por ano."

É interessante notar que aquilo que optamos por fazer durante o horário de almoço também pode contribuir para a nossa felicidade. Os introvertidos podem não gostar da ideia, mas cientistas da Universidade de Oxford descobriram que comer sempre sozinho, e não acompanhado, é o principal fator contribuinte para uma sensação geral de infelicidade (perdendo apenas para uma doença mental preexistente).[8] O pesquisador Robin Dunbar explica: "Os tipos de coisas que fazemos ao redor da mesa com outras pessoas são excelentes para ativar o sistema da endorfina, que faz parte do sistema de

Saia para almoçar   95

administração da dor do cérebro. As endorfinas são opioides quimicamente relacionados à morfina. Elas são produzidas pelo cérebro e nos dão um 'barato' de opiáceo. É isso que ganhamos quando socializamos". Planejar alguns almoços por semana com os colegas pode aumentar a sua felicidade.

O número de colegas também pode fazer a diferença. Como Ben Waber, da Humanyze (cujos crachás sociométricos ajudam a rastrear as interações nos escritórios), explica, o tamanho das mesas do refeitório de um escritório pode afetar diretamente os níveis de comunicação no ambiente. "Em uma empresa", diz ele, "vimos que as pessoas mais produtivas almoçavam com outras 11 pessoas, às vezes dez ou nove outras pessoas [o desempenho dessas pessoas era de longe o melhor, chegando a 'um percentual de dois dígitos superior']. E as pessoas de longe menos produtivas sempre almoçavam em grupos com três outras pessoas, às vezes duas." Intrigados com as razões para isso, Waber e seus colegas se voltaram a analisar o *layout* do refeitório. "O refeitório era dividido em dois ambientes. Em um deles, todas as mesas tinham 12 lugares. No outro, todas as mesas tinham quatro. Não é que você saía para almoçar com 11 colegas. Você se sentava a uma mesa. Os colegas sentavam à mesma mesa e você começaria a conversar com eles. E depois você ficaria mais aberto a conversar com uma pessoa com quem almoçou durante a semana." As pessoas que usavam aquele refeitório em particular eram desenvolvedores de *software*. O fato de eles passarem a interagir mais melhorou diretamente a qualidade de seu trabalho.[9] Esse caso tem claras implicações para todos os tipos de empresas.

Todavia, é preciso fazer uma ressalva. É verdade que conversas no almoço podem ajudar a abrir canais de comunicação no escritório, mas não pode ser algo obrigatório.

Isso precisa acontecer naturalmente. Uma equipe de pesquisadores liderada por John Trougakos, da Universidade de Toronto, descobriu que, se os trabalhadores sentiam que precisavam socializar de determinada maneira no almoço, eles acabavam estressados. Até um almoço em equipe pode esgotar nossa energia se formos obrigados a isso. Uma hora ouvindo nosso chefe falando sobre seu carro novo pode ser mais exaustivo do que passar o mesmo tempo respondendo a e-mails. Ou, como explica John Trougakos, a socialização obrigatória na hora do almoço "resulta em mais fadiga, já que essas atividades provavelmente demandariam que os funcionários controlassem seu comportamento [autorregulação]".[10]

Laura Archer descobriu que a melhor maneira de garantir sua autonomia na hora do almoço era pelo planejamento. Afinal, poucos colegas vão tentar marcar uma reunião na hora do almoço de uma terça-feira se souberem que você faz yoga nesse horário toda terça. Ao garantir a autonomia e o planejamento do seu horário de almoço, você se energizará para maximizar sua produtividade à tarde.

Não se prive da sua hora do almoço!

DICAS PARA FAZER A SEGUIR:

» Agende intervalos. Pode levar um tempo planejar alguma atividade para a hora do almoço, isso pode forçar uma mudança de hábito. Laura Archer descobriu que, mesmo quando ela só conseguia sair para almoçar uma ou duas vezes por semana, isso já ajudava a reduzir seu estresse.

» Faça atividades variadas nos intervalos. Vá almoçar (com as pessoas de quem você gosta), vá para um parque, saia para uma caminhada, vá à academia. Tente tirar um tempo para alguma coisa pessoal que você vem postergando há algum tempo (escrever uma carta, ligar para sua avó).

» Recuse pedidos de reunião que interfiram no seu horário de almoço. Sugira algum outro horário. Recusar-se algumas vezes pode fazer com que até os colegas mais insistentes pensem duas vezes antes de sugerir uma reunião na hora do almoço.

Recarga 9

Defina as suas próprias regras

O que você pensaria se eu dissesse que um jeito de voltar a cair de amores pelo seu trabalho é fazer um pouco menos? Dar um tempo do trabalho? Afastar um pouquinho o trabalho da sua vida? É exatamente isso que vou sugerir aqui. Todavia, antes, vamos para a Escandinávia.

São raras as pessoas que não moram na Suécia que já ouviram falar de Birgitta Lundblad, Elisabeth Oldgren, Kristin Ehnmark e Sven Säfström. Eles eram quatro funcionários de um banco que, em 1973, foram reféns na filial do Kreditbanken. Mas a maioria de nós sabe, pelo menos indiretamente, o que aconteceu com eles nos seis dias que passaram em cativeiro. Para a surpresa dos negociadores, eles desenvolveram um vínculo com os sequestradores. A reação esperada teria sido raiva ou medo. Todavia, quando recebiam pequenos gestos de gentileza (que podiam não passar de uma permissão para usar o banheiro ou receber comida), eles ficavam gratos aos mesmos sequestradores que estavam colocando sua vida em risco (prendendo-os com cordas e ameaçando-os com dinamite) e, depois de serem liberados, eles tinham criado laços tão fortes que chegaram a recusar-se a testemunhar contra os sequestradores no tribunal. Essa reação inesperada ficou conhecida como "síndrome de Estocolmo".[1]

Muitos de nós vivemos uma espécie de síndrome de Estocolmo no trabalho, mesmo sem saber exatamente quem é o nosso sequestrador. Somos bombardeados por demandas de todos os lados (não só do nosso chefe, mas de colegas, clientes ou fornecedores) e não reagimos com frustração ou raiva, mas com uma resignação silenciosa. O psicólogo Martin Seligman cunhou o termo "desamparo aprendido" para se referir a isso.[2] Nos acostumamos tanto com a situação que acabamos nos resignando.

Seligman descobriu esse fenômeno por acaso em 1965, ao investigar a depressão. Seu experimento inicial, uma versão do experimento de "condicionamento clássico" que ganhou fama com Pavlov (cachorro/campainha/comida), envolvia tocar uma campainha e em seguida aplicar um choque elétrico aos cães. Como seria de se esperar, os cães logo associaram o toque da campainha com o choque que se seguia. Mas foi um ajuste subsequente do experimento que levou à teoria do "desamparo aprendido". O cão era colocado em uma caixa dividida ao meio, sendo que o chão de uma das metades da caixa tinha um piso que transmitia um choque elétrico, e a outra metade tinha um piso normal. O cão podia, se quisesse, pular de um lado ao outro, e foi exatamente o que alguns cães faziam quando descobriam que estavam do lado que aplicava o choque. Mas os cães que já tinham sido submetidos ao experimento anterior, no qual os choques eram aplicados aleatoriamente, ficavam deitados quando ouviam a campainha. Eles presumiam que nada que eles fizessem poderia melhorar as coisas. Em outras palavras, eles simplesmente optaram por desistir.

O desamparo aprendido está por toda parte no ambiente de trabalho moderno. Somos sobrecarregados com demandas e expectativas, mas nos resignamos porque presumimos que é assim que tem de ser. Achamos que não temos como fugir do piso eletrificado.

Leslie Perlow, uma etnógrafa de Harvard, constatou isso em sua pesquisa para investigar a natureza do trabalho produtivo.

Ela partiu da hipótese de que a conectividade constante fora do trabalho (ler os e-mails durante o jantar, por exemplo) prejudica os relacionamentos pessoais e é menos produtiva do que gostamos de achar. Todavia, sempre que ela conversava com os engenheiros ou consultores de gestão envolvidos no estudo, eles quase invariavelmente diziam que ela não entendia as nuances do trabalho deles e que as coisas eram como eram porque não podiam ser de outro jeito. "Eles estavam convencidos de que não tinham como ser diferentes se quisessem ser competitivos", ela diz.[3]

Intrigada com essa aceitação passiva da conectividade constante, Perlow decidiu estudar um grupo cujo trabalho tinha "se infiltrado completamente na vida". A lógica era que, como já cantava Frank Sinatra, "se você conseguir mudar aqui, vai conseguir mudar em qualquer lugar".[4] O grupo que ela escolheu era composto de consultores do Boston Consulting Group. Essas pessoas eram enfáticas ao afirmar que seus clientes esperavam atendimento e atenção 24 horas por dia, sete dias por semana, e que eles podiam fazer consultas e demandas a qualquer hora do dia ou da noite. Os consultores acreditavam ser indispensável trabalhar horas a fio até o ponto da exaustão e que era igualmente indispensável passar horas checando os e-mails, mesmo quando não estivessem no trabalho. Perlow estimou que cada pessoa passava entre 20 e 25 horas por semana respondendo a e-mails no celular fora do horário de expediente e que a expectativa é que os e-mails fossem respondidos em no máximo uma hora.

Perlow começou aos poucos. Ela queria ver se os executivos poderiam ser convencidos a passar uma noite por semana sem checar os e-mails. Mas ela deixou claro que o grupo todo teria de respeitar a decisão. Se alguém abrisse os e-mails na noite que lhe foi designada, o experimento todo seria um fracasso. Não foi fácil para os consultores do BCG, que estavam acostumados a entrar em ação assim que uma emergência surgia.

E as emergências não deixaram de surgir nas noites do experimento. Mas Perlow ficou agradavelmente surpresa quando o grupo manteve sua decisão e comprometimento com o experimento. Eles acabaram criando uma rede de apoio e diziam: "Hoje é a sua noite de folga. Pode ficar tranquilo, a gente faz a sua parte!"

No entanto, foi o efeito mais geral desses momentos que levou à maior surpresa. Quando os executivos foram forçados a se revezar, a equipe toda passou a colaborar com mais eficácia de várias maneiras diferentes. Eles começaram a pedir permissão ao grupo para tirar algumas noites de folga para ocasiões pessoais importantes. Passaram a conversar mais sobre sua vida pessoal e familiar. E, ainda por cima, poder se desligar totalmente do trabalho (lembrando que o experimento envolveu só uma noite por semana, embora eles estivessem exaustos) teve um efeito incrivelmente reenergizante. Um dos participantes do estudo disse a Perlow: "Meu gerente de projeto me forçou a sair do escritório para eu tirar a noite de folga apesar de estarmos ocupadíssimos num projeto urgente. Voltei ao trabalho revigorado".[5] De acordo com Perlow: "O grupo que tirou uma noite de folga relatou maior satisfação no trabalho, uma maior perspectiva de passar um bom tempo na empresa e maior satisfação com o equilíbrio entre a vida pessoal e profissional". É quase como se começássemos a odiar nosso trabalho quando não estamos bem. Quando estamos exaustos, pensamos em coisas com as quais não concordaríamos se estivéssemos descansados.

Diante desse resultado, Perlow fez um experimento ainda mais ambicioso com os consultores do Boston Consulting Group. Ela propôs que eles tentassem se revezar para se desconectar totalmente da Matrix e passassem um dia inteiro indisponíveis para o trabalho. Nada de celular, SMS, e-mail, WhatsApp... nada. Como seria de se esperar, a sugestão foi recebida com grande inquietação. "A equipe resistiu ao experimento no começo", ela lembra. "A líder da equipe, que tinha apoiado o primeiro experimento, ficou muito nervosa com a perspectiva de ter de informar ao cliente que cada membro de sua equipe passaria um dia por semana ausente".[6]

Porém, estranhamente, o resultado foi que todos voltaram a se apaixonar pelo trabalho. A comunicação entre os membros da equipe tornou-se mais "intencional", com os colegas estreitando os vínculos entre si. O dia livre de conectividade acabou aprofundando as conexões entre as pessoas. Perlow disse que a maior revelação do experimento foi que a equipe acabou convencida de que conseguiu "entregar um trabalho melhor ao cliente".

Todavia, afinal, o que é uma comunicação intencional? Para descobrir, conversei com Deborah Rippol, que na época era responsável por encontrar novos talentos para a empresa de *software* Buffer. É fascinante analisar a Buffer para ter uma ideia de como será o trabalho no futuro. Não sei se eles têm todas as respostas, mas estão tentando de tudo para fazer as perguntas certas. Quando um dos fundadores da empresa não conseguiu tirar o visto para trabalhar nos Estados Unidos, a Buffer abandonou o escritório de São Francisco e a equipe passou a trabalhar remotamente ao redor do mundo. Os fundadores viajavam de um lugar ao outro levando apenas o laptop e uma conexão wi-fi.

Essa mentalidade de improvisação ao primeiro desafio da empresa foi incorporada à cultura da organização e manteve seu legado mesmo quando eles superaram os obstáculos e reabriram o escritório nos Estados Unidos.

Rippol descreveu a equipe de 70 pessoas da Buffer: "Temos pessoas em 40 cidades, em 16 países diferentes e 11 fusos horários". E explicou como eles trabalham em colaboração: "Queremos que as pessoas sejam felizes onde quer que estejam. Para isso, todos precisam ter autonomia para tomar decisões e a oportunidade de colaborar com os colegas. Só que a comunicação síncrona não funciona muito bem nesse ambiente disperso. Um grupo de pessoas no fuso horário de Nova York pode se comunicar pelo Slack [um aplicativo de comunicação e colaboração]. Eles podem conversar e trocar ideias em tempo real e chegar a uma decisão. Mas o pessoal da França e de Singapura só acorda depois e perde a chance de opinar sobre a decisão".

A comunicação síncrona é coordenada pelo tempo, o pingue-pongue constante das mensagens instantâneas. O resultado é que nos sentimos na obrigação de acompanhar um diálogo sendo conduzido em várias mídias diferentes ao mesmo tempo. A comunicação assíncrona pode ser adequada se houver a necessidade de uma resposta rápida, mas nos dá a chance de tomar decisões mais ponderadas se tivermos um tempo para responder. As pessoas se revezam para responder no momento que lhes for mais adequado. Elas se afastam do senso de urgência e imediatismo e podem ponderar e refletir sobre a resposta. "Um dos valores da Buffer é 'parar para refletir'", Deborah Rippol me disse. "Com a equipe espalhada por tantos fusos horários, fica difícil para a empresa criar normas de comunicação mais eficientes e eficazes. Tentamos evitar mandar e-mails dizendo algo como: 'O que você acha disso?' Perguntas abertas como essa para uma pessoa que está em um fuso horário de oito ou 12 horas antes ou depois de você não são adequadas. As perguntas precisam ser mais específicas para a pessoa poder responder a contento".

Por isso, uma comunicação com as pessoas se revezando, em vez de todos constantemente dando ideias e opiniões ao mesmo tempo, pode proporcionar enormes benefícios. Se você não passar o tempo todo fazendo comentários, as intervenções espaçadas terão um efeito maior. Se você puder contar com os colegas para eles cobrirem o seu trabalho quando você não estiver lá, vai acabar confiando mais neles e colaborando melhor com eles. E também vai ficar mais feliz e descansado.

DICAS PARA FAZER A SEGUIR:

» Não presuma que sua cultura de trabalho é inevitável.

» Combine um esquema para a sua equipe poder se revezar para ficar indisponível e cumpra o acordo.

Recarga 10

Faça uma desintoxicação digital

Os *memes* têm o poder de varrer o mundo, criando raízes e se incorporando à cultura popular em questão de dias. O Desafio do Balde de Gelo (jogar um balde de água gelada na cabeça para promover a conscientização sobre a esclerose lateral amiotrófica) foi como um tsunami que começou no Facebook e tomou no mundo praticamente da noite para o dia. O Desafio do Manequim (pessoas paradas como se estivessem congeladas enquanto são filmadas) viralizou como uma doença altamente contagiosa e até a sua tia ficou sabendo. Essas ideias virais se espalham com urgência e entusiasmo.

Sei que trabalhar duro não é uma ideia *viral*, mas quero mostrar que é pelo menos um pouco *fúngica*.[1] Ela não se espalha pela empolgação, mas pelo do contágio. Quando os pesquisadores da Microsoft analisaram o impacto dos hábitos de trabalho fora do expediente dos chefes sobre os subordinados, eles descobriram que para cada hora que um chefe trabalhava visivelmente fora do horário (por exemplo, mandando um e-mail no domingo ou numa quarta-feira à noite), seus subordinados diretos trabalhavam 20 minutos fora do escritório. Se um chefe decidir zerar sua caixa de entrada de e-mails no domingo, evidências indicam que um esporo fúngico cai no colo dos subordinados, que também passam a trabalhar. O trabalho, em outras palavras, transforma-se em um contágio fúngico.[2]

Esse contágio também se espalha de outras formas. Se, por exemplo, seu chefe abrir o laptop e começar a mandar e-mails durante uma reunião, você terá o dobro de chances de se engajar na multitarefa em uma reunião. Nós imitamos o que nossos chefes fazem.

Como argumentei na Recarga 9, fazer uma pausa da roda de hamsters das reuniões, e-mails e conectividade tem o poder de energizar nossa mente. A etnógrafa Leslie Perlow observou que, em um ambiente constantemente conectado, muitas vezes nos sentimos incapazes de nos desligar do fluxo constante de mensagens, mas, se nos desconectarmos, as expectativas sobre nós podem parecer menos claustrofóbicas. E também reduz nossos níveis de ansiedade. Como vimos, metade dos trabalhadores que checam seus e-mails fora do horário de trabalho mostram sinais de estresse. O cortisol que percorre nossa corrente sanguínea (veja a Recarga 7) para nos dar uma onda de energia também cria um estado mental parecido com os animais na floresta quando avistam um predador. Podemos achar que estamos checando o e-mail para *evitar* o estresse no trabalho, mas nosso corpo não sabe disso. Ele acha que a injeção de cortisol se deve a um perigo à espreita.

O efeito em médio prazo do cortisol circulando pelo corpo são o cansaço e a exaustão. É como o colapso energético que se segue a uma dose de cafeína. Mas fazer uma pausa, no entanto, nos possibilita recuperar a nossa energia, a atenção, a memória e a criatividade.

E é por isso que os fins de semana são tão importantes. A pesquisa de John Pencavel sobre a produtividade que vimos na Recarga 5 descobriu que os trabalhadores produziam mais em uma semana de 48 horas tirando o domingo para descansar do que em uma semana de trabalho de 56 horas trabalhando direto. Ao fazer uma pausa, os trabalhadores efetivamente ficaram mais produtivos.

Acredito que vale a pena falar um pouco mais sobre a produtividade por um momento, porque nesta atual era *high tech*, produzir passou a ser uma espécie de obsessão. Um dos maiores enigmas das últimas duas décadas é que, apesar dos avanços tecnológicos sem precedentes, não parecemos estar produzindo mais. Paul David, um historiador especializado em economia, explorou esse tema em profundidade. Ele acredita (e eu concordo com ele) que simplesmente ainda não sabemos o que fazer com as novas tecnologias. Ele faz uma analogia entre o advento da alta tecnologia e o advento do motor elétrico. Os motores elétricos representaram um enorme avanço em comparação com os motores a vapor que chegaram para suplantar. Eles eram menores, mais precisos e podiam ser operados por apenas uma pessoa. Mas levou um tempo para as práticas industriais serem adaptadas às possibilidades da nova tecnologia.

Nosso problema é que ainda não aprendemos a usar as ferramentas disponibilizadas pelas inovações modernas. Achamos que estamos sendo muito produtivos quando reduzimos o número de e-mails da nossa caixa de entrada para 20 ou 30. Mas tudo o que fizemos foi responder a demandas, que poderiam muito bem ter sido feitas em uma conversa. Não somos produtivos na utilização do nosso tempo, apesar de acharmos que estamos dedicando mais tempo ao nosso trabalho. Se, por outro lado, parássemos de nos preocupar em nos manter constantemente ocupados, recarregássemos as baterias do nosso cérebro e focássemos o que realmente importa (o trabalho focado que descrevi na Recarga 1), conseguiríamos produzir muito mais. Como o grande defensor do trabalho focado me explicou: "O ambiente de trabalho moderno é ativamente hostil ao trabalho focado.

Quero aproveitar para dizer que acho que nosso estilo de trabalho atual não passará de uma espécie de nota de rodapé na evolução do trabalho do conhecimento. Em outras palavras, acho que o modo como abordamos o trabalho do conhecimento hoje será considerado, daqui a uns 15 anos, desastrosamente improdutivo".[3]

Vinte anos atrás, Erik Brynjolfsson e Lorin Hitt observaram que as empresas que mais se beneficiavam da informatização fizeram mais do que simplesmente injetar bytes na máquina de trabalho existente. Elas se reinventaram, se desmontaram e se remontaram em uma composição completamente diferente.[4] No processo, elas mudaram sua estrutura e se tornaram mais descentralizadas. Na verdade, elas espelharam o que o guru da administração Peter Drucker descreveu em linhas gerais em 1988 quando falou do "advento da nova organização". Os vencedores do futuro, declarou Drucker, serão ricos em tecnologia que farão a transição a organizações "mais achatadas e menos hierárquicas, onde trabalhadores altamente qualificados assumirão responsabilidades cada vez maiores na tomada de decisão".[5] Note que ele não disse nada sobre responder a mais e-mails ou trabalhar no fim de semana.

E é neste ponto que entram os líderes das empresas da atualidade. Em vez de se darem tapinhas nas costas por se manterem tão claramente ocupados, eles deveriam encorajar uma cultura que promova o trabalho focado, não o número de e-mails enviados ou as horas passadas trabalhando fora do expediente. Eles deveriam proibir e-mails nos fins de semana para a organização poder recarregar sua energia coletiva e criatividade. Poucas coisas são tão passivamente destrutivas quanto um colega enviando um e-mail num domingo de manhã. Fazer isso não só mina a criatividade e a energia do remetente e do destinatário, como também espalha os esporos fúngicos da cultura de e-mails dominicais aos colegas. As empresas podem gravar os valores corporativos na parede, podem alardear culturas positivas, mas se permitirem o envio de e-mails no fim de semana estarão mostrando que esse discurso todo não passa de uma grande fachada.

Naturalmente, eu mais do que entendo a necessidade das pessoas de mandar e-mails fora do horário de trabalho. Fazer isso evita o sentimento de culpa provocado por um e-mail não respondido. As pessoas têm uma breve sensação de alívio por não estarem ficando para trás. E, como acredito que todos nós deveríamos ter autonomia para trabalhar do jeito que mais nos apetecer, eu jamais defenderia (como algumas pessoas sugeriram e alguns países implementaram) um regime que bloqueia os e-mails fora do horário de trabalho. Mas o que as pessoas precisam ter em mente é que, se optarem por mandar um e-mail no fim de semana, estarão destruindo a autonomia de outra pessoa. Por isso, recomendo pensar muito antes de clicar no botão de envio.

O melhor equilíbrio é uma norma que desencoraje o envio rotineiro de e-mails no fim de semana, mas estabeleça alguma maneira de apagar os inevitáveis incêndios. Pode ser criando um grupo um WhatsApp, usando um aplicativo de comunicação em grupo ou (por que não?) fazendo um telefonema. Vai acontecer de precisarmos ser avisados de algum acontecimento importante, talvez algo que envolva o bem-estar de um colega. Porém, tirando isso, um bom ambiente de trabalho tem uma regra muito simples: nada de e-mails no fim de semana. E, se as pessoas violarem essa regra, precisamos avisá-las delicadamente com um comentário do tipo "Não precisava ter me mandado aquele e-mail no fim de semana..." ou um lembrete rápido e amigável na reunião da equipe para levar até o colega mais distraído a refletir sobre suas práticas de trabalho. Em geral, você verá que eles responderão com um: "Eu não tinha me dado conta..."

Tive um chefe que declarou agressivamente em seu "guia do usuário" que elaborou para os novos subordinados: "Você tem a opção de não trabalhar no fim de semana, mas eu trabalho". Ele só parava de mandar e-mails no fim de semana quando praticava corrida de manhã. Foi demitido logo depois. Seu "guia do usuário" nunca chegou a ser publicado. É uma das obras perdidas da nossa geração, mas tenho certeza de que ninguém vai sentir falta dela.

DICAS PARA FAZER A SEGUIR:

- » Não envie e-mails no fim de semana. E ponto-final. Depois das 18h da sexta-feira, relaxe. Tome uma taça de vinho, deguste um queijo, vá a um bom restaurante, faça o que quiser.
- » Se quiser escrever um e-mail não urgente, salve o rascunho e deixe para enviar na segunda-feira. Alguns aplicativos de e-mail, como o Boomerang, permitem programar o envio.

Recarga 11

Tenha uma boa noite de sono

Poucas coisas nos fazem tão bem quanto uma boa noite de sono. É melhor que qualquer outra intervenção para melhorar o desempenho. Uma boa noite de sono aumenta a nossa longevidade, melhora a nossa criatividade, protege-nos de doenças cardíacas, demência e câncer, ajuda a prevenir resfriados, aumenta consideravelmente nossa felicidade e até nos deixa mais bonitos. E é grátis!

Minha investigação sobre a felicidade no trabalho me surpreendeu logo de cara quando me dei conta de que as duas maneiras de ser feliz têm pouca relação direta com o nosso emprego. Para sermos mais felizes (no trabalho e na vida), precisamos dormir mais. E precisamos passar mais tempo com amigos (mais felizes). Veremos como formar vínculos mais estreitos e amigáveis mais adiante neste livro.

O sono tem um enorme poder restaurador. Dormir não só é um grande prazer como aumenta a nossa capacidade de realizar qualquer tarefa logo depois. Com oito horas de sono, ficamos menos dependentes de cafeína e doces. Tirando os benefícios à saúde (que são muitos), uma boa noite de sono nos leva a nos *sentir* melhor.[1] Cientistas descobriram que as pessoas que vão dormir mais cedo e passam um número regular de horas dormindo têm menos pensamentos negativos.

É claro que algumas pessoas dizem que não precisam de mais ou menos 7,5 horas de sono por noite. Você com certeza conhece algumas. Elas zombam da nossa preguiça e argumentam que o comportamento delas é normal. Não é. Cientistas descobriram que a grande maioria das pessoas que dormem pouco precisa tomar medidas extremas para se estimular a permanecer alerta. O que isso demonstra é que elas estão se iludindo sobre sua capacidade de dormir pouco. Quando cientistas analisaram o cérebro de pessoas que alegavam não precisar de muitas horas de sono, descobriram que um número espantosamente alto de pessoas cochilava assim que o exame de imagiologia cerebral começava.[2] A conclusão foi que as alegações de 95% dos participantes do estudo eram exageradas. Causa-me muito estranhamento tentarmos nos vangloriar de abrir mão de algo tão importante.

Mas o que o sono realmente faz? Ainda não sabemos todas as respostas, mas a ciência já conseguiu revelar algumas. Para começar, parece que o sono é o momento em que nosso cérebro se encarrega da maior parte de seu trabalho de desenvolvimento e reparos. Nos idos dos anos 1990, descobriu-se que, se o estágio do sono de movimento rápido dos olhos (REM, na sigla em inglês, também chamado de "fase do sonho") fosse impedido em filhotes de ratos, seu córtex cerebral não apresentaria sinais de desenvolvimento. Mesmo se os pobres filhotinhos privados de sono recebessem a chance de dormir depois, o desenvolvimento de seu cérebro manteria a defasagem e eles acabariam se tornando adultos retraídos, incapazes de se encaixar completamente no grupo.[3]

O sono também nos ajuda a categorizar e dar sentido às experiências que temos nos momentos de vigília. Na verdade, a fase dos sonhos muitas vezes envolve um *playback* das nossas memórias. Essa hipótese foi confirmada de forma conclusiva em 2001 em um experimento inovador conduzido por Matthew A. Wilson, do Instituto Picower de Aprendizado e Memória do MIT. Ele e sua equipe colocaram ratos em um labirinto (algo parecido com uma pista de corrida com recompensas) e

Tenha uma boa noite de sono

captaram os padrões individuais das células cerebrais dos ratos sendo acionadas quando eles encontravam objetos diferentes na pista. Quando os ratos dormiram, os cientistas descobriram que esses mesmos padrões cerebrais eram reproduzidos repetidamente. "Descobrimos", Wilson explicou, "que breves sequências de memória correspondentes a dar uma única volta na pista eram repetidas em curtas rajadas em alta velocidade. Uma volta de 4 segundos na pista era reproduzida em 100 a 200 milissegundos." Era quase como se os principais pontos estivessem sendo codificados na memória dos ratos por um *replay* constante. É interessante notar que os cientistas descobriram que os ratos nunca repetiam trechos da memória que envolviam um comportamento desatento ou o tempo de descanso. Era quase como se o sono estivesse codificando os destaques do dia, que mereciam ser gravados na memória, e descartando o ruído.[4] O sono estava ajudando os ratos a interpretar suas experiências mais importantes de vigília.

Isso ajuda a explicar por que muita gente aconselha deixar para tomar uma decisão no dia seguinte ou, em outras palavras, dormir para resolver um problema. Na Recarga 3, vimos como a "técnica para gerar ideias" de James Webb Young incluía a sugestão de que descansar é importantíssimo para gerar pensamentos novos. Na verdade, essa sugestão foi confirmada por robustas pesquisas científicas. Os pesquisadores Robert Stickgold e Matthew Walker, por exemplo, provaram isso de maneira conclusiva em um estudo que envolveu dar uma bateria de testes de matemática para estudantes.[5]

Os estudantes que tiveram uma noite de sono entre a primeira e a segunda rodada de uma prova de decodificação de números resolveram a segunda rodada 16,5% mais rápido do que aqueles que resolveram a segunda rodada antes de ter uma noite de sono.

E essa não foi a única habilidade mental que melhorou nos estudantes que dormiram. Escondida na questão estava uma dica que possibilitava resolver os problemas em uma fração do tempo normal. 25% dos estudantes que não puderam dormir entre as duas rodadas identificaram a dica, que foi reconhecida por nada menos que 59% dos estudantes que dormiram oito horas antes de resolver a segunda rodada.

Para os dois terços dos adultos ao redor do mundo que não dormem o suficiente, o prognóstico não é animador.[6] Não só sua saúde sairá prejudicada como sua produtividade no trabalho também. Os cientistas demonstraram empiricamente que médicos, motoristas e militares cansados cometem erros que poderiam ser evitados. Um estudo multinacional de enfermeiros descobriu que o sono insuficiente reduziu sua capacidade de tomar boas decisões e aumentou seus níveis de estresse.[7] Como ratos percorrendo um labirinto em uma jornada de sonho noturno, precisamos dar um tempo para o nosso cérebro categorizar, organizar e interpretar os eventos do dia se quisermos pensar com clareza.

Por isso, se você estiver atolado de trabalho e achar que precisa passar a noite em claro para produzir mais, é bom pensar duas vezes. Você tem mais chances de fazer o que tem de ser feito depois de oito horas de sono.

DICAS PARA FAZER A SEGUIR:

» Tente ir dormir sempre na mesma hora.

» Consumir bebidas alcoólicas antes de dormir pode reduzir a qualidade do sono. Garanta algumas noites de sono sóbrio durante a semana.

Recarga 12

Faça uma coisa de cada vez

Vamos falar sobre aquilo que eu sei que você está pensando... aquele pensamento que tem dificuldade de admitir até a si mesmo ou só menciona aos amigos quando está caindo de bêbado. Você suspeita que seria mais feliz fazendo outra coisa, não é mesmo? Talvez viajar pelo mundo. Ou quem sabe trabalhar na terra, virar um agricultor orgânico, talvez cultivando abobrinhas ou brócolis. Sempre tivemos uma relação complicada com o trabalho. Se não tivermos um emprego, ficamos infelizes. (Foi demonstrado que os desempregados têm mais sentimentos negativos e menos sentimentos positivos do que as pessoas empregadas, e se preocupam não só com o dinheiro, mas também com o status social, a rotina diária e seus objetivos na vida.[1]) Todavia, quando temos um emprego, invariavelmente rotulamos o trabalho como a atividade da qual menos gostamos. Também dizemos que o que mais nos desagrada no trabalho é o nosso chefe. Não admira que fugir para cultivar abobrinhas seja uma perspectiva tão atraente.

Os dados das pesquisas não são muito animadores nesse aspecto. Funcionários de escritório que foram solicitados a avaliar sua vida em uma escala de zero a dez tendem a dar uma nota média de seis. Quando os pesquisadores usaram um aplicativo de celular para registrar mais de 1 milhão de observações de dezenas de milhares de pessoas no Reino Unido, descobriram que o trabalho obteve a penúltima pontuação de felicidade. Só "ficar de cama doente" foi considerado pior. O trajeto para o trabalho também foi considerado uma atividade absolutamente penosa. Mas vale notar que, se trabalhar em um escritório merece apenas nota seis, trabalhar a terra é ainda pior: 4,5. Mesmo se tiver uma bela varanda na sua casa para olhar as estrelas em companhia do seu melhor amigo canino, você provavelmente só vai conseguir, chorando, um 5,5. Então, se plantar abobrinhas não é a solução, qual é?

Já se sabe há um bom tempo que o dinheiro não traz felicidade. Apesar de determinada quantia mínima ser necessária para nos dar uma sensação de segurança e bem--estar, mais dinheiro não o leva necessariamente a ser mais feliz. Mas nem todo mundo conhece a inversão dessa equação. Os pesquisadores Andrew Oswald e Jan-Emmanuel De Neve analisaram o desempenho comparativo de irmãos para ver se jovens mais felizes teriam uma situação financeira melhor ao amadurecer. Eles descobriram que os jovens que se disseram mais satisfeitos com sua vida ganhavam muito mais dinheiro na idade adulta. Quanto mais? Usando métricas confiáveis para mensurar a felicidade, os dados sugerem que para cada 1% a mais de satisfação com a vida aos 22 anos, eles ganharam US$ 2.000 a mais aos 29 anos.[3] (É claro que esses dados excluem o número ínfimo de empregos que envolvem altos salários e um estresse enorme, como o setor de bancos de investimento.)

Mas os dados também revelaram um fato social deprimente: você tem menos chances de ter uma referência de felicidade se vier de uma família pobre. O estresse de ser pobre e os efeitos prejudiciais da pobreza tendem a tornar as pessoas mais negativas, uma visão de mundo que tende a ser transmitida de uma geração à outra. Betty Hart e Todd Risley, da Universidade do Kansas, descobriram que, aos 4 anos de idade, os filhos de famílias de baixa renda que participaram do estudo ouviram 125 mil palavras de desaprovação a mais do que elogios.

Os filhos de famílias ricas, por outro lado, ouviram 560 mil elogios a mais do que palavras de desaprovação. Se, como sem dúvida é o caso, as palavras que ouvimos afetam a nossa autoimagem e o modo como definimos nossas ambições, essa notícia chega a ser catastrófica.[4]

No entanto, se conseguir ser feliz no trabalho, você não só acabará ganhando um salário mais alto como também terá mais chances de manter o emprego. Os cientistas chamam isso de "causalidade reversa". Basicamente, a relação vale para os dois sentidos. Trata-se de uma situação do tipo ganha-ganha (ou perde-perde). Além disso, pesquisadores da Universidade de Warwick descobriram que a produtividade dos trabalhadores felizes é provavelmente 12% mais alta. Por outro lado, os funcionários infelizes têm uma redução de 10% em sua produtividade, ou uma diferença total de 22% em comparação com seus colegas satisfeitos.[5]

Enfim, como você pode ser mais feliz no trabalho? Minha recomendação é adotar todas as outras Recargas que sugeri até aqui (como deixar os e-mails de lado por um tempo ou dormir melhor à noite) por todas as razões que descrevi até agora. Mas você também pode adotá-las porque o foco maior que elas lhe proporcionarão é, por si só, uma fonte de felicidade. Vez após vez, os cientistas descobriram que distrações constantes são uma receita garantida para o descontentamento. Psicólogos da Universidade de Harvard, usando outro aplicativo de celular para checar o que as pessoas estavam pensando e fazendo no trabalho, descobriram que elas passavam 46,9% do dia sem pensar em muita coisa. As pessoas passavam grande parte do dia em uma névoa de divagação. (Não tenho dúvida de que essa falta de concentração teve muito a ver com a alternância de atenção que vimos na Recarga 1, embora os pesquisadores não tenham analisado especificamente esse fator.) E, embora possa ser agradável divagar, parece que são os nossos pensamentos mais sombrios que ficam na memória. Os participantes da pesquisa particularmente propensos a se distrair se revelaram 17,7% menos felizes do que seus colegas mais focados.[6] Como os pesquisadores explicaram: "Uma mente errante é uma mente infeliz".

Então, se você quiser ser mais feliz no trabalho, fazer uma coisa de cada vez é um bom caminho para a felicidade e para a produtividade. Como tentei demonstrar em todas as dicas para recarregar as baterias, diferentes circunstâncias requerem modos de trabalho diferentes. Em algumas situações, quando precisamos ter ideias divergentes, precisamos relaxar e expandir nossa mente. Mas até a melhor ideia perde todo o seu valor se não formos capazes de nos concentrar e nos livrar de distrações para concretizá-la. Hoje em dia, não é raro ter dezenas de abas abertas no nosso navegador de Internet e pularmos rapidamente de uma atividade à outra para tentar fazer alguma coisa. O que acaba acontecendo é que achamos que a pressa leva à produtividade. Todavia, na verdade, a sua mente será mais criativa depois que você concluir mais tarefas. E, para concluir as tarefas, você precisa focar nelas.

Faça uma coisa de cada vez

DICAS PARA FAZER A SEGUIR:

» Encontrar maneiras de focar (desative as notificações, vá a uma sala tranquila no escritório, use fones de ouvido) não só o ajudará a fazer um trabalho melhor, mas também a ser mais feliz.

» Se você conseguir se concentrar e, com isso, ser mais feliz no trabalho, também se colocará na posição para ter mais sucesso, em uma situação ideal do tipo ganha-ganha.

 Podcast (em inglês)

SOBRE A CULTURA DE TRABALHO
"Se não estamos mudando nada, qual foi o objetivo da internet?" Rory Sutherland é o vice-presidente do grupo de publicidade Ogilvy. Ao longo de seus 30 anos na indústria da mídia, ele se tornou conhecido por defender o uso da economia comportamental. Rory é um autor e escreve regularmente para o The Spectactor.

https://eatsleepworkrepeat.fm/rory-sutherland-on-work-culture/

THOUGHT LEADERS 2: CHRIS BAREZ BROWN
Chris Barez-Brown é consultor, escritor de best-seller, palestrante e especialista em mudanças culturais. Ele diz...: "Nós treinamos empresas para gerenciar mudanças". Como ele descreve, Chris fornece experiências imersas para melhorar a cultura das equipes de liderança.
Chris fala sobre algo chamado "fale" o que é realmente interessante.

http://eatsleepworkrepeat.com/thought-leader-chris-barez-brown/

TRAZENDO AS RISADAS DE VOLTA AO TRABALHO

Uma brilhante discussão ao vivo da Ad Week Europe sobre o valor científico do riso - e como trazê-lo de volta ao trabalho. Apresentando a professora Sophie Scott, o apresentador Geoff Lloyd e o escritor de sitcom Paul Coleman. Mediado por Bruce Daisley e Sue Todd.

http://eatsleepworkrepeat.com/bringing-laughter-back-to-work/

"QUERIDA EU "HACKEEI" MEU TRABALHO"

Ouça de 5 pessoas que tentaram mudar suas rotinas de trabalho - com resultados mistos. Entre os convidados estão Jenny Biggam e Zoe Basri, da agência de mídia The 7 Stars, David Wilding, do Twitter, Laura Archer, que transformou sua pausa para o almoço em seis semanas extras, e Andy Oakes, que aprendeu a trabalhar em períodos intensos.

http://eatsleepworkrepeat.com/honey-i-hacked-my-job/

CULTURA DE TRABALHO ... SIGA OS DADOS

Ben Waber é o fundador e CEO da Humanyze, uma empresa que transformou o trabalho pioneiro do MIT no principal negócio de análise de pessoas do mundo. Sua tecnologia pode rastrear como o seu escritório está funcionando.

http://eatsleepworkrepeat.com/work-culture-follow-the-data/

A TÉCNICA "TRABALHO FOCADO" É A SOLUÇÃO?

Cal Newport está convencido de que em 10 anos vamos rir da maneira como estamos trabalhando hoje. Precisamos de uma inovação em linha de produção para consertar o trabalho ... Entre no "Trabalho Focado".

http://eatsleepworkrepeat.com/is-deep-work-the-solution/

Parte 2
SINCRONIZE-SE

Oito Dicas para Aproximar as Equipes

Introdução

Sincronia 1	Mude o bebedouro de lugar
Sincronia 2	Sugira uma pausa para um café
Sincronia 3	Reduza as suas reuniões pela metade
Sincronia 4	Organize um encontro social
Sincronia 5	Dê muita risada
Sincronia 6	Energize os programas de boas-vindas
Sincronia 7	Não deixe o seu chefe ser um chefe ruim (e não seja um também)
Sincronia 8	Saiba quando deixar as pessoas em paz

Introdução

O que um chefe romano nos ensinou sobre o nosso trabalho

Pode ser surpreendente sugerir que temos muito a aprender sobre o trabalho de um imperador do Sacro Império Romano do século 13. Frederico II foi um sujeito bem complicado e não acho que seus ataques de fúria seriam populares em um escritório moderno. Apesar de ele ter tido um sucesso estrondoso, forjando um império que reuniu grande parte da Itália, Alemanha, Áustria e República Tcheca modernas, suas agressivas ambições envolviam uma guerra constante e conflitos políticos que deixariam os funcionários de hoje em dia desnecessariamente ansiosos nas reuniões de status semanais. O papa Honório III o nomeou Imperador dos Romanos. Mas a situação logo degringolou e o sucessor de Honório, o papa Gregório IX, em um precursor medieval do que hoje seria um bate-boca pelo Twitter, chegou a descrevê-lo como o Anticristo.

Mas foi a curiosidade científica de Frederico que o levou a ser incluído em um livro sobre o trabalho moderno. Para a época era raríssimo (e talvez até inédito) um governante que mostrava um desejo autêntico de entender o mundo em geral e os seres humanos em particular, mesmo aplicando a seus estudos a ética de uma criança que arranca as pernas de insetos para ver o que acontece. Em um experimento, por exemplo, um homem foi separado de sua família e trancado em um barril sem receber comida ou água, com o objetivo de descobrir se, quando ele morresse, seria possível ver seu espírito saindo por um buraquinho no barril. Constatou-se que não, não dava para ver o espírito saindo pelo buraco. Em outro experimento, que hoje seria descrito como um teste A/B homicida, dois homens receberam a mesma refeição à noite. Depois do jantar, o primeiro homem foi convidado a sair em uma vigorosa expedição noturna de caça e o outro, encorajado a ter uma noite de sono tranquila. Quando o caçador retornou, os dois homens foram mortos e estripados para comparar os efeitos relativos de uma boa sessão de exercício físico e um período prolongado de descanso sobre o aparelho digestivo.[1] Dá para imaginar que as pessoas começaram a evitar chamar a atenção de Frederico quando parecia que ele estava em busca de um novo voluntário para suas experiências.

Seus experimentos com crianças foram especialmente cruéis. Decidido a revelar a linguagem pura e nativa da humanidade (a língua que falamos quando não aprendemos a falar), ele separou alguns bebês de suas famílias dando instruções expressas às babás para jamais tocar nem interagir com os bebês. Era proibido fazer qualquer demonstração de carinho ou falar com eles. Frederico deve ter ficado surpreso e decepcionado com os resultados. Submetidos à negligência social, os bebês não desenvolveram uma linguagem verdadeiramente primitiva. Pelo contrário, na ausência de qualquer tipo de carinho e interação humana, os bebês simplesmente morreram. Como não tinham a menor noção de que as pessoas se importavam com eles, não havia razão para continuar vivendo. Frederico descobriu uma verdade fundamental: se não sentimos que somos amados ou que pertencemos a um grupo, simplesmente desistimos.

Essa verdade fundamental às vezes é esquecida até nos dias de hoje. Vejamos a "hierarquia de necessidades" de Maslow,

Introdução 125

o famoso modelo de meados do século 20 que busca mostrar como algumas necessidades e demandas dependem da satisfação de outras. Em outras palavras, alguns pré-requisitos precisam ser cumpridos antes de podermos passar para os próximos. (Um espertinho sugeriu na Internet que a base da hierarquia deveria incluir necessidades ainda mais básicas, como "bateria" e "wi-fi".)

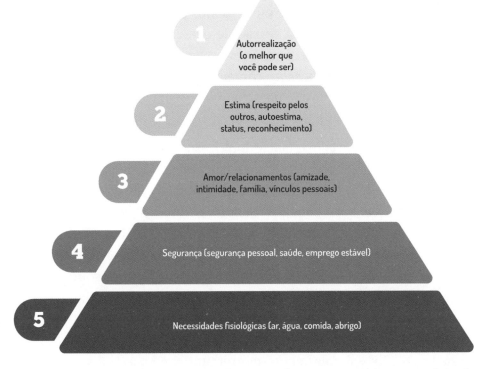

De acordo com Maslow, os elementos mais essenciais da existência humana são os requisitos fisiológicos, como o ar, a água, a comida, o abrigo e o sono. Em seguida, depois das necessidades de segurança, vêm as necessidades de amor e relacionamentos, seguidas pelas necessidades de estima (por nós mesmos e pelos outros) e, finalmente, pela necessidade mais elevada: a necessidade de autorrealização.

O modelo é convincente e é quase universalmente aclamado e aceito como um guia para a motivação humana. Mas é quase certo que ele está errado. Pense nos bebês da corte de Frederico II. O modelo de Maslow não explica por que bebês alimentados e cuidados pereceriam simplesmente por serem privados de amor e afeto.

Trinta anos depois de Maslow, Roy Baumeister e Mark Leary publicaram um artigo amplamente citado abordando essa questão.[2] Na opinião deles, Maslow estava incorreto ao sugerir que os relacionamentos não eram muito mais que um fator dispensável, algo que só ganhava importância depois que fatores mais fundamentais eram conquistados. Baumeister e Leary argumentaram que o senso de pertencimento é tão importante quanto as necessidades fisiológicas. Os seres humanos sempre tiveram a necessidade de que suas realizações fossem validadas, reconhecidas e valorizadas pelos outros. Não temos a tendência natural de agir por conta própria. "Basta uma rápida passada de olhos nas pesquisas sobre comportamento social para ver que grande parte do que os humanos fazem parece ser motivada pela necessidade de pertencer a um grupo", afirmaram os pesquisadores. "Se não tivermos um senso de pertencimento, sentimos que não temos valor. Sugerimos que o sentimento de pertencer a um grupo pode ser uma necessidade quase tão intensa quanto a comida e que a cultura humana é muito condicionada pela pressão para prover esses sentimento de pertencimento."

Queremos que as pessoas nos reconheçam, nos aqueçam, vejam nossas boas ações. Se você fizer uma doação de caridade numa floresta e não tiver ninguém lá para ver, será que a doação realmente foi feita?

As descobertas de Baumeister e Leary foram corroboradas pelo amplo estudo da professora Julianne Holt-Lunstad sobre o histórico médico de mais de 3,4 milhões de adultos. Segundo a pesquisa, o isolamento aumentou o risco de morte prematura de uma pessoa em 50% (para você ter uma ideia do que isso significa, a obesidade aumentou o risco de morte em apenas 30%). "A conexão social é amplamente considerada uma necessidade humana fundamental, crucial tanto para o nosso bem-estar quanto para a nossa sobrevivência", ela concluiu.[3] Em outras palavras, a solidão faz muito mais mal para a nossa saúde do que uma péssima dieta.

Qualquer sentimento de que não pertencemos a um grupo nos prejudica no decorrer de toda a nossa vida. Frederico II demonstrou que os bebês não conseguem sobreviver sem atenção. Pesquisas demonstram que hoje em dia adolescentes e adultos privados de relacionamentos estáveis apresentam níveis mais elevados de doenças mentais e físicas. Eles têm mais chances de exibir uma série de problemas comportamentais, desde cometer mais crimes até ter mais acidentes de carro. E também são mais propensos ao suicídio.

E, se isso acontece na nossa vida em geral, também acontece no trabalho. É claro que precisamos ter um senso de pertencimento quando estamos em casa. Mas também precisamos sentir isso no trabalho. É fundamental pertencermos ao grupo de pessoas com quem passamos pelo menos cinco dias por semana.

Como seria um senso de pertencimento no trabalho? A maioria das pessoas evita aplicar aos colegas termos que usamos para nos referir as pessoas próximas, como "família" ou "amor". Mas a verdade é que, em repetidos levantamentos, funcionários relatam ter sentimentos de amizade e algo próximo ao amor familiar uns pelos outros. Conversando com um bombeiro londrino, fiquei surpreso quando ele comentou que os bombeiros ficam mais motivados quando têm alguma vitória compartilhada e sentem uma conexão emocional entre si.[4] Outro bombeiro de Londres (anônimo), em uma entrevista para o *Independent*, demonstrou que claramente concorda com isso. Quando o entrevistador perguntou como era a cultura de trabalho de pessoas que arriscaram repetidamente a vida para combater o grande incêndio da Torre Grenfell em 2017, ele disse: "Somos um bando engraçado. Gostamos de rir, de brincar uns com os outros".[5]

Sigal Barsade, professora da Wharton, defende a ideia de que deveríamos falar mais sobre amizade, pertencimento e amor no trabalho. Ela diz que a maioria das empresas pode achar estranho usar esses termos, mas, no contexto do trabalho, eles não têm o exatamente o mesmo sentido de que quando falamos dos nossos cônjuges e famílias. Mesmo assim, podemos sentir o que Barsade descreve como "amor de companheirismo" no trabalho. "Os funcionários não deixam seu lado humano do lado de fora quando entram no trabalho", ela argumenta. Os funcionários "não deixam os sentimentos em casa... os sentimentos não só têm seu lugar no ambiente de trabalho como o amor de companheirismo ajuda a aumentar a produtividade dos funcionários e os resultados financeiros da organização".[6]

As pesquisas de Barsade (envolvendo 3.200 funcionários atuando em sete setores industriais diferentes) sugere que o "amor de companheirismo" resulta em mais satisfação no trabalho, mais comprometimento com a organização e maior prestação de contas. Essa última consequência pode causar certa estranheza. Normalmente, associamos a prestação de contas com culturas rígidas e diretivas, nas quais somos motivados pelo medo a produzir ao máximo.

Mas Barsade descobriu que o que acontece é o contrário. Nossa produtividade atinge o auge, ela sugere, quando temos um sentimento de proximidade com nosso grupo.

De acordo com Barsade, esse tipo de amor é contagiante. É por isso que é importante que os líderes atuem como exemplos a ser seguidos. Eles precisam demonstrar uma conexão empática (sim, um *amor*) em relação aos outros para esse amor poder se espalhar. Se essa proposta lhe soar impossível, vale lembrar que o conceito do contágio emocional já foi mais do que comprovado. Um bebê nos braços da mãe tem um desejo incontrolável de espelhar o rosto adulto que vê diante de si. A mesma coisa acontece com os adultos. Pense em como o bom humor ou a polidez de outra pessoa pode ser contagiante. Chris Voss, que atuou como negociador de reféns para o FBI, diz que teve seus maiores sucessos quando estava feliz e era capaz de projetar essa felicidade em uma negociação de vida ou morte. Ele acabava usando um tom de voz parecido com um apresentador de rádio em um programa da madrugada, e esse tom era captado pelos sequestradores, conduzindo-os a um estado emocional diferente. "A ideia é relaxar e sorrir ao falar", ele explica. "Um sorriso, mesmo se for falando ao telefone, afeta o tom de voz de um jeito que o outro tem como perceber."[7]

Quanto mais conectados nos sentimos, mais nos comprometemos com o relacionamento, seja ele profissional ou emocional. O principal fator que mantém os casais não casados juntos (de acordo com um estudo com quase 40 mil deles) é a "ilusão positiva", ou seja, o desejo de ficar com alguém porque a pessoa acha que somos incríveis.[8] Da mesma forma, vamos sentir que pertencemos ao nosso grupo de trabalho se nos sentirmos especiais lá. Para manter a equipe motivada, um chefe (como com um ente querido) pode atuar como um "animador da equipe" (só que isso só funciona se for sincero; limitar-se a mandar as pessoas proclamarem que os colegas são maravilhosos é pior do não fazer nada).

O senso de pertencimento é tão importante no trabalho quanto é em casa. Na próxima seção, veremos como colocar isso em prática.

O problema da cultura da empresa

As pessoas estão engajadas no trabalho? Nos últimos anos, parece que todo mundo fala de "engajamento". Departamentos de recursos humanos ao redor do mundo dedicam sessões intermináveis ao tema. Conferências internacionais se reúnem toda semana para discutir o assunto. Os chefes ficam obcecados com isso.

A obsessão com o engajamento está ligada à ideia de "esforço discricionário", a crença de que todos nós precisamos dar conta de determinado volume de trabalho para manter o emprego, mas que também podemos optar (ou não) por fazer uma contribuição adicional e voluntária. Tenho certeza de que você consegue se lembrar de algumas situações em que podia ter se empenhado mais, mas optou por não fazê-lo (no trabalho ou na academia, por exemplo). Segundo a teoria, as empresas capazes de mobilizar o esforço discricionário dos funcionários serão muito mais produtivas que os concorrentes.

E deveriam mesmo, já que, desde que as empresas de pesquisa começaram a mensurar o engajamento dos funcionários nos anos 1990, elas invariavelmente descobrem que o nível de engajamento é surpreendentemente baixo. Na Grã-Bretanha, de acordo com a empresa de pesquisa internacional Gallup, 92% dos trabalhadores dizem não ser

Introdução   131

verdadeiramente comprometidos com o trabalho, sendo que 19% indicaram que são "ativamente desengajados".[9] "Essas pessoas", argumenta a Gallup, "não têm muito apego ao trabalho ou à empresa. Elas não sabem ao certo o que precisam fazer para se destacar e geralmente se sentem impedidas de fazer seu melhor trabalho, o que acaba prejudicando sua produtividade." Isso deixa apenas 8% dos trabalhadores do Reino Unido (menos de um em cada dez) que desejam fazer uma contribuição positiva no trabalho. Nos Estados Unidos, a situação é um pouco melhor: 33% dos trabalhadores afirmam ser engajados no trabalho. Os franceses conseguem ser ainda mais desmotivados: apenas 3% dos trabalhadores franceses relatam gostar do trabalho.

A Gallup sugere que "provavelmente não seria muito difícil engajá-los. Bastaria oferecer um treinamento ou substituir o chefe deles". E as organizações que parecem ter resolvido o enigma do "engajamento dos funcionários" sem dúvida estão obtendo resultados melhores. Jacob Morgan, palestrante especializado em questões relativas ao ambiente de trabalho, descobriu que as empresas que investiram mais em "experiências positivas do funcionário" reforçaram o engajamento e foram incluídas 28 vezes mais na lista das Empresas Mais Inovadoras da Fast Company, 11 vezes mais na lista de Melhores Lugares para Trabalhar da Glassdoor e quatro vezes mais na lista dos Empregadores Mais Procurados.[10] Essas empresas também tiveram um lucro médio quatro vezes superior (por funcionário) e o dobro da receita média (por funcionário). É interessante notar que as empresas menores tendem a aparecer com mais frequência nas listas do que as corporações maiores.[11]

Tudo bem, mas como criar esse senso de engajamento nos funcionários? Como criar um ambiente que efetivamente melhore a interação entre as pessoas a ponto de elevar o moral e ajudar os funcionários a se sentir mais felizes e motivados? Os estudiosos da cultura do trabalho estão obcecados em resolver essa questão. Uma busca na Internet trará centenas de belos PDFs exaltando as maravilhas de trabalhar na empresa X ou Y.[12] Se o engajamento é a meta, criar uma cultura melhor é considerado o meio para atingi-la.

Grande parte da obsessão ocidental contemporânea por "culturas de trabalho" claramente definidas resultou da inveja provocada pelas empresas japonesas que criou raízes nos anos 1980, quando empresários dos Estados Unidos, do Reino Unido e de outros países despertaram para a enorme velocidade e energia de muitas grandes empresas japonesas. Quando os estudiosos se perguntaram "O que faz com que as empresas japonesas sejam tão especiais?", a resposta em geral era a capacidade japonesa de criar culturas dinâmicas, sistemáticas e altamente funcionais. O noticiário na TV mostrava imagens de trabalhadores japoneses cantando o hino da empresa ou fazendo juntos exercícios físicos matinais e comparava o foco da cultura japonesa na importância do grupo com a concorrência individual do Ocidente. "[Os japoneses] tendem a ter uma hierarquia confucionista, na qual o grupo é sagrado", explicou Richard Lewis, um linguista que estudou as diferenças entre os dois mundos.[13]

O resultado foi a criação, no fim da década de 1990, de um novo estilo de trabalho e uma crença cada vez maior de que qualquer pessoa que se recusasse a vestir a camisa da empresa deveria se envergonhar disso. De repente todo mundo estava "papagueando" o grito de guerra do guru da administração Peter Drucker: "A cultura devora a estratégia no almoço!" Esse novo movimento da cultura organizacional passou a sugerir avidamente que, quando a empresa decifra

Introdução   133

a fórmula da cultura, o resultado é algo como uma injeção de adrenalina diretamente no cérebro. O outro lado da moeda, é claro, foi a implicação de que as empresas incapazes de se adaptar para criar as melhores culturas estavam destinadas a ser atropeladas pelo trem da história.

Ainda é possível encontrar relíquias da mentalidade dessa era na forma de um gênero específico de livros de autoajuda motivacional. O livro *Fish!*, por exemplo, recomenda vivamente que a empresas imitem o ritmo frenético do Pike Place Fish Market, um famoso mercado de peixes de Seattle, onde vendedores exaustivamente extrovertidos jogam salmões de um lado ao outro ou tentam atrair a clientela dublando uma música de Michael Jackson com a ajuda de um linguado.[14] Pelo jeito esse cenário rescendendo a pescada pode inspirar uma série de valores bastante simples: escolher sua atitude, fazer-se presente, brincar e alegrar o dia das pessoas. Mas deve ser notado que é dificílimo transferir as performances teatrais de um ponto turístico a um escritório comum. A Carol, da contabilidade, não vai conquistar muitos amigos se for à recepção e começar a arremessar pilhas de papel de um lado ao outro. E não é fácil ver como exortações de outros autores para criar nas equipes o tipo de empolgação de um palhaço num espetáculo circense ou para transformar os clientes em fanáticos desvairados poderiam ser aplicadas no trabalho de modo a não causar estranheza.[15] Não consigo imaginar funcionários de um pacato escritório de advocacia de cidadezinha recebendo bem a ideia do chefe de que a empresa acabou de decidir que a equipe deve ser mais empolgada ao anunciar aos herdeiros o testamento da recém-falecida senhora Higgs.

O movimento da cultura organizacional continua em alta, e novas sugestões, como "crie a sua própria tribo", surgem o tempo todo. Mas também é possível notar uma mudança de foco da cultura como uma maneira de melhorar o desempenho para a cultura como um meio de promover a empresa para quem a vê de fora. Adam Grant, o maior especialista da área, comparou a realidade da maioria das culturas de trabalho com as alegações das empresas. Ele descobriu que, apesar de todas as empresas afirmarem ser diferentes, a maioria das culturas era basicamente igual.[16] Nos últimos anos, problemas que sempre foram inerentes ao movimento cultural passaram a ser mais visíveis. Um desses problemas é que as exortações culturais tendem a fazer um uso muito seletivo de dados e evidências. Outro problema é que os exemplos pitorescos que costumam ser ostentados para sustentar um argumento em prol da mudança cultural não se aplicam a todas as situações e, ainda mais importante, muitas vezes não são escalonáveis. Times esportivos, empresas de produção cinematográfica e restaurantes podem até ter criado extraordinárias culturas energizantes, mas esses empreendimentos constituem um tipo específico de unidade compacta. Nem sempre fica claro como as lições podem ser aplicadas a organizações de várias centenas ou milhares de pessoas quando o ícone da Copa do Mundo sai do palco sob ruidosos aplausos.

Será mesmo possível unir uma empresa inteira em uma única cultura? Para responder a essa pergunta, cabe considerar a pesquisa do antropólogo britânico Robin Dunbar sobre a dinâmica de grupo. Ele acredita que grupos coesos não podem ter mais de cerca de 150 pessoas. Uma vez excedido esse número, ele argumenta, nosso neocórtex cerebral começa a ter dificuldade de lidar com a situação, resultando em uma redução da confiança e da cooperação. E já seria difícil sustentar a coesão de um grupo de 150 pessoas. A pesquisa de Dunbar também sugere que, quando muitas pessoas estão envolvidas, 42% do tempo do grupo é consumido com atividades de "cuidados sociais".[17] É fascinante lembrar-se desses 42% do tempo ao lidar com a montanha de e-mails do seu chefe e colegas antes de sair correndo a fim de não se atrasar para a reunião da equipe. Também é intrigante que esse número seja tão próximo dos 40% do tempo que a consultoria McKinsey acredita que passamos respondendo a e-mails. Será que uma caixa de e-mails eternamente cheia poderia ser o resultado improdutivo de trabalhar em uma grande empresa?

Considerando a nossa dificuldade de formar grandes grupos, não surpreenda que não seja fácil impor uma "cultura da empresa". Não vejo problema algum em ter um manual explicando que "é assim que fazemos as coisas por aqui", mas o problema com as declarações de valores em geral é que elas são tão vagas que podem ser aplicadas a qualquer empresa, ou são tão absolutas (em termos, digamos, do tipo de personalidade que a organização acredita mais adequada) que acaba sendo impossível implementar ações práticas. Não faz muito sentido impor às pessoas um conjunto específico de atitudes ou estilos de trabalho. Se você fizer isso, vai acabar com equipes céticas ou desmotivadas, ou pessoas forçadas a usar uma "máscara" no trabalho.

Algumas empresas chegaram ao ponto de empregar um "diretor de felicidade", uma decisão interessante que coloca nos ombros dos chefes a responsabilidade pela felicidade dos trabalhadores (que a maioria de nós sabe que se trata de um estado mental complexo e autônomo). Tony Hsieh, o ex-CEO da Zappos que foi uma espécie de defensor dessa abordagem, ficou tão obcecado com a ideia de contratar funcionários que se encaixassem em uma cultura feliz e positiva que declarou estar preparado para demitir os 10% que não se comprometessem com o "plano de felicidade" da empresa.[18] Imagino a dificuldade dos funcionários que, naquele momento, passavam por problemas pessoais ou das pessoas mais nervosas ou introvertidas que tiveram de fingir uma felicidade que não lhes é natural.

Em *Disrupted*, Dan Lyons, às vezes jornalista, às vezes escritor cômico, apresentou uma descrição ao mesmo tempo divertida e sombria da época que ele passou em uma empresa de tecnologia americana obcecada com a cultura organizacional. Uma das várias cenas distópicas que ele evocou incluiu colegas se reunindo na hora do almoço para ver quem conseguia fazer mais flexões. Na opinião dele, a cultura da empresa, elogiada por muitos, não passava de uma forma mal disfarçada de forçar os jovens funcionários a se aproximarem do *burnout* (sabendo que seria fácil e barato fazer a fila andar para substituí-los).[19] "Era uma fachada de camaradagem", ele conta, antes de passar para um ponto importantíssimo. "Percebi que a ideia de adequação cultural não faz bem a ninguém. Na verdade, se você parar por um segundo, vai se dar conta de que não é bom contratar pessoas parecidas com você. É muito melhor contratar pessoas muito diferentes de você porque, com isso, você garante uma variedade muito maior de talentos e visões de mundo."

As desvantagens da cultura declarada ou da filosofia de engajamento da maioria das empresas são tamanhas que não surpreende a declaração do pensador de gestão Richard Claydon de que a única cultura sustentável nas grandes organizações envolve um desapego irônico: "Você só consegue sobreviver à cultura se puder tirar sarro dela".[20] Você faz o que lhe mandam fazer enquanto faz comentários sarcásticos com os colegas.

É uma aplicação do que o filósofo Søren Kierkegaard chamou de "ironia dominada", como observa Claydon.

Desse modo, é pouco provável que uma cultura de trabalho homogênea possa ser obtida em uma grande organização. O engajamento tem poucas chances de ser obtido por imposição dos líderes. Isso requer um elemento muito mais tribal. Em vez de tentar convencer todas as pessoas da empresa, é melhor incentivar os membros de pequenas equipes a confiar uns nos outros. A ideia é dar aos trabalhadores autonomia para se concentrar nas suas próprias responsabilidades individuais e fornecer orientações claras sobre como eles devem cooperar na própria equipe e com outras equipes. É preciso reconhecer que uma equipe não é tóxica (ou rebelde) se desenvolver um caráter individual forte que reflita a diversidade de seus membros, desde que a equipe conheça e respeite seu lugar na organização como um todo.

É por isso que, nas dicas que se seguem (que chamo de "Sincronias"), procurei me concentrar em melhorar a cultura *da equipe*. Isso porque a motivação começa com equipes trabalhando bem juntas, não com um e-mail do CEO.

Encontrando um senso de propósito

Se você perguntar às pessoas por que elas trabalham, a primeira resposta que elas darão é que precisam do dinheiro. Essa forma de pensar é conhecida como motivação *extrínseca*, ou seja, algo que não fazemos por prazer, mas porque nos proporciona alguma outra coisa. Quando cometemos o erro de avaliar o sucesso dos nossos amigos no jogo da vida, nós só analisamos os fatores extrínsecos. Eles tiveram um aumento salarial fantástico? Eles conseguem pagar uma casa incrível ou uma viagem luxuosa? E também sabemos que, quando vemos um motorista do Uber aceitando outra corrida no celular, ele faz isso por uma razão extrínseca, não porque ele (necessariamente) gosta de dirigir, mas porque precisa ganhar uns trocados para pagar o aluguel.

A motivação *intrínseca*, por sua vez, é o que nos leva a trabalhar pelo prazer de trabalhar. Esse tipo de motivação pode ter um poder enorme. Caso contrário, por que um enfermeiro ou um professor aceitariam fazer um trabalho que eles sabem que lhes renderá um salário mais baixo do que tantos outros empregos? Eles fazem isso porque acreditam que seu trabalho tem um valor inerente, intrínseco, assim como pessoas que se dispõem a trabalhar de graça ficam satisfeitas com as recompensas proporcionadas pelo próprio trabalho: voluntários em restaurantes populares, por exemplo, ou programadores de código aberto. Sem a motivação intrínseca, uma ampla gama de tarefas difíceis, desafiadoras e essenciais jamais seria realizada.

A relação entre a motivação extrínseca e a intrínseca é delicada. É uma tentação presumir que todas as pessoas se empenham mais se forem extrinsecamente motivadas com um pagamento extra ou um bônus por desempenho. Entretanto, na verdade, as evidências sugerem o contrário. Grande parte dos resultados depende da natureza do trabalho. Como sugere o autor Daniel Pink, as tarefas *algorítmicas*, ou seja, aquelas em que quase "seguimos um conjunto de instruções específicas trilhando por um único caminho até chegar à sua conclusão", podem ser realizadas com mais rapidez e eficiência se um bônus extrínseco simples for oferecido: "Quanto mais carros você lavar, mais vai ganhar", "Se você fizer mais de X bolos, vai ganhar um bônus". No entanto, quando a tarefa em questão é *heurística*, ou seja, quando "precisamos testar possibilidades e criar uma nova solução", uma recompensa extrínseca pode sair pela culatra.[21] Como a professora Teresa Amabile observa, as tarefas heurísticas são aquelas partes do nosso trabalho que mais nos dão prazer. Elas acionam nossas sinapses cerebrais como se acende uma árvore de Natal, se somos forçados a pensar, criar, reimaginar. Se recebermos os incentivos errados para realizar essas tarefas, em vez de nos empenhar mais, acabaremos recuando.

Amabile demonstrou a validade desse enigma propondo um desafio criativo (uma prova de arte) a dois grupos de crianças voluntárias.[22] (Podemos ficar tranquilos, pois ela não se inspirou nos métodos do Frederico II. Pelo contrário, as crianças até tiveram a chance de ganhar uma recompensa.) Um grupo foi informado de que quem fizesse os melhores desenhos ganharia prêmios não especificados. O outro grupo foi informado de que passaria um tempo fazendo uma atividade artística e depois os pesquisadores fariam uma rifa para decidir quem ganharia um prêmio. Quando os dois grupos terminaram suas criações artísticas, Amabile chamou uma equipe de avaliadores para julgá-las. Os avaliadores decidiram por unanimidade que a arte criada pelo grupo que não estava esperando uma recompensa foi muito mais criativa. A motivação extrínseca criada pela oferta de um prêmio não levou a um trabalho melhor nem mais inovador.

Mark Lepper e David Greene conduziram um experimento não muito diferente que se tornou uma espécie de caso clássico. Os dois pesquisadores escolheram crianças em idade pré-escolar que demonstravam interesse em desenhar e lhes deram um tempo livre. Um terço das crianças foi informado de que receberia um prêmio se passasse o tempo livre desenhando. Outro terço ficou livre para fazer o que quisesse, mas ganhou um prêmio-surpresa ao final se tivesse decidido desenhar. O outro terço compôs o grupo de controle, que pôde fazer o que quisesse e não ganhou nem um prêmio no final se tivesse optado por desenhar.

Quando as atividades dos vários grupos foram comparadas, constatou-se que os grupos do "prêmio-surpresa" e do "nenhum prêmio" se comportaram exatamente da mesma forma. Ambos passaram cerca de 20% dos 6 minutos desenhando. Mas o grupo que foi incentivado com a oferta de um prêmio só passou metade do tempo desenhando (lembrando que todas aquelas crianças foram escolhidas porque gostavam de desenhar). Duas semanas depois, quando as crianças voltaram a ser observadas, os pesquisadores notaram que as que tinham sido incentivadas na ocasião anterior, continuaram demonstrando menos interesse e passaram muito menos tempo desenhando.

O que aconteceu foi que o que antes era uma fonte de prazer intrínseco e felicidade foi transformado em trabalho pelo oferecimento de uma motivação extrínseca. Eu até consigo imaginar um grupo de crianças tristonhas olhando desanimadas para um monte de lápis de cera. Além disso, as crianças do grupo que recebeu o incentivo intrínseco e que decidiu desenhar criaram um trabalho menos interessante do que as crianças que desenharam por diversão.[23]

Foi quase como se alguém tivesse despejado um caminhão de concreto no parquinho preferido delas. Com base nesses estudos, pode ser interessante pensar duas vezes antes de decidir transformar um hobby em trabalho. No mínimo, deveríamos manter em mente as palavras de Amabile: "A motivação intrínseca ajuda a criatividade; a motivação extrínseca prejudica a criatividade".

Cientistas chegaram a encontrar evidências de que fazer um trabalho apenas por uma recompensa extrínseca não só engessa a criatividade como pode ser uma receita garantida para a infelicidade e a depressão. Como o professor da London Business School, Daniel Cable, me explicou, pesquisas sugerem que "os funcionários que recebem muitas recompensas extrínsecas para fazer um trabalho que eles consideram tedioso e sem importância estão adoecendo".[24] Esse fenômeno é a "ilusão do sorvete". Não é possível forçar as pessoas a cair de amores pelo trabalho com recompensas (como sorvetes, dinheiro ou qualquer outra coisa). Um emprego vazio continua vazio, não importa qual seja o incentivo.

Se quisermos tirar o máximo proveito do nosso trabalho, precisamos encontrar maneiras de estimular nossa motivação intrínseca acionando as células nervosas, em vez de jogar recompensas inúteis e destrutivas em nossos sistemas de motivação. O problema é que o trabalho moderno é um fluxo constante de aborrecimentos e distrações que destroem justamente o tipo de motivação que deveríamos encorajar. As pessoas querem sentir que estão progredindo. Elas querem ter um senso de realização. Mas as interrupções no trabalho (escritórios de *layout* aberto, reuniões, e-mails, mensagens instantâneas) impossibilitam qualquer sentimento satisfatório de fluxo. Gostaríamos de poder gostar do trabalho pelo trabalho, mas parece que tudo conspira contra. (E, como acabamos de ver, acenar com incentivos extrínsecos a funcionários exaustos não só não é uma solução como pode acabar saindo pela culatra.)

Para o escritor Daniel Pink, a motivação intrínseca interna e essencial, aquela que realmente nos motiva, que nos dá uma injeção de energia, que aumenta nossa autoestima,

142   Sincronia

resulta de uma combinação de três fatores: *autonomia*, *domínio* e *propósito*. A autonomia é o nosso desejo de fazer uma diferença no nosso trabalho. O domínio (no sentido de "aprimoramento") é o sentimento de realização resultante de sentir que estamos melhorando no que fazemos. O propósito é o que nos faz sentir que estamos contribuindo (para a sociedade, para a nossa família) por meio do nosso trabalho.

"Acho que existem dois tipos de propósito", Pink me disse. "Um deles é o que eu chamo de *Propósito* com P maiúsculo. Ou seja: 'Estou fazendo um trabalho grandioso e superior?' No meu trabalho hoje, estou ajudando a resolver o problema do aquecimento global, estou ajudando a alimentar os famintos, a aquecer os que sentem frio etc.? Evidências indicam que esse senso de Propósito é um enorme impulsionador do desempenho. Esse fator é importante tanto no nível individual quanto no corporativo. A verdade é que muitos de nós, no dia a dia do trabalho, não temos acesso a esse tipo de Propósito. Não tenho como entrar no meu escritório, que fica na garagem da minha casa, e dizer: 'Hoje ajudarei a acabar com a dependência do mundo de combustíveis fósseis'. Meu trabalho é algo bem mais trivial. Vou escrever um livro. O outro tipo importante de propósito é o que podemos chamar de *propósito* com p minúsculo. Basta perguntar: 'Estou fazendo alguma contribuição?' Só isso. Se eu não fosse trabalhar hoje na empresa, alguém se importaria? Alguém notaria? Alguma coisa deixaria de ser feita? Eu ajudei alguém em apuros? Então eu fiz uma contribuição. Eu não acabei com a fome no mundo. Mas fiz uma contribuição".[25]

Foi comprovado que o senso de propósito (de fazer uma contribuição) é um fator importante para o engajamento e comprometimento das pessoas com o trabalho. A maioria dos cozinheiros, por exemplo, provavelmente teria dificuldade de aceitar a ideia de que seu trabalho envolve reduzir a fome do mundo. Eles acham que sua atividade não envolve o que Pink chamaria de "*Propósito* com P maiúsculo". Mas eles têm um senso de propósito e esse propósito (com p minúsculo) pode ser imensamente gratificante. Pesquisadores da Faculdade de Administração de Harvard e da University College London passaram uma semana analisando um restaurante e descobriram que, quando os cozinheiros podiam ver os clientes, a qualidade da comida servida melhorava (foi considerada 10% melhor). E, quando os cozinheiros podiam ver os clientes e os clientes podiam ver os cozinheiros, a qualidade melhorava ainda mais (17% melhor). Em resumo, quando os cozinheiros tinham a chance de ver que estavam fazendo uma contribuição concreta, faziam um trabalho melhor. Como o pesquisador Ryan Buell explicou: "Ser valorizado dá um senso de importância ao trabalho".[26]

Para o professor Adam Grant, o *orgulho* (que podemos dizer que representa o cruzamento do senso de propósito com o senso de pertencimento) é um fator importantíssimo do engajamento. Se acharmos que as pessoas respeitam o trabalho que fazemos, que elas acham que ele vale a pena, ficaremos motivados por um sentimento de orgulho. Se você for um enfermeiro ou um bombeiro, sabe que a sociedade valoriza o que você faz.[27] (Saber disso pode não aliviar o estresse ou o cansaço resultantes do seu trabalho, mas provavelmente o motivará mais do que se você fizesse um trabalho do qual não se orgulhasse.)

O primeiro fator motivador identificado por Daniel Pink, a *autonomia*, é claramente imprescindível. Precisamos sentir que estamos no controle, que nem todos os momentos do nosso dia de trabalho são controlados por alguma outra pessoa. Porém (voltando ao caso do imperador Frederico II), a autonomia precisa ser ponderadamente equilibrada com o nosso relacionamento com as pessoas, um fator tão vital na nossa hierarquia de necessidades (não o modelo de Maslow, mas o que coloca o amor e o pertencimento no mesmo nível que as necessidades fisiológicas, fundamentais para todo ser humano).

No contexto do trabalho, isso significa que não basta ter autonomia, domínio e propósito. Precisamos de *sincronia*.

Sincronia

O que é a sincronia? É o que mantém um casal junto. É o que nos ajuda a suportar a dor e leva as crianças a rir de prazer. É o que leva os colegas a trabalhar mais rápido, aposentados a criar vínculos e apresenta os mesmos benefícios de saúde que um fumante que para de fumar. Não é possível mensurar a sincronia, mas podemos quantificar suas consequências. Uma boa definição seria dizer que a sincronia é uma conexão em um nível humano, empático, que une uma equipe em um alinhamento baseado na confiança.

Todas as evidências sugerem que os seres humanos têm prazer em estar em sincronia com os outros. Essa sincronia pode assumir a forma de ações altamente coreografadas (dançar em grupo, cantar em um coro, torcer pelo seu time em um estádio). Quando estamos em harmonia com os outros, tendemos a sentir um momento de euforia.

Além desses momentos de intensa sincronização, temos momentos muito mais moderados e cotidianos que têm um impacto mensurável em nosso senso de bem-estar, felicidade e pertencimento. Em 1920, Floyd Allport, um psicólogo de Harvard, observou que o simples fato de trabalhar ao lado de alguém (mesmo se os dois estivessem trabalhando independentemente) aumenta a produtividade, levando o trabalhador mais lento a acelerar para entrar em sincronia com o trabalhador mais rápido.[28] Qualquer pessoa que já tenha se exercitado com um parceiro notou que, quando entra em sincronia com alguém, pode aumentar seu limite de tolerância física. Acabei de dar uma olhada pela janela e vi duas crianças brincando de palmas, rindo cada vez mais alto quando conseguiam coordenar padrões cada vez mais complexos em dupla.

A razão para isso, de acordo com o antropólogo Robin Dunbar, é que "a sincronia parece estimular a produção de endorfinas e intensificar o efeito dessas atividades em grupo". Quando estamos em sincronia com as outras pessoas, conseguimos realizar façanhas maiores.[29]

Brian Eno, o lendário músico e produtor, deu uma cativante palestra na BBC em 2015, na qual explorou a noção de que confiamos mais nos outros quando nos sentimos sincronizados com eles.[30] Esse processo costuma ser indireto. Não pedimos para as pessoas anotarem suas opiniões e pontos de vista quando as conhecemos para tabular as respostas com as nossas. Empregamos conversas indiretas sobre cultura, amigos e notícias para nos ajudar. Eno descreveu uma ocasião em que ouviu, no ônibus, duas mulheres conversarem sobre um episódio da novela *Coronation Street*, em que uma das personagens revelou inesperadamente sua homossexualidade. As duas mulheres estavam usando uma experiência compartilhada como ponto de partida para uma conversa animada. "Percebi que, por se tratar de uma ficção", observou Eno, "elas puderam falar a respeito de uma maneira que jamais poderiam fazer se fosse um evento concreto da vida delas." Ele mencionou a obra do historiador William McNeil, que, nas palavras de Eno, "fala sobre o intenso prazer que os seres humanos sentem na coordenação muscular; em dançar, em marchar juntos, em festivais populares, em todas as coisas que envolvem a sincronia de muitas pessoas".

Eno concluiu que, por sermos animais inteligentes, nos tranquilizamos com o clima de confiança criado pela sincronização, seja por meio da sincronia física ou verbal. "Fiquei pensando nisso em relação às duas mulheres no ônibus", disse ele. "E pensei que no fundo elas estavam se sincronizando. Vivemos numa cultura que muda com uma rapidez incrível. Em um mês podemos testemunhar o mesmo volume de mudanças ocorridas em todo o século 14. Precisamos lidar com isso de algum jeito. Cada um de nós tem experiências diferentes. Uma pessoa pode saber muito sobre o que está acontecendo no mundo dos carros, outra pode saber muito sobre o que está acontecendo na medicina, outra pode saber matemática e outra pode saber muito sobre moda. Ninguém é especialista em tudo que acontece no mundo. Por isso, precisamos de maneiras de nos manter em sincronia."

As pessoas que pertencem a grupos que apresentam sincronia claramente obtêm benefícios da experiência. Pesquisadores que analisaram coros descobriram que seus integrantes se beneficiam de maneiras que são compatíveis com fazer exercícios físicos ou parar de fumar. Daniel Weinstein e sua equipe de pesquisadores descobriram que "sentimentos de inclusão, conectividade, afetividade positiva e medidas de liberação de endorfina aumentaram nos ensaios de canto".[31]

Grupos que atingiram a sincronia criada pelo canto também demonstraram mais tolerância em um teste de limiar de dor.

Os cantores ficaram efetivamente mais fortes com a sincronia. Os pesquisadores descobriram que até grupos que, à primeira vista, pareciam grandes demais para formar vínculos foram capazes de desenvolver um sentimento de coesão pela música. E isso pode acontecer com uma rapidez espantosa: "Mesmo depois de uma única sessão de canto, um grande grupo de pessoas que não se conheciam pode criar vínculos no mesmo nível que pessoas do grupo que já se conheciam".

Um coro pode parecer um exemplo radical de seres humanos sincronizados. Mas os mesmos princípios se aplicam a todos os grupos. Pessoas que podem contar com o apoio de outras são menos estressadas que as que não têm uma rede de apoio. Se confiarmos em pessoas do nosso convívio, elas poderão nos ajudar a lidar com as dificuldades, agindo como um escudo contra o estresse. Um estudo com casais americanos que conseguiram ficar juntos mesmo em um relacionamento a distância descobriu que conversas informais diárias, batendo papo sobre assuntos triviais, constituíram um fator fundamental. Manter a sincronia mesmo em interações aparentemente sem importância foi o segredo de um casamento feliz, mesmo em um relacionamento a distância.[32] Grupos sociais menos definidos também podem ajudar a reduzir os níveis de estresse das pessoas, mesmo se não foram criados especificamente para dar apoio emocional.[33]

Todos nós temos a necessidade de pertencer. Ficamos mais fortes, mais energizados e mais colaborativos quando estamos em sincronia uns com os outros. A seguir, vamos explorar oito maneiras de criar a sincronia no trabalho.

Sincronia 1

Mude o bebedouro de lugar

Imagine ver trabalhadores no escritório como ver formigas interagindo no seu jardim, de cima, como um deus do trabalho empoleirado em algum lugar de onde é possível ver todas as centenas de pequenas interações das pessoas. Ou como um fanático do *Sims*, jogando uma versão de escritório do game em que você pode ver os bate-papos, as reuniões, os flertes embaraçosos ocorrendo nas empresas ao redor do mundo.

Graças ao trabalho pioneiro de Alex "Sandy" Pentland, professor do Instituto de Tecnologia de Massachusetts (MIT), esse devaneio está perto de se transformar em realidade. Pentland é um homem afável de fala mansa, com uma cabeleira grisalha desgrenhada e uma barba cheia que deve protegê-lo dos longos invernos de Boston. Ele foi brilhante ao combinar duas tecnologias existentes para criar uma ferramenta de pesquisa que reuniu o *big data* e a psicologia para criar um novo campo inovador que ele chama de Física Social. Ele e seus alunos pegaram os crachás de identificação que a maioria de nós usa para entrar e sair do trabalho. Em seguida, combinaram os crachás com algo parecido com a tecnologia que usamos no celular. Os crachás sociométricos resultantes lhes permitiram coletar informações precisas sobre a localização das pessoas a qualquer momento e (graças aos microfones modificados instalados nos crachás), não só com quem elas estavam conversando, mas também se a entonação de voz indicava uma pergunta ou uma resposta. (Cabe esclarecer que os microfones não captavam palavras, só o tom da voz.) Esse amplo banco de dados (atualizado a cada 16 milissegundos) foi então combinado com registros das tarefas diárias que as pessoas realizavam em uma grande variedade de setores e ocupações. O resultado foi um registro preciso do que realmente acontece no trabalho, como os grupos interagem, quando e onde são mais produtivos e como as ideias fluem de uma pessoa a outra.[1]

Um dos *insights* gerados por esse estudo pode não ser uma surpresa para você, considerando o que já sugeri nas Recargas 7 e 10: o e-mail pode ser uma ferramenta de comunicação espetacular, mas sua utilidade não vai muito além disso. Pentland explica: "Descobrimos que o e-mail tem muito pouca relação com a produtividade ou a produção criativa".[2] Pelo contrário, ele constatou que um dos fatores mais importantes para determinar o sucesso de diferentes organizações era o "fluxo de ideias", ou seja, a possibilidade de as ideias fazerem uma polinização cruzada entre si. E o "fluxo de ideias" resultou em grande parte de conversas casuais com as pessoas (em vez de conversas em reuniões). Pentland descobriu que em bancos e em *call centers*, até 40% da produtividade de diferentes grupos resultou de sugestões fluindo das interações informais entre as pessoas.[3] "Descobri que o número de oportunidades de aprendizado social, geralmente por meio de interações face a face informais, é o principal componente da produtividade de uma empresa", ele concluiu.[4]

Em outras palavras, passar um tempo desenvolvendo a sincronia gerou entre um terço e a metade da produtividade de um grupo. O e-mail não contribuiu com quase nada para os resultados dos grupos.

E não foi só a produtividade que aumentou. Pentland também descobriu que algumas das melhores ideias não vieram de gênios solitários trabalhando ao computador, mas de grupos se reunindo e conversando. "O que os dados sugerem", Pentland argumenta, "é que, na maioria das vezes e na maioria dos lugares, a inovação é um fenômeno coletivo." As pessoas começavam a pensar sozinhas em uma explosão de concentração e foco, mas se levantavam e se colocavam a testar as ideias com as outras: "As pessoas mais criativas são, na verdade, pessoas que circulam e coletam ideias de muitas pessoas diferentes, brincam com as ideias, testam as ideias com outras pessoas".

Nos escritórios do mundo real, são as pequenas interações que ajudam a transformar os pensamentos não lapidados em grandes ideias: a leve expressão de desagrado da primeira pessoa ao ouvir a nova ideia, sugerindo que a ideia precisa de ajustes. O sorriso encorajador e um aceno com brilho nos olhos, que sugerem que a ideia pode ser promissora. Todas essas microexpressões faciais ajudam a ajustar, remodelar e melhorar as ideias. Para Pentland (seus crachás lhe permitiam acompanhar as pessoas passando de um colega para outro), as pessoas que trocam ideias de maneira construtiva são como músicos improvisando uns com os outros: "É como músicos tocando jazz; eles improvisam uns com os outros, reagem uns aos outros, mas precisam contribuir com algo novo para criar uma boa sessão".

Como o diálogo no trabalho pode ser tão importante para gerar novas ideias, Pentland recomenda fazer de tudo para encorajar as conversas no escritório. E, muitas vezes, bastaria reorganizar o espaço físico. Em uma empresa, Pentland explicou, "o jeito mais simples de aumentar a produtividade dos trabalhadores foi aumentar o tamanho das mesas do refeitório, forçando pessoas que não se conheciam a almoçarem juntas" (veja a Recarga 8).[5] Uma equipe de atendimento ao cliente de um banco foi retirada de sua posição isolada num canto do escritório quando se constatou que poucos funcionários passavam por ela e que, em consequência, os projetos não estavam sendo bem executados: "Ao mudar a posição das pessoas no escritório, o banco conseguiu garantir que todos — até mesmo a equipe de atendimento ao cliente, antes isolada — ficassem sabendo dos acontecimentos".

Desde então, o trabalho de Pentland foi replicado e estendido por muitos de seus alunos. Um deles, Ben Waber, por exemplo, abriu uma *startup*, a Humanyze, que comercializa os crachás sociométricos para ajudar empresas a saber o que acontece em seus escritórios e como aumentar a produtividade de seu pessoal. As equipes estão colaborando com eficácia umas com as outras? Onde estão os gargalos de comunicação?

Como Pentland, Waber e sua equipe descobriram que as correções necessárias costumam ser muito simples. Os chefes passam dias trabalhando em reestruturações das equipes para melhorar a colaboração no escritório. Mas não se importam de deixar ao acaso a localização de importantes pontos de encontro, como o bebedouro e a cafeteira. Na opinião de Waber, esse é um grande erro. "A localização do bebedouro", ele me explicou, "afeta tanto quem fala com quem quanto o organograma da empresa".[6]

Então, onde você deve colocar o bebedouro? Tudo depende do seu objetivo: "Se você o instalar, por exemplo, na área de determinado grupo, esse grupo ficará mais internamente focado e terá uma rede social muito coesa. Por outro lado, se eu instalar o bebedouro entre dois grupos, eles vão conversar muito mais entre si. Se esse for o meu objetivo, é isso que devo fazer".

Pode ser que, no seu escritório, não seja possível trocar os bebedouros e as cafeteiras de lugar. Se for o caso, analise a possibilidade de aproximar algumas equipes para as pessoas compartilharem a mesma cozinha. Algumas empresas instalam televisores (mostrando notícias ao vivo ou jogos esportivos) em espaços sociais entre as equipes. Não importa o que você decidir fazer, aquele bate-papo tomando um cafezinho pode muito bem levar à próxima grande ideia da sua empresa.

DICAS PARA FAZER A SEGUIR:

» Ajude as pessoas a conversar entre si. É o segredo de criar a sincronia, e é muito fácil de fazer.

» Lembre que até pequenas mudanças que aproximem as equipes umas das outras podem aumentar a colaboração, a confiança e a criatividade.

» Mudar bebedouros e cafeteiras de lugar é uma forma de reunir pessoas que você gostaria que interagissem mais umas com as outras. Se não puder fazer isso, pense em mudar as equipes de lugar.

» Faça testes incluindo televisores, sofás ou outras razões para as pessoas fazerem uma pausa e conversarem.

Sincronia 2

Sugira uma pausa para um café

Na sincronia anterior, falei sobre o trabalho de Ben Waber, o CEO da Humanyze, uma pioneira em tecnologia de análise do trabalho, que ajuda as empresas a aumentar a produtividade usando crachás sociométricos para monitorar e identificar métodos de trabalho que poderiam ser melhorados.

Waber me falou de um experimento que sua empresa conduziu em um *call center* do Bank of America. Os *call centers* são uma forma evoluída de capitalismo: tudo é estruturado para maximizar a produtividade. Como levar uma equipe de milhares de atendentes a produzir mais, especialmente se você quiser que os problemas dos clientes sejam resolvidos a contento? É um desafio diário.

Pode-se entender se você achar que um trabalho tão individual quanto o de um atendente de *call center* não requeira trabalho em equipe, sincronia empática, nem qualquer interação com a equipe para facilitar o fluxo de ideias. É verdade que a evolução desses centros de atendimento parece confirmar essa visão. As equipes que Waber e seus colegas observaram trabalhavam de maneira autônoma. Cada um atendia seus telefonemas e, duas vezes por dia (no meio da manhã e no meio da tarde), saía para um breve intervalo para relaxar em uma sala de descanso solitária. Eles tomavam uma água ou um café sozinhos, antes de voltar à montanha de telefonemas.

Em vista disso, Waber e seus colegas fizeram um ajuste. Em vez de fazerem o intervalo individualmente, as pessoas poderiam fazer a pausa em equipes, passando 15 minutos juntos, distante da torrente constante de dúvidas e reclamações. Não seria muito difícil prever o resultado: "Os grupos ficaram 18% mais coesos", Waber me contou. "O que seria de se esperar, porque agora que as pessoas podem fazer o intervalo com os colegas, é natural que eles passem a conversar mais." Mas foram os outros efeitos que surpreenderam a administração do banco. Para começar, os níveis de estresse (medidos por sensores instalados nos crachás sociométricos que descrevi na Sincronia 1) caíram 19%, em grande parte porque os colegas passaram a ter a chance de conversar sobre as ligações difíceis que resolveram no trabalho. Em segundo lugar, assim que o intervalo coordenado de 15 minutos, a custo zero, foi implementado, o desempenho produtivo da equipe aumentou 23%.[1] Ou, dito de outra forma, a introdução da sincronia em um *call center* aumentou em quase um quarto a produtividade.

É claro que, se você parar para pensar, tudo isso parece não passar de mera questão de bom senso.

O trabalho em *call centers* consiste em uma série de intensas interações telefônicas. Com a proteção do anonimato, a maioria dessas interações mostra o que o ser humano tem de pior. Poucos clientes são amigáveis ou otimistas, resultando em atendentes com níveis médios de estresse muito acima das normas para outras ocupações. Uma interação pode ser exaustiva para o atendente. Os clientes muitas vezes dão vazão à sua fúria, provavelmente muito mais do que qualquer parente, amigo ou até colega de trabalho. Eles podem exigir o dinheiro de volta; podem querer algo de graça. Em muitos aspectos, são como novatos jogando um game de luta pela primeira vez. Eles não sabem exatamente qual botão apertar para obter o resultado desejado, mas esperam que, ao apertar todos ao mesmo tempo, alguma coisa aconteça.

Sugira uma pausa para um café

Depois disso, o atendente, aturdido, sai meio cambaleando para a área de descanso, passa 15 minutos em silêncio entre desconhecidos, dá uma olhada no celular, toma um café e volta ao amplo galpão do *call center* com as últimas interações ainda lhe pairando na cabeça. Todavia, quando fazem um intervalo coordenado, podem recorrer aos colegas e contar histórias sobre o que acabou de acontecer, histórias que provavelmente seriam muito chatas para contar em casa ou amargas demais para contar aos amigos, mas que os colegas que passam pelas mesmas situações entenderiam.

Com o poder da sincronia, as pessoas não só ficam menos estressadas como têm a chance de trocar dicas úteis e produtivas. "Ah, isso aconteceu comigo. Eu respondi assim e assado." "Atendi uma ligação assim. Por que você não tenta isso ou aquilo?" Com essas conversas, os atendentes puderam se orientar, treinar-se e resolver juntos os problemas. A equipe de Waber calculou que o aumento de 23% equivalia a dez anos de experiência adicional por parte dos atendentes.[2]

E a coisa não para por aí. As interações não foram planejadas. Waber observou que as reuniões da equipe não atingem níveis semelhantes de sincronização (ou, como ele costuma dizer, "coesão"). As conversas dos atendentes só foram eficazes porque eram espontâneas.

Esse caso do *call center* nos lembra de como a criatividade funciona na maioria dos locais de trabalho. Quando os atendentes encontram um jeito melhor de resolver o problema de um cliente, eles tiveram uma fagulha de pensamento criativo. Ficamos maravilhados com o conceito da criatividade, mas a verdade é que, não importa se trabalhamos numa instituição pública, um supermercado, um escritório de advocacia ou até em um *call center*, ser criativo não passa de encontrar uma maneira melhor de fazer o nosso trabalho.

Os suecos não se surpreenderão com o poder de um intervalo em grupo. Na Suécia, o *fika* já é usado há gerações. A palavra *fika* costuma ser traduzida como "café e bolo" e pode muito bem não passar de um intervalo de 15 minutos para um café, mas é mais um estado mental que uma dose de cafeína e carboidratos. Por todo o país, o *fika* marca o momento em que empresas como a fábrica da Volvo interrompem a produção para uma pausa revitalizante. Como o site da Ikea explica: "Mais do que um intervalo para o café, o *fika* é um momento para trocar ideias, criar vínculos e relaxar com os colegas. Algumas das melhores ideias e decisões acontecem no *fika*". O *fika* pode ser feito na companhia dos colegas ou apreciado sozinho e é visto pelos suecos como um momento para desacelerar e refletir. Tanto que muitas empresas suecas passaram a incluir a caminhada conversando para o café do bairro como uma parte da experiência moderna do *fika*. Muitos de nós nos sentimos culpados quando fazemos uma pausa para um café. Tudo bem pegar um café e voltar ao computador, mas passar 15 minutos sentados relaxando pode parecer coisa de preguiçoso. O *fika* demonstra que fazer uma pausa nos ajuda a pensar melhor e recarrega as nossas baterias.

Não são só os *call centers* que podem se beneficiar desse ajuste na rotina do dia a dia. Não importa se você sugerir uma pausa para o café no meio da tarde ou sair com os colegas para bater um papo no café do bairro, talvez o *fika* seja a solução para incluir mais sincronia na sua equipe.

DICAS PARA FAZER A SEGUIR:

» Faça experimentos. Chame alguns colegas para tomar um café. Vocês podem sair do escritório e ir a um café por perto ou só tomar o café em outro andar da empresa. Tente começar fazendo um intervalo duas ou três vezes por semana e anote os resultados na sexta-feira.

» Tente fazer um intervalo com os colegas nos momentos em que você parece estar atolado de trabalho. Algumas pessoas dizem que os intervalos parecem mais eficazes em momentos de estresse e exaustão.

Sincronia 3

Reduza as suas reuniões pela metade

Foi como uma cena da época da lei seca nos Estados Unidos. Três funcionários, bem-vestidos, mas não a ponto de correr o risco de chamar a atenção, entraram furtivamente na sala. Eles se sentaram discretamente à mesa, com um olhar atento a tudo que acontecia do outro lado de uma divisão de vidro (se você estiver fugindo da polícia, precisa se certificar de não ser pego de surpresa). Um deles abriu o dispositivo que mantinha escondido até então. Finalmente, diante dele, a satisfação de um belo slide e a tranquilidade criada pela presença do PowerPoint. "Tudo bem, estamos em segurança. Tudo voltou ao normal", eles pensaram, com um suspiro de alívio. Eles se inclinaram para olhar a tela do laptop diante deles.

De repente, naquele breve momento de distração... a porta se escancarou. Eles foram acuados pela polícia. Foram pegos com a mão na massa.

Esse cenário pode não refletir o dia a dia de um escritório moderno, mas, tirando um toque de licença poética, foi o que aconteceu no PayPal quando seu diretor de operações, David Sacks, entrou em cena. Percorrendo o escritório de 700 pessoas como um policial em busca de bebidas ilegais, ele entrava sem aviso em salas de reunião para dispersar qualquer coisa que se assemelhasse a uma socialização desnecessária. Como um funcionário contou mais tarde, Sacks "impunha uma cultura de antissocialização, na qual qualquer reunião que incluísse mais de três ou quatro pessoas era considerada suspeita e podia ser imediatamente dispersada se ele a considerasse ineficiente".[1] O próprio Sacks explicou que achava que a obsessão por reuniões era um problema herdado da aquisição recente, que tinha deixado a empresa com duas vezes mais chefes que o necessário. Os gestores faziam reuniões só para consolidar sua importância na nova estrutura de poder.[2]

A situação do PayPal pode ter suas peculiaridades, mas o que Sacks descobriu não é um fenômeno raro. Uma das maiores dificuldades de um escritório moderno é encontrar maneiras de avaliar com precisão as habilidades das pessoas. Como decidir se são boas em seu trabalho? Você pode achar que o melhor seria analisar o dia a dia dos funcionários no trabalho, suas ideias, sua capacidade de trabalhar bem em equipe. Na verdade, temos mais chances de avaliá-las com base em sua capacidade de falar ou fazer boas apresentações em reuniões, apesar de a correlação entre reuniões e produtividade ser muito limitada. Um encontro para falar sobre um projeto da equipe até pode parecer energizante e produtivo. No entanto, em geral, as reuniões têm o poder de sugar a nossa energia.

Rory Sutherland, a lenda da publicidade, desconfia da eficácia de passar tanto tempo numa sala com os colegas e acha que o estilo de trabalho do passado é muito mais válido. "Nos idos dos anos 1980", ele diz, "um funcionário passava um bom tempo sem ter muito que fazer. O material era enviado ao estúdio e você ficava esperando ele voltar. A sessão de fotos era concluída e você esperava os primeiros retoques ou qualquer outra coisa. Todas aquelas coisas criavam um tempo de inatividade forçado. Grande parte desse tempo de inatividade era desperdiçado, como costuma acontecer nas empresas. Mas era um tipo especial de desperdício. Tudo bem, digamos que 80% desse tempo de fato fosse jogado no lixo. Mas 20% era muito bem utilizado. Você tinha a chance de ter conversas que de outra forma não ocorreriam... Acho que todos nós precisamos reaprender essas coisas [como abrir um tempo livre para pensar no trabalho]", ele conclui, "porque a tecnologia e o e-mail chegaram tão rápido que não tivemos tempo para definir práticas ou normas de comportamento para regrar o uso dessas ferramentas".[3]

Para se ter uma ideia de quanto as reuniões são improdutivas, vale a pena dar uma olhada em um dos experimentos mais interessantes para investigar a dinâmica humana conduzido nos últimos anos. O marshmallow tem uma presença constante em pesquisas científicas icônicas (talvez os cientistas tenham algum fetiche por esses doces). O Teste do Marshmallow é um dos mais conhecidos. Crianças são deixadas numa sala com um marshmallow e são informadas de que podem comê-lo no momento ou ganhar dois marshmallows se conseguirem esperar 5 minutos; sua capacidade de postergar a gratificação acaba sendo um grande indicador de seu sucesso mais tarde na vida. Mas é o *Desafio* do Marshmallow que nos esclarece sobre o jogo de poder nas reuniões.

O desafio, desenvolvido por Peter Skillman, designer da Palm Pilot, quando ele se pôs a investigar como os grupos resolvem problemas, é muito simples de aplicar.[4] Os participantes são divididos em equipes, sendo que cada uma recebe 18 minutos para construir a estrutura independente (o que significa que a estrutura não pode ser suspensa em algo mais alto, como uma cadeira ou lustre) mais alta possível usando 20 espaguetes secos, 1 metro de fita adesiva, 1 metro de barbante e um marshmallow a ser colocado no topo da construção.

Pode parecer uma tarefa bastante simples, mas os resultados demonstram que diferentes grupos abordam o desafio de maneiras muito distintas, obtendo níveis muito diferentes de sucesso. Por incrível que pareça, o grupo que repetidamente apresentou o melhor desempenho nos experimentos conduzido por Skillman foi composto de crianças em idade pré-escolar. O grupo que teve o pior desempenho, apesar de todas as tentativas, foi o de estudantes de Administração. O psicólogo Tom Wujec, que repetiu o desafio, descreve o que geralmente acontece quando as equipes se preparam para o exercício: "As pessoas normalmente começam voltadas à tarefa. Eles falam a respeito, decidem como a estrutura deve ser e competem pelo poder. Passam um tempo se organizando, espalham o espaguete e passam a maior parte do tempo construindo uma estrutura cada vez maior". Até aqui, nenhuma surpresa. Parece uma reunião qualquer. "Até que, quando percebem que o tempo está acabando, alguém pega o marshmallow e o coloca com cuidado no topo. Todos admiram o resultado da colaboração. Mas o que acontece na maioria das vezes é que a admiração logo se transforma em decepção. O peso do marshmallow provoca o desmoronamento da estrutura", bem quando o tempo acaba.

Mas por que as crianças em idade pré-escolar são muito melhores nesse desafio, produzindo não só estruturas mais interessantes como também as mais altas? Nas palavras de Peter Skillman: "Nenhuma das crianças desperdiça tempo tentando ser a presidente da Espaguete S.A. Elas não gastam tempo disputando pelo poder".[5] O que elas fazem é interagir, normalmente sem dizer nada. Elas imediatamente pegam os materiais. Vão tentando soluções diferentes (o que Skillman descreve como "prototipagem de ideias"), muitas vezes nem mesmo se dando ao trabalho de encontrar palavras para justificar suas ações. E não demoram a se dar conta de que o marshmallow, apesar de parecer leve como uma nuvem, é um denso pedaço de açúcar que pesa o suficiente para derrubar qualquer estrutura mais frágil.

Os estudantes de Administração, por sua vez, não só foram ensinados a buscar a única solução correta, como também gastam pelo menos parte de sua energia em garantir sua posição no grupo antes de uma possível vitória. Os estudantes querem ser o gênio que vai se sair com a solução perfeita ou o líder do grupo, ou as duas coisas ao mesmo tempo. O que acaba acontecendo é que o exercício de resolução de problemas se transforma em uma espécie de guerra, na qual o que realmente interessa é a posição de cada um na hierarquia intelectual do grupo. As reuniões no trabalho seguem mais ou menos o mesmo padrão. Os membros da equipe podem estar tentando resolver um problema, garantir sua posição em relação aos outros ou ambos.

Uma colega testemunhou uma versão do Desafio Marshmallow na vida real quando abriu mão de uma carreira promissora no Twitter para realizar seu sonho de trabalhar em um restaurante sofisticado. Na internacionalmente renomada faculdade de gastronomia Leith's Cooking Course, em Londres, Georgina descobriu que os alunos são divididos em três grupos de acordo com sua idade. Um grupo era composto de alunos com 19 ou 20 anos. Outro era formado de pessoas na casa dos 30 anos. E alunos nas faixas dos 40 e 50 anos compunham o terceiro grupo. O que minha colega descobriu foi que, quanto mais velho o grupo, mais tempo as pessoas levavam para aprender, mas não devido a alguma degradação da capacidade cognitiva com a idade. As pessoas mais velhas tinham o mesmo interesse e a mesma dedicação que a turma mais jovem. O problema era que as pessoas mais velhas conversavam e debatiam, discutindo e dissecando cada detalhe. Seu processo de aprendizagem era desacelerado com os membros do grupo defendendo inconscientemente sua posição social no grupo.

Como vimos, o antropólogo Robin Dunbar argumentou que os seres humanos são capazes de formar relacionamentos de confiança com no máximo 150 pessoas (uma teoria às vezes chamada de "número de Dunbar"). Quando atingimos esse limite, 42% do nosso tempo é consumido em atividades de "cuidados sociais", ou seja, desenvolver e manter relacionamentos de confiança com as pessoas do nosso convívio. Também vimos, na seção sobre os e-mails, que as reuniões têm um importante papel nessas atividades. Usamos as reuniões para administrar nossas relações com as pessoas enquanto navegamos por uma rede complexa de relacionamentos profissionais. Andre Spicer, professor da Cass Business School, falando sobre a necessidade percebida de ajudar os funcionários a criar vínculos entre si, explica: "As reuniões ajudam. Eles são um ritual social de cuidado, como macacos tirando pulgas das costas uns dos outros".[6] O problema é que, mesmo se essas reuniões tiverem um benefício social, elas são enormemente improdutivas.

Nesse ponto, você pode questionar que nem todas as reuniões são ruins e que não é certo supor que todas elas são um desperdício de tempo. Os defensores desses encontros no escritório alegam que a eficácia de uma reunião pode ser garantida estabelecendo uma boa pauta e objetivos claros. Eles sabem disso porque é o que ensinam na faculdade de administração. Quase sem exceção, esses especialistas são responsáveis por conduzir desanimadamente as próprias reuniões sugadoras de energia (e proíbem o uso de celulares em uma retaliação mesquinha se acharem que os participantes parecem desinteressados). Participei de um número suficiente de reuniões inspiradas nos ensinamentos das faculdades de administração com ex-consultores de gestão para saber que eles não têm o direito de dizer que suas reuniões são melhores. O que elas tendem a ser é exaustivamente sérias (e, como vimos na Recarga 8, a autorregulação pode ser mentalmente desgastante).

O que quero dizer é que, não importa quem esteja presidindo a reunião, as evidências da eficácia dessa prática não são muito animadoras. Ben Waber, da Humanyze, é enfático ao afirmar que as reuniões não criam o tipo de coesão do qual as grandes equipes precisam: "Os resultados são muito claros. Nem as reuniões formais nem pessoas batendo papo em suas mesas encorajaram uma maior coesão". E Leslie Perlow, uma observadora pioneira da produtividade no local de trabalho (mencionada na Recarga 9), disse que muitos de nós vemos as reuniões como nada mais do que um "imposto cultural" sobre um ambiente de trabalho produtivo. Quando os trabalhadores "sacrificam seu tempo e bem-estar para as reuniões", ela afirma, "eles presumem que estão fazendo o que é melhor para a empresa".[7] É a descrição perfeita de uma reunião comum. O problema é que, se o objetivo da próxima geração de trabalho é aumentar a nossa criatividade, cobrar um "imposto necessário" sobre as novas ideias não é o melhor ponto de partida.

O grande problema das reuniões é que elas tendem a ocorrer justamente nos momentos em que podemos ser mais produtivos e inovadores (veja a Recarga 1). Nós sacrificamos nossos horários mais produtivos às reuniões, deixando o trabalho mais criativo para a hora do almoço ou depois do expediente. Acabamos tendo de fazer um telefonema importantíssimo no trem de volta para casa ou trabalhando naquele documento crucial para a estratégia, debruçados sobre o laptop na mesa da cozinha. Se você já se pegou dizendo aos colegas que chegou mais cedo ao escritório porque é o único horário que lhe permite trabalhar em paz, sabe como tudo isso pode ser cansativo. E você também pode estar ajudando a piorar a situação.

Reduza as suas reuniões pela metade

Nos dias de hoje, o trabalho impõe tantos obstáculos no caminho do progresso que muitas vezes não temos como evitar distrações. Todo mundo já foi forçado a ver uma apresentação irrelevante de 20 minutos sobre alguma outra área da empresa. Se tivermos de participar de uma apresentação que não fará diferença alguma em nosso trabalho, consentir uma vez é um ato de gentileza, mas consentir todas as vezes acaba sendo um fardo. É por isso que até as melhores pessoas sacam o celular e tentam aproveitar o tempo para responder a alguns e-mails quando as luzes da plateia estão apagadas. O problema é que, como já vimos, muitos comportamentos no trabalho são contagiantes, especialmente se o chefe está dando o exemplo. Se um chefe saca o celular numa reunião, outros participantes têm 2,2 vezes mais chances de fazer o mesmo.[8] E como ninguém é tão bom na multitarefa quanto imagina e a multitarefa não é tão produtiva quanto seus defensores gostariam de acreditar (veja Recarga 7), cabe perguntar: qual é o sentido dessa reunião se todo mundo está mexendo no celular?

Em outras palavras, as equipes devem ser pequenas e as reuniões, mais curtas. O objetivo de uma boa reunião precisa ser reduzir ao máximo o número de participantes para tomar uma decisão rápida e informar as pessoas envolvidas no processo para tomar essa decisão. (A Bridgewater Associates, uma empresa de investimentos que defende a "transparência radical", documenta todas as suas reuniões para que todos possam, se quiserem, saber o que aconteceu sem precisar comparecer.) As reuniões também devem ser extremamente focadas. Por exemplo, um estudo concluiu: "As equipes que apresentaram uma interação mais funcional, como uma interação de resolução de problemas e planejamento de ações, ficaram consideravelmente mais satisfeitas com as reuniões".[9] E também ajuda a manter um bom nível de energia em um senso de direção claro.

Porém, no geral, a melhor coisa que podemos fazer é tentar reduzir pela metade o tempo que passamos em reuniões, lembrando que elas são sessões de cuidados sociais improdutivas que, com muita frequência, focam o desempenho, e não uma discussão produtiva. Reuniões mais curtas nos levam a focar o diálogo e nos impedem de perder o senso de urgência, o que costuma acontecer quando marcamos sem pensar reuniões de meia ou uma hora.

Algumas equipes descobriram ser interessante agendar reuniões regulares ou um "tempo de sincronia", mas desmarcá-las se não houver nada para discutir. O agendamento garante que todos estejam livres. E ficar sabendo que aquela reunião semanal especialmente chata foi cancelada vai garantir a liberação de algumas endorfinas.

Uma grande companhia britânica de utilidade pública me contou que estava testando a ideia de uma votação para as pessoas decidirem se valia ou não a pena conduzir a reunião em determinada semana. O objetivo da empresa é reduzir o tempo que as pessoas passam nas reuniões de várias horas por semana para poucas horas.

É claro que, se o nosso chefe não concordar, não podemos fazer muita coisa. São raras as conversas sobre a melhor maneira de fazer as coisas. Mesmo assim, vale a pena assumir a responsabilidade de ser um defensor da mudança na sua empresa. Pela minha experiência, se conseguir abrir um canal de comunicação (e apresentar evidências) para mostrar que reduzir as reuniões pode ajudar as pessoas a fazer o trabalho, você tem chances de conquistar algumas vitórias. Em algumas ocasiões, proibir as apresentações de PowerPoint pode ter esse efeito (veja o *Buzz* 8). Quando as pessoas não têm como recorrer à muleta do PowerPoint, elas tendem a apresentar seus argumentos com mais rapidez e com mais naturalidade. Na bibliografia e nas notas referentes a este capítulo, apresento sugestões de artigos que você poderá imprimir e compartilhar.

As únicas certezas na vida são a morte e as reuniões. Mas não desista. Seja um agente da mudança em seu escritório.

DICAS PARA FAZER A SEGUIR:

» Comece fazendo perguntas. Pergunte à pessoa encarregada da reunião se não seria possível fazer em menos tempo. Pergunte aos participantes das suas próprias reuniões se o comparecimento de todos de fato é necessário. Ao fazer perguntas, você abrirá um espaço para as pessoas questionarem coisas que elas considerariam não negociáveis.

» Sugira um teste a seu chefe: alguns dias livres de reuniões. Algumas empresas que experimentaram esse sistema descobriram que conversas informais muitas vezes atingem os mesmos objetivos que as reuniões, mas com mais dinamismo e energia.

» Sugira fazer o Desafio do Marshmallow com a sua equipe e depois conversem sobre as lições aprendidas. Lembrete: vocês têm 18 minutos para construir a estrutura mais alta e independente possível com 20 espaguetes secos, 1 metro de fita adesiva, 1 metro de barbante e um marshmallow. O marshmallow deve ser posicionado no topo da estrutura. O que vocês aprenderam sobre o processo decisório da equipe? (para conhecer os resultados de outras equipes, veja as pontuações comparativas apresentadas nas notas no fim deste livro.[10])

 *Sincronia 4*

Organize um encontro social

Depois de sugerir reduzir pela metade o tempo passado em reuniões, pode parecer um contrassenso sugerir abrir outro espaço na sua agenda, mas incluir um encontro social pode ser uma das coisas mais importantes que qualquer equipe pode fazer para aumentar a sincronia.

A maioria de nós trabalha com base na premissa de que relatórios, e-mails e apresentações são absolutamente essenciais para o nosso desempenho, mas que conversar com um colega ao lado do bebedouro é uma atividade que não leva a nada. "Você não tem nada para fazer?", gritamos às pessoas que vemos conversando, enquanto corremos de volta ao nosso computador para enviar aquele e-mail importantíssimo. Mas Ben Waber, cujos crachás sociométricos descrevi na Sincronia 1, diz que é um grande equívoco pensar assim. Todos os dados que ele coletou o convenceram de que essas conversas casuais que costumamos criticar com tanto amargor têm um efeito direto e mensurável sobre produtividade no trabalho. Como ele observa: "Trabalhamos em organizações porque juntos podemos fazer algo que não poderíamos fazer sozinhos. Para isso, precisamos nos coordenar. E uma boa coordenação implica evitar o retrabalho". Desencorajar conversas informais se opõe às vantagens de colocar as pessoas trabalhando juntas.

Na opinião de Waber, a interação presencial é um fator essencial, mas muitas vezes subestimado, da produtividade no trabalho. Por exemplo, em um estudo sobre o trabalho de engenheiros de *software*, ele descobriu que os engenheiros que trabalhavam (e que se privavam das interações presenciais com os colegas) levavam mais tempo para fazer o trabalho e entregavam um resultado de qualidade inferior em comparação com os colegas que tinham um contato regular com os outros. "A qualidade do seu código de programação depende do trabalho de milhares de outras pessoas", ele argumenta. "Se você não se comunicar com elas, os bugs vão se multiplicar." Analisando décadas de pesquisas, ele conseguiu quantificar o déficit criado pelo trabalho remoto entre os engenheiros de *software*: "Se o meu código depender do seu código e não nos comunicarmos", ele diz, "vamos levar 32% mais tempo para concluir o trabalho".[1]

Alguns anos atrás, a Yahoo proibiu seus funcionários de trabalhar em casa, alegando que outras empresas da área não permitiam essa prática. Na opinião de Waber, a empresa tomou a decisão certa, mas pelas razões erradas. Ele acredita que a Yahoo deveria ter apresentado evidências claras de que os trabalhadores remotos não conversam com os colegas da equipe com a frequência que deveriam. Os dados são impressionantes: uma média de 7,8 comunicações semanais das pessoas que trabalham remotamente contra 38 por semana das pessoas que trabalham em proximidade com os colegas. Quando isso acontece, Waber afirma, tudo sai prejudicado. O trabalho desacelera. A qualidade cai. E os custos sobem.

Portanto, a comunicação constante (ou seja, conversas informais e não agendadas em oposição a reuniões formais e pré-agendadas) é fundamental para garantir o bom funcionamento de uma empresa. É o que cria a sincronia. A pergunta é: qual é a melhor maneira de garantir isso?

Margaret Heffernan descobriu a duras penas a resposta a essa pergunta. Heffernan era uma talentosa CEO que provou seu estilo de liderança adaptável em cinco empresas diferentes (antes de se tornar uma palestrante de negócios). Um de seus empregos a levou do Reino Unido para os Estados Unidos, e foi aqui que ela se viu diante das diferenças na interação das equipes americanas e britânicas. "Na primeira empresa, fiz o que era de se esperar. Contratei todo tipo de talentos extraordinários e lhes dei os problemas mais difíceis para resolver. Todos iam ao escritório, trabalhavam duro e voltavam para casa. E a coisa de que mais me lembro é que aquilo não *parecia* certo. O escritório era silencioso, não tinha o que eu chamo de um zumbido animado. Era muito diferente das empresas que comandei no Reino Unido. Eu ficava matutando e tentando descobrir o que estava errado ali. Só me parecia tudo muito tático, tudo muito voltado às tarefas." Depois de refletir muito sobre as razões para isso, ela pensou em uma possibilidade muito simples: "O que eu mais me lembro das empresas que comandei no Reino Unido era que, no fim do dia (e sem dúvida na sexta-feira), as pessoas iam ao *pub* esperar a terrível hora do *rush* londrina passar".

Esse *insight* levou Heffernan a fazer algo que pode parecer, em retrospecto, incrivelmente simples. Ela introduziu um encontro *social* semanal. Todas as sextas-feiras, às 16h30, todos paravam de trabalhar e se reuniam para ouvir um pequeno punhado de colegas se apresentarem e dizerem o que faziam na empresa. No começo, como Heffernan é a primeira a admitir, os encontros foram "mais do que embaraçosos". Mesmo assim, ela persistiu simplesmente porque "não sabia mais o que fazer". Em pouco tempo, a estranheza e o embaraço foram superados. Os colegas relaxaram e passaram a simplesmente conversar. Um vínculo foi criado. No fim, segundo Heffernan, todos concordaram que o novo encontro social foi "absolutamente transformador": "Em qualquer

Organize um encontro social

organização, a premissa básica da vida organizacional é que juntos é possível fazer mais do que se pode fazer sozinho. Todavia, isso só funciona se as pessoas tiverem um compromisso umas com as outras, se confiarem umas nas outras e gostarem umas das outras".[2] Esse é outro lembrete de que a sincronia é uma boa maneira de desenvolver o senso de pertencimento que já descrevi.

O mais fascinante desses encontros sociais é que muitas empresas acabam adotando sistemas bem parecidos por acaso. No escritório do Twitter em Londres, temos um encontro nas tardes de sexta-feira que batizamos de Hora do Chá. Se você me perguntasse quais são os benefícios disso, eu teria dificuldade de responder. Todavia, em termos de energizar a equipe, não tem igual. Alguém se levanta e diz o que faz a um grupo de 200 pessoas. Outra pessoa começa a contar sobre um projeto no qual está trabalhando e do qual as pessoas podem não ter ouvido falar. Um dos melhores contadores de história da equipe se levanta para falar de um acontecimento da semana relacionado ao Twitter, às vezes divertido, às vezes triste, às vezes uma lição a ser aprendida. Só isso. Acompanhado de comes e bebes para manter a bola rolando.

Biz Stone, fundador do Twitter, me explicou como esse encontro começou: "A Hora do Chá começou quando eu disse que deveríamos imitar o Google: toda sexta-feira deveríamos parar de trabalhar e nos reunir e conversar sobre a semana. O que conseguimos realizar? O que deu errado? E se alguém tivesse alguma coisa interessante para mostrar, fosse o próprio trabalho, fosse o trabalho de outras empresas que a pessoa achou interessante ou qualquer outra coisa. Então, vamos em frente. E Jack [Dorsey, cofundador do Twitter] disse: 'Excelente! Vamos fazer isso às 16h05, que é a hora do chá da tarde. Pode deixar que eu faço o chá para todo mundo'. Comprei umas cervejas e deixei na geladeira. E todo mundo só tomou a cerveja". Stone explicou que não tinha nada de complicado na ideia. Tudo que eles estavam tentando fazer era deixar a equipe "ser um grupo". "As pessoas têm a chance de saber o que aconteceu na semana", Stone explicou. "E depois posso conversar com alguns vendedores com quem nunca conversaria no meu dia a dia no trabalho. É importante se divertir e tirar sarro dos chefes. Todo mundo fica: 'Ih, lá vem o Jack Dorsey. Meu Deus, é melhor olhar para o outro lado. Não posso me sentar do lado dele, ele é tão importante'. Eu tiro sarro dele o tempo todo. Ele adora."

E o que dizer da ideia do *pub* de Margaret Heffernan? Não há dúvida de que foi uma excelente iniciativa. Uma cervejinha acompanhada de momentos de descontração geralmente resulta no maravilhoso som de risadas quando os colegas desestressam depois de um dia duro de trabalho e podem reclamar abertamente dos absurdos do dia. Em outras palavras, passar um tempo no *pub* com os colegas é diversão garantida.

Mas os encontros depois do horário de trabalho podem ter alguns problemas. Como Jeremy Corbyn, líder do Partido Trabalhista britânico, observou em uma entrevista em 2016, encontros no *pub* depois do horário de expediente são injustos para as mães: a abordagem "beneficia os homens que não têm hora para chegar *em* casa e discrimina as mulheres, que precisam cuidar dos filhos".[3] Gostaríamos de acreditar que, hoje em dia, a responsabilidade de cuidar dos filhos é dividida igualmente entre o casal, mas na verdade isso é muito raro. É revelador, por exemplo, que os dados que mostram que o tempo de transporte para o trabalho é correlacionado com

Organize um encontro social 173

menos felicidade, também mostram que a correlação é maior ainda para mulheres. O problema é que as mulheres sabem que depois de chegar *em* casa do trabalho, o que em Londres pode levar em média 75 minutos (a maior média da Europa), elas ainda precisam dar conta dos afazeres da casa.[4] (Abrindo um parêntese aqui, cabe notar que o tempo de transporte para o trabalho tende a substituir atividades que nos ajudam a recarregar as baterias — convívio com os amigos, exercícios físicos, relaxar —, um problema que pode ser reduzido vendo TV no celular, lendo ou ouvindo música.) Isso não quer dizer que o *pub* não seja, às vezes, um bom lugar para as equipes criarem vínculos, mas precisamos estar atentos às prioridades das pessoas fora do horário de trabalho.

Um bom encontro social, portanto, é ao mesmo tempo possível e desejável no escritório. Todavia, assim como uma cervejinha no *pub* ajuda as pessoas a se abrir, sugiro servir algo para comer no escritório para ajudar as pessoas a descontrair. Claudia Wallace, diretora de novos negócios da agência de publicidade Young e Rubicam, falou-me do ritual semanal de sua empresa que leva o nome de "Quintas dos Salgadinhos".[5] É um ritual que (como costuma ser o caso das melhores ideias) nasceu naturalmente, tendo sido criada por uma recepcionista heroicamente energizante. Wallace descreve o encontro: "Toda quinta-feira, às 16h25, todo o pessoal da agência recebe um e-mail da Gillian, a chefe da recepção, anunciando: 'É a Quinta dos Salgadinhos! A melhor hora da semana!' Uma série de tigelas com diferentes salgadinhos é disposta numa mesa comprida no meio do escritório. Todo mundo se reúne ao redor da mesa, come alguns salgadinhos enquanto conversa sobre a semana (também servimos vinho, cerveja e *prosecco*)". Para garantir a diversão e a inovação, cada semana envolve um tema um pouco diferente, por exemplo, "algumas semanas atrás fizemos a semana dos Pringles, e Gillian chegou fantasiada de uma lata de Pringles".

"Gostamos muito de fazer isso às 16h30 de quinta", Wallace explica. "É perto do fim do dia e do fim da semana, e as pessoas se dão o direito de relaxar." Todavia, como ela me disse, a ocasião envolve muito mais do que salgadinhos. O encontro todo normalmente leva não mais do que meia hora, mas cria o ambiente ideal para aqueles encontros acidentais entre os membros da equipe que podem ter um valor inestimável. "Em uma agência de publicidade, é importantíssimo ter esses momentos nos quais as pessoas podem passar um tempo com os colegas. Você tem a chance de conversar com pessoas com quem passou a semana inteira sem conversar porque não deu para marcar uma reunião. Você sabe que a maioria das pessoas vai estar na Quinta dos Salgadinhos. Você pode falar sobre o trabalho, mas também pode falar sobre qualquer outra coisa que quiser". Isso me lembra do que Steve Wozniak, o cofundador da Apple, escreveu em sua biografia sobre seu início de carreira na Hewlett-Packard.[6] O dia de trabalho, ele conta, era muito mais prazeroso quando um carrinho cheio de café e bolos chegava às 10h e às 14h. E aquele intervalo não raro levava a conversas proveitosas e a uma valiosa troca de ideias.

O encontro não precisa envolver bolo ou salgadinhos. Andy Puleston me contou que, quando ele foi o diretor da divisão digital da BBC Radio 1, "A Radio 1 despertava no encontro mensal para comer pizza". "Uma vez por mês", ele lembra, Andy Parfitt, o gerente de contabilidade da Radio 1, disponibilizava pizzas e bebidas (para evitar acusações de desperdiçar o dinheiro dos clientes, ele pagava as contas do próprio bolso), e "a sala do conselho ficava lotada (nós tirávamos a mesa e as cadeiras para caber mais gente)." Puleston acredita que o espaço apertado dava ao encontro mensal um clima especial de "estamos todos no mesmo barco". E isso levava a um tipo de mágica. "Parecíamos que éramos uma família. Tinha algo especial na proximidade com os colegas em vez de espalhados em um espaço amplo e cavernoso. Se você for organizar uma festa, o tamanho do local é fundamental para o sucesso do encontro. Apinhar as pessoas num espaço apertado é muito mais divertido do que um espaço maior onde as pessoas podem se espalhar."[7]

Como seria de se esperar, os encontros da pizza acabaram sendo muito mais do que comer pizza numa sala apertada. Na opinião de Puleston: "Aquele encontro definitivamente tinha um quê de sincronização. Todas as culturas requerem sincronização, que é importantíssima para as pessoas compartilharem o conhecimento. Os encontros foram um sucesso por causa do conteúdo emocional envolvido". E servir comida ajudou? "A comida é o chamariz para atrair as pessoas, mas o que importa é o que elas vão conversar, a intenção do encontro." Cabe notar que, na época, a Radio 1 liderou as pesquisas de satisfação dos funcionários da BBC.

Sandy Pentland, que conhecemos na Sincronia 1, avaliou o impacto desse tipo de interação: "O tempo de socialização é importantíssimo para o desempenho da equipe, muitas vezes respondendo por mais de 50% das melhorias nos padrões de comunicação". Isso confirma as crenças de Margaret Heffernan: "O mais importante são os vínculos sociais que as pessoas acabam formando". Se você quiser que elas trabalhem bem em colaboração, precisa lhes dar uma chance de se encontrar informalmente, conhecer-se e trocar ideias e informações. "Se você realmente acredita que o valor da colaboração está na agregação e na combinação de talento e criatividade, precisa ter um ambiente no qual as pessoas se disponham a se ajudar. E as pessoas só vão querer se ajudar se acharem que terão ajuda quando precisarem."[8]

Então, saia do escritório, compre uns cinco tubos de Pringles e faça um encontro social.

DICAS PARA FAZER A SEGUIR:

» Ignore os céticos e os negativistas e organize um encontro social.

» Siga as regras da empresa, como fez a Radio 1, com o chefe pagando as pizzas do próprio bolso. Por exemplo, a sua empresa pode proibir bebidas alcoólicas no escritório. Se for o caso, sirva um bolo ou só pegue um café com os colegas e vá para uma sala de reunião.

» Lembre os pessimistas que pesquisadores constataram, vez após vez, que a melhor maneira de promover a sincronia da equipe é fazendo encontros sociais informais.

» Você pode precisar atrair as pessoas no começo incluindo algo diferente ou divertido nos encontros.

Sincronia 5

Dê muita risada

Como é que algumas pessoas parecem não gostar de rir? As crianças adoram rir. Por que, então, os adultos parecem tão carrancudos? Como eles se transformaram de crianças risonhas em adultos sisudos? É verdade que o mundo pode ser cruel, mas a transição de um ser sorridente a um ser tristonho me parece uma enorme tragédia.

E não é só porque é divertido rir e ver as pessoas rirem. O humor é, na verdade, uma ferramenta incrível para nos ajudar a lidar com as dificuldades e manter nossa sanidade mental e física. Escritores como Laurence Gonzales e Al Siebert estudaram os efeitos do riso, sugerindo que rir nos leva a desenvolver um senso de positividade, de resiliência. Pessoas diante de situações traumáticas, mas que são capazes de ver o lado cômico da situação, lidam melhor com as dificuldades do que pessoas que focam a ansiedade e o estresse. Todas as evidências sugerem, por exemplo, que os sobreviventes de um acidente de avião na selva não foram as pessoas que permaneceram sérias e sisudas, mas sim as que abriram espaço para momentos peculiares de leveza em meio ao desespero. Eles se viram inexplicavelmente vivendo momentos de leveza na situação aparentemente desesperadora. Da mesma forma, pessoas com trabalhos muito perigosos ou estressantes lidam melhor com a situação recorrendo ao senso de humor. Gonzales, que também estudou a mentalidade de sobrevivência e observou o humor negro de pilotos de caça, observa que esse humor pode ser observado até nos *briefings* diários em situações de combate:

"Em uma situação real de sobrevivência, você, por definição, encara a morte de frente e, se não conseguir encontrar algum elemento cômico ou até algo incrível e inspirador na situação, estará fadado ao sofrimento".[1]

Estudos conduzidos em hospitais de campanha do exército relatam que esses ambientes são repletos de risos: "É algo que lhes permite continuar fazendo o trabalho".[2] Mark de Rond, um etnógrafo que passou seis semanas em um hospital de campanha em Camp Bastion, no Afeganistão, disse que só na primeira semana ele observou 174 baixas, sendo que seis vítimas já chegaram mortas ao hospital. Todavia, apesar de tudo isso, ele disse, a dinâmica da equipe era marcada por certo humor mórbido. As pessoas passavam o dia inteiro rindo.[3] Em seu livro *The Survivor Personality*, Al Siebert diz que as pessoas que têm uma mentalidade de sobrevivência são aquelas que "zombam das ameaças; as brincadeiras e as risadas andam lado a lado. As brincadeiras mantêm a pessoa em contato com o que acontece ao seu redor".[4] O humor, nessas situações, é, nas palavras de Laurence Gonzales, uma "resposta emocional neutralizadora" que ajuda os sobreviventes de catástrofes a livrar-se da paralisia provocada pelo medo e entrar em um estado mental muito mais construtivo.

Tudo bem que um escritório não é exatamente um hospital de campanha nem um centro de comando militar. Mesmo assim, o humor tem um papel importante também no ambiente de escritório. E evidências sugerem que o humor desempenha um papel muito mais sofisticado do que você pode imaginar. Para simplificar, o humor nos ajuda a desenvolver a sincronia.

O psicólogo Robert Provine, que se dedica a analisar o riso como uma maneira de os seres humanos se sincronizarem entre si, revelou *insights* valiosíssimos sobre a vida e a cultura de escritórios e, mais especificamente, sobre um dos grandes prazeres da humanidade.[5]

Ele começou a investigar o riso convidando participantes a ver vídeos cômicos em seu laboratório em grupos de três pessoas enquanto ele os observava. Para sua grande frustração, ninguém riu. Mesmo assim, ele deparou com uma descoberta importante que todos nós reconhecemos: desconhecidos e vídeos cômicos não são a melhor fórmula para levar ao riso. Em seguida, ele abandonou os vídeos, vestiu seu casaco e saiu para a rua. Vagando por shoppings, escritórios e faculdades, ele escutava as pessoas, esperando pelo momento em que elas caíam na risada, e anotava suas observações. Parece-me que esse método de pesquisa tinha seus riscos, mas por sorte ninguém chamou a polícia diante desse comportamento bizarro.

Depois de várias observações de hilaridade, a conclusão de Provine foi, pelo menos superficialmente, muito simples: "O riso", ele argumentou, "pode ser considerado uma 'canção humana' estética e sonoramente empobrecida".[6] Assim como os pássaros cantam uns para os outros, cachorros da vizinhança latem uns para os outros ou lobos uivam juntos, os seres humanos riem para se conectar uns com os outros, para atingir a sincronia. "O riso é um sinal social humano por excelência. O riso firma relacionamentos... Pense na última vez em que você esteve numa plateia, rindo e se deixando varrer pelas ondas de riso do público", escreve Provine. "Uma experiência agradável... uma das melhores da vida. Agora pense na natureza primitiva do coro de animais e na maneira como os membros de uma plateia sincronizam seus ruídos".[7]

"Sincronizar os ruídos" não é uma expressão que associamos naturalmente ao riso. Pensamos nas gargalhadas da multidão reagindo à piada de um comediante. Ele conclui a piada e a plateia reage com uma onda eufórica de hilaridade. Mas Provine refere-se a algo bem diferente. Não se trata de rir só porque a piada é engraçada. É rir como uma forma de criar vínculos sociais e coordenar um grupo.

Percorrendo ambientes de escritório, Provine pôde estudar e gravar mais de mil episódios de riso. E o que ele descobriu foi que o riso não foi causado por humor ou piadas hilárias, mas por comentários aparentemente inócuos como:

"Vejo vocês mais tarde".

"Vamos conseguir dar conta disso".

"Acho que terminei".

"Eu disse que isso ia acontecer".

"Aqui está".

"Que bom".

As risadas, nesses casos, não foram uma reação ao humor (nem foram sarcásticas ou zombeteiras). Foram um recurso humano para quebrar o gelo, dar uma injeção de ânimo nas pessoas, criar um sentimento de conexão. O riso tem um efeito que observamos nos animais. Assim como pássaros em uma floresta cantam juntos, rimos juntos para nos unir. O desejo de união transcende o humor do momento. "Quer saber? Agora que você perguntou, nem foi tão engraçado assim, mas..."

Se você não estiver acreditando muito, veja um especial de comédia sozinho na Netflix hoje. O riso (em oposição a um senso de diversão) requer mais do que o humor para ser acionado. Na ausência de outras pessoas, rimos menos porque não estamos tentando nos sincronizar com elas. A principal constatação de Provine é: "Tendemos a ignorar o fato de o riso ter evoluído devido a seu efeito sobre os outros, não para melhorar nosso estado de espírito ou nossa saúde". Do mesmo modo como as senhoras que Eno observou no ônibus atingiram um momento de sincronização conversando sobre os acontecimentos da novela (veja pág. 146) o riso tem exatamente o mesmo efeito, indicando que estamos de acordo, que estamos em sincronia.

E, seguindo essa mesma linha, indica que sentimos que estamos em um ambiente seguro e protegido. A professora Sophie Scott, da University College London, aponta que cientistas observaram que muitos mamíferos exibem reações parecidas com o riso, mas que elas podem ser facilmente interrompidas por um estímulo negativo. "Os ratos param de rir se ficarem ansiosos", diz ela. "O mesmo acontece com os seres humanos." Por outro lado, um momento de riso indica que estamos relaxados e seguros, que podemos nos dar ao luxo de abrir mão de nossas defesas. Ou, nas palavras de Scott: "Quando as pessoas estão rindo é sinal de que não estão em um estado ansioso. É um marcador de que o grupo está bem".[8]

Quando os cachorros brincam, eles inicialmente se inclinam sobre as patas dianteiras para sinalizar que o que está prestes a acontecer não é de verdade, é só uma brincadeira. Sua linguagem corporal (a posição do cachorro olhando para baixo, para os fãs de yoga) diz: "Isto é só uma brincadeira, não vou persegui-lo nem atacar você". Para Scott, o riso tem a mesma finalidade para os seres humanos. O riso sinaliza: "Pode ficar tranquilo. Não estamos em perigo." "Os grupos que riem juntos podem ser mais coesos", Scott argumenta, confirmando a relação entre o humor e o estresse que vimos acima: "Estudos foram feitos para investigar o humor no local de trabalho de ocupações estressantes, como médicos, policiais e enfermeiros. Esses locais de trabalho tendem a ser caracterizados por um humor bastante negro, específico dessas profissões. Quem não pertence ao grupo pode se surpreender com as piadas. Todavia, para o grupo, o riso é eficaz por ser só uma razão para incluir um fator de leveza em situações de risco ou estresse".

A ausência de risos sugere que pode haver algo errado: que as pessoas acham que devem ser cautelosas na presença das outras, desconfiam uma das outras, acham arriscado baixar a guarda. James Comey, ex-diretor do FBI demitido pelo presidente Trump, observou que achava incrível nunca ter visto Trump rir. Ele também não conseguiu encontrar nenhum vídeo no YouTube mostrando o presidente descontraído e risonho. Para Comey, quando um líder ri, sinaliza abertura e disposição a mostrar vulnerabilidade. "A marca de um grande líder é uma combinação de coisas que podem parecer contraditórias: confiança suficiente para demonstrar humildade".[9] As pessoas inseguras, por outro lado, "não têm prazer com as conquistas alheias e um indicador desse equilíbrio entre confiança e humildade é o humor. Se você for inseguro você não ri... Uma interação que envolve o riso é vista como um risco para um líder inseguro, porque me força a reconhecer que o outro disse algo engraçado que eu não consegui pensar em dizer". Comey se lembra de ter visto os presidentes Bush e Obama usarem o humor para ajudar as pessoas a descontraírem, "para chegar à verdade".

Também é preciso considerar que relatos sugerem que a descontração resultante do riso abre a nossa mente para o pensamento criativo. Em 2017, quando Daniel Kahneman, economista ganhador do Prêmio Nobel, revelou os métodos de trabalho que ele e seu falecido parceiro, Amos Tversky, desenvolveram para trabalhar em colaboração em pesquisas sobre a tomada de decisão humana, que hoje são considerados inovadores e revolucionários, ele contou que eles davam muita risada. Ele explicou que os momentos *mais* criativos da dupla também eram os mais cheios de risadas. "Amos sempre foi muito engraçado", ele lembra, "e, quando estava com ele, eu também ficava engraçado, e passávamos horas a fio produzindo muito enquanto nos divertíamos sem parar".[10]

A diversão, em outras palavras, não é uma mera perda de tempo frívola. A leveza do pensamento provocada pelo riso estimula a nossa criatividade, dando espaço para a livre associação de ideias. Foi o que John Kounios, da Universidade Drexel, e Mark Beeman, da Northwestern University, demonstraram quando convidaram voluntários para ver um vídeo de um show de *stand-up* do comediante Robin Williams e, em seguida, pediram que eles resolvessem uma série de complexos problemas lógicos. O que eles descobriram foi que rir ao ver uma comédia melhorou em 20% a capacidade de resolver problemas. Aparentemente, a razão para isso é que o riso aciona o giro temporal superior anterior, uma área do cérebro, logo acima da orelha direita, associada à conexão de ideias distantes. Quando você perceber que não está conseguindo usar a concentração para dar conta do trabalho, a distração provocada pelo riso pode ter um valor inestimável.[11]

Desse modo, o riso desempenha várias funções. Ele desenvolve a confiança, ajuda-nos a criar vínculos com as pessoas e cria a sincronia. E quando nossas defesas criativas caem por terra, somos capazes de ter ideias melhores. Equipes que dão risada e fazem piadas juntas tendem a ser mais capazes de se abrir e revelar os problemas uns para os outros, o que é especialmente importante para lidar com o estresse e melhorar a resolução criativa de problemas.[12] Todas as evidências apontam para isso. Mas como é que podemos rir mais no trabalho sem parecer que enlouquecemos ou entramos em alguma espécie de culto bizarro?

É impossível evitar o fato de que, para algumas pessoas, o trabalho requer um ar de seriedade. Essas pessoas desconfiam do riso, suspeitando que as brincadeiras no trabalho indicam que as pessoas não têm trabalho suficiente para fazer. Elas acreditam no que às vezes é chamado de "excesso de atividade performática". Lembro-me como se fosse ontem de como um colega no meu primeiro emprego me alertou que o comportamento mais apropriado quando se chega atrasado ao trabalho era "deixar o casaco no departamento de contabilidade, pegar uma folha de papel e ir até a sua mesa parecendo furioso". Muita gente acha que uma expressão carrancuda transmite a mensagem: "É isso aí. Estou trabalhando desde as 7h da manhã num projeto especial e não posso falar a respeito".

Diante disso, como podemos nos beneficiar das vantagens do riso em nosso trabalho? Provine sugere adotar uma "atitude aberta ao riso": "Você pode optar por rir mais reduzindo seu limiar para a diversão", ele explica. "Basta se dispor e se abrir para rir." Uma das maneiras que ele sugere para fazer isso é organizar mais eventos sociais. Reuniões e encontros na empresa cujo único objetivo é reunir as pessoas. Na Sincronia 4, falei sobre a importância dos encontros sociais. Aqui, sugiro que esses encontros sociais são perfeitos para promover o riso.

Nem sempre é fácil encontrar a abordagem certa para fazer isso. A Method, uma fabricante de produtos de limpeza, reserva um tempo nas reuniões semanais para apresentar novos funcionários e lhes pedir sugestões para "manter as esquisitices da Method". Não vou mentir: sinto um nó na garganta só de pensar. Tive um chefe no Twitter que costumava pedir aos novos funcionários para dizer o que eles pensavam do Twitter antes de entrar na empresa, o que eles passaram a achar depois de entrar e, como se isso não bastasse, fazer uma imitação engraçada para exemplificar isso. Não consigo pensar em uma recepção mais penosa para um novo funcionário. E morro de vergonha de dizer que levamos nada menos que seis meses para abolir a prática.

No entanto, o mais importante é encontrar alguma coisa que tenha a cara da sua equipe... e persistir. Andy Puleston, que atuou como diretor da divisão digital da BBC Radio 1, disse-me que um dos rituais da emissora envolvia discursos épicos de despedida. Eles não achavam ruim se alguém decidisse ir trabalhar em outra empresa. Pelo contrário, queriam celebrar o período em que as pessoas passaram na Radio 1 com discursos divertidos e tocantes. "Nós dávamos uma enorme importância aos discursos de despedida", ele me contou, "por causa da nossa cultura de transferência de poder aos novos funcionários. Nada exemplifica melhor o tipo de pessoas e o local de trabalho onde você está entrando do que ver como as equipes celebram e se despedem das pessoas que estão saindo. Para os que passaram um bom tempo conosco, eu via esses momentos como uma chance de reconhecer a contribuição deles para a empresa e para a equipe, em uma espécie de *eulogia* em vida, por assim dizer". Andy reservava um tempo para coletar lembranças, piadas e fotos de colegas para dar um belo tributo à pessoa que estivesse saindo. Essas homenagens uniam a equipe e Andy conta que a sala sempre se enchia de risos.

Em momentos de dificuldades econômicas, a ideia de priorizar conversas e risadas como uma das coisas mais importantes a serem feitas em equipe pode soar supérflua e trivial. Todavia, se você ouvir esse argumento, fale do exemplo de Daniel Kahneman, ganhador do Prêmio Nobel. Quem sabe a sua próxima inspiração não se seguirá a uma risada?

DICAS PARA FAZER A SEGUIR:

» Arranje um tempo para risadas nas suas reuniões. Um encontro social é uma excelente oportunidade para rir, mas você também pode usar discursos de despedida, aniversários da empresa e outras ocasiões especiais.

» Incentive as pessoas engraçadas da equipe. E ninguém precisa ter vergonha de não saber contar uma boa piada.

» O que se aplica às equipes também se aplica aos clientes. Se a risada reforça os vínculos e a sincronia entre as pessoas, por que não usar o humor para estreitar as relações com os seus clientes?

» Não é só nos bons momentos que as pessoas podem rir no escritório. As risadas não se restringem às festas de Natal. Elas podem ressoar todos os dias.

Sincronia 6

Energize os programas de boas-vindas

As primeiras impressões são as que ficam, e crescemos sendo lembrados disso. Todavia, por mais que estejamos cientes dessa verdade, tendemos a nos esquecer delas nos momentos que mais importam. Quando o TripAdvisor ganhou popularidade alguns anos atrás, a indústria hoteleira de repente despertou para o fato de que a impressão deixada pelos hotéis no momento do check-in afeta de maneira desproporcional os comentários que os hóspedes postam no site de avaliações depois. Os hotéis começaram a se ajustar, dando início a uma verdadeira corrida armamentista para receber melhor os hóspedes: sofás suntuosos no lobby, bebidas no check-in, toalhas para secar a chuva, jacuzzis ao lado do elevador, animais fofinhos para acariciar...

Todavia, apesar de algumas empresas do setor de hospitalidade terem aprendido a lição, empresas de outros setores estão longe de fazer a mesma coisa. É verdade que as maiores (que têm mais novos funcionários) tendem a oferecer programas de boas-vindas melhores explicando quem faz o que na empresa e mostrando o caminho das pedras. Mas elas não são tão boas em dar qualquer tipo de orientação emocional para ajudar um recém-chegado a fazer melhor seu trabalho. Uma pesquisa conduzida em 2018 pela Kronos, uma empresa de tecnologia no ambiente de trabalho, concluiu que a maioria das empresas vê os programas de boas-vindas como uma forma de informar os novos funcionários das regras e políticas da organização. As empresas podem falar da boca para fora sobre as maravilhas de sua cultura organizacional, mas não dedicam muito tempo a isso quando os funcionários estão mais receptivos.[1]

Será que uma abordagem mais criativa para os programas de boas-vindas poderia ajudar? Foi o que o professor da London Business School, Dan Cable, e seus colegas se propuseram a descobrir em um experimento que conduziram no *call center* de uma empresa de tecnologia chamada Wipro. Os novos funcionários foram divididos em três grupos de 15 a 25 pessoas. O primeiro grupo recebeu o programa de boas-vindas padrão da empresa. O segundo foi lembrado das conquistas da Wipro em um programa para elevar o moral que "focou as características da empresa que deixavam os funcionários orgulhosos de fazer parte da organização". O último grupo recebeu um tratamento um pouco diferente: os novos funcionários foram convidados a refletir sobre os momentos em empregos anteriores em que eles se orgulharam de suas conquistas e conversar a respeito entre si. "O que você tem de especial que resultou nos seus momentos mais felizes e no seu melhor desempenho no trabalho? Pense em uma ocasião específica (talvez em um emprego, talvez em casa), na qual você agiu do jeito que 'nasceu para agir'".[2] As pessoas tiveram 15 minutos para refletir e conversar a respeito.

Considerando que o terceiro grupo teve muito pouco tempo, seria justificável presumir que a atividade não foi muito mais do que um quebra-gelo. Mas se constatou que a atividade teve uma influência transformadora na experiência dos participantes no trabalho. Os novos funcionários que foram convidados a falar sobre suas realizações e conquistas sentiram-se imediatamente à vontade na Wipro. Além disso, depois de seis meses, apresentaram muito mais chances de continuar no emprego, em um setor tradicionalmente associado a uma alta rotatividade de pessoal. Com efeito, eles tiveram 32% menos chances de pedir as contas do que os colegas dos outros dois grupos.[3] Talvez o mais incrível de tudo, incentivar as pessoas a apresentar uma versão positiva delas mesmas, não apenas transformou sua atitude em relação ao novo emprego como também teve um impacto mensurável na felicidade de seus clientes. Os funcionários dos outros dois grupos tiveram 61% de clientes satisfeitos. Essa porcentagem aumentou para 72% no caso dos funcionários que entraram no emprego refletindo sobre "a melhor versão de si mesmos". Ou, em outras palavras, 15 minutos levaram a uma satisfação do cliente 18% melhor. Com custo zero para a empresa. Cable observa que, apesar desse impacto energizante, "em todos os anos que passei trabalhando com empresas, nunca vi uma usar essa abordagem no processo de integração de novos funcinários".[4]

Outras empresas tentaram diferentes abordagens. Chip Heath, professor de administração da Stanford, e seu irmão e coautor, Dan, descrevem como os novos integrantes da John Deere, uma fabricante de maquinário pesado, recebem um e-mail cordial da empresa um dia antes de começarem a trabalhar, alocando um colega experiente para lhes ensinar o caminho das pedras. O colega se apresenta, dá algumas dicas sobre como se vestir, o melhor lugar para estacionar e avisa que estarão esperando o novo funcionário na recepção quando ele chegar para o primeiro dia de trabalho. No dia seguinte, o colega está esperando na recepção e leva o novo funcionário à sua mesa, que foi decorada com um banner de boas-vindas. Outros pequenos gestos cordiais se seguem.[5] A John Deere sabe que, quanto antes o novo empregado começa a sentir-se em casa, melhor será seu desempenho no trabalho. Tudo isso me lembra de um *tweet* que minha colega Jessica Mansell postou descrevendo a ocasião em que seu pai chegou para o dia de trabalho na fabricante de chocolate Nestlé e ganhou uma lata tamanho-família de chocolate com seu nome gravado. A mensagem era clara: agora ele fazia parte da família Nestlé.

Desse modo, é importantíssimo pensar em como receber os novos funcionários na sua empresa. É fácil deixar-se levar pelo padrão de programas de boas-vindas que apresenta uma ladainha interminável de normas e regulamentos ou uma lista de aspectos triviais do trabalho. Mas as boas-vindas devem ser um momento marcante de engajamento para os novos funcionários. Se quisermos encorajar os recém-chegados a mostrar o que eles têm de melhor, é melhor começar já no primeiro dia.

DICAS PARA FAZER A SEGUIR:

» Tente implementar um programa de boas-vindas "da melhor versão" dos novos funcionários. Pense em como você pode incentivar os recém-chegados a sentir-se em casa logo de cara.

» Um bom programa de boas-vindas garantirá bons resultados dos novos funcionários mais rapidamente. As primeiras impressões são as que ficam.

Sincronia 7

Não deixe o seu chefe ser um chefe ruim (e não seja um também)

Não vou medir as palavras aqui. Algumas pessoas acabam se tornando ícones culturais, mas se comportam como verdadeiros pulhas. Para a sorte delas, em virtude dos excelentes produtos ou sucessos revolucionários que proporcionam, dispomo-nos a dourar a pílula da grosseria delas ou (pior) presumir que os gênios têm o direito de ser cruéis com seu pessoal. Podemos inventar todo tipo de desculpas para elas, mas não deixam de ser pessoas horrendas. Steve Jobs foi uma dessas pessoas.

O iPod foi o produto que mudou a sorte da Apple, colocando a empresa num caminho que a levou a aumentar seu valor nada menos que 50 vezes. Os estágios de desenvolvimento eram demorados e complexos e envolviam a construção de protótipos multimilionários. Em uma ocasião, de acordo com Nick Bilton, escritor especializado em tecnologia, a equipe de engenharia foi toda animada à sala de Jobs para lhe mostrar seu progresso no modelo mais recente e mais refinado do dispositivo. Ostentando o dispositivo milagroso, eles anunciaram: "Este foi o modelo mais fino que conseguimos fazer". "Jobs ficou parado e, olhando para o aparelho, começou a fazer um monte de perguntas", relata Bilton. Em seguida, foi até o aquário e jogou o protótipo de US$ 3 milhões na água. Eu sei o que você está pensando: que tipo de babaca tem um aquário na sala? Lembre-se de que era 2001 e que ainda havia alguns aquários corporativos por aí. A equipe ficou paralisada, chocada com o que Jobs acabara de fazer. "Vejam as bolhas saindo", disse Jobs. "Ainda dá para diminuir."

Imagine como a sua mãe teria reagido se você tivesse feito isso. "Não estou dizendo que o seu argumento não é válido", ela teria dito, "mas acho que daria para ter feito de outro jeito." Sua mãe estaria coberta de razão. Não tenha um aquário na sua sala, não jogue as coisas na água e não seja um babaca com as pessoas, Steve Jobs.[1]

Quer você seja um recém-chegado ou o funcionário experiente que passou décadas evitando ser descoberto, você sem dúvida tem um chefe. Todos nós (até os CEOs) precisamos prestar contas a alguém. E nada afeta mais o que pensamos sobre o nosso trabalho do que o relacionamento com nosso chefe. Um velho ditado diz que as pessoas "desistem do chefe, não do emprego". As evidências confirmam essa verdade. Se você quiser conter a sangria de pessoas se demitindo de uma equipe, a primeira coisa a fazer é dar uma olhada no chefe delas.

Infelizmente, o mundo está cheio de chefes ruins. (De acordo com o professor Robert Hogan, da Universidade de Tulsa, três quartos dos adultos americanos dizem que o pior aspecto de seu trabalho é seu superior imediato.)[2] A psicóloga Teresa Amabile, que conhecemos na Recarga 1 e que monitorou a rotina de funcionários de escritório por meio de diários que ela pediu para eles manterem, observou que, na maioria das vezes, os chefes eram mencionados no contexto de *des*motivar as pessoas. As pessoas não gostam do trabalho se tiverem um chefe ruim. Uma chefia ruim é uma das maneiras mais fáceis de destruir a sincronia de uma equipe.

As constatações de Daniel Kahneman, o renomado ganhador do Prêmio Nobel, são ainda mais desanimadoras. Ele e uma equipe de colaboradores queriam descobrir quais são os momentos que levam à maior satisfação da nossa vida e se propuseram a mensurar o humor (afetividade positiva e negativa) dos voluntários em diferentes momentos do dia para revelar o que levava os sentimentos a mudar.[3] Não é de se surpreender que eles tenham descoberto um abismo entre o prazer que as pessoas sentiam enquanto se deslocavam entre a casa e o trabalho (3,45 de um máximo de 6) e o prazer que sentiam em momentos de descontração com os amigos (4,59), constituindo uma diferença de 1,14 ponto na escala. Já no ambiente de trabalho, a pressão ou o cansaço podiam facilmente reduzir em 1 ponto a felicidade das pessoas (na verdade, o cansaço podia fazer despencar até a experiência mais prazerosa, "atividades íntimas", ou, em outras palavras, o sexo, de uma pontuação de 5,1 para menos de 3,1).

	Afetividade positiva (máximo de 6)	Trabalhando com um prazo apertado (máximo de 6)	Cansado (máximo de 6)
Relações íntimas	5,10	0,74	3,09
Socializando	4,59	1,20	2,33
Comendo	4,34	0,95	2,55
Vendo TV	4,19	1,02	3,54
Cozinhando	3,93	1,54	3,11
Cuidando dos filhos	3,86	1,95	3,56
Trabalhando	3,62	2,70	2,42
No transporte entre a casa e o trabalho	3,45	2,60	2,75

Interagindo com amigos	4,36	1,61	2,59
Interagindo com o cônjuge	4,11	1,53	3,46
Interagindo com o chefe	3,52	2,82	2,44

O trabalho de Kahneman e seus de colegas nos abre os olhos para duas constatações importantíssimas. A primeira é que as interações com os nossos chefes são as atividades das quais menos gostamos no nosso dia (perdendo apenas para o transporte entre a casa e o trabalho) e, além disso, cabe notar que tudo na nossa vida piora consideravelmente com a pressão da urgência e o cansaço. A propósito, essas constatações confirmam o que vimos na Recarga 4 (que a doença da pressa é tóxica) e na Recarga 11 (que dormir bem é fundamental). No contexto desse desdém pelos nossos chefes, não é de surpreender que, quando pesquisadores da Universidade de Warwick perguntaram às pessoas quanto mais elas teriam de ser pagas para se dispor a trabalhar com um chefe ruim, elas responderam que exigiriam um salário 150% maior para compensar o estresse e a infelicidade resultantes.[4]

O que os chefes ruins têm de tão ruim? De acordo com Robert Hogan, professor da Universidade de Tulsa, o "tormento" e o "estresse" causados por eles prejudicam a saúde e o sistema imunológico das pessoas a ponto de elas efetivamente caírem doentes ("os chefes ruins geram enormes custos relacionados à saúde", ele afirma).[5] Uma ampla pesquisa que acompanhou mais de 3 mil homens suecos no decorrer de dez anos de sua vida profissional descobriu que os chefes ruins levaram a um aumento de 60%

na incidência de ataques cardíacos (por outro lado, os homens que tinham bons chefes apresentaram 40% menos chances de ter problemas cardíacos). Foram identificadas quatro características que levam a esses problemas: incompetência, falta de consideração, dissimulação e falta de comunicação.[6]

É claro que seria possível argumentar que os fatores que ajudam os trabalhadores a ser promovidos a chefes (ambição, motivação, resiliência a derrotas) são justamente os traços de personalidades que os levam a ser chefes ruins e sem empatia. Vale a pena notar, porém, que nenhum desses traços consta da lista que os pesquisadores suecos identificaram na definição de um chefe ruim. É possível ser ambicioso e resiliente sem ser um chefe horrendo.

Os chefes ruins tendem a culpar a equipe. "Para que perder tempo falando dos chefes ruins?", eles argumentam. "E os subordinados ruins?" ou "Eu ficaria satisfeito se ao menos pudesse me livrar do 'pessoal do contra'". Todavia, o que eles tendem a esquecer é que *todo mundo* odeia trabalhar para um chefe ruim. Quando pesquisadores da Universidade de Warwick analisaram anos de dados do Reino Unido e dos Estados Unidos para tentar entender a relação da nossa felicidade no trabalho com o desempenho dos nossos chefes, eles descobriram que, não importa se os trabalhadores eram 'do contra' (o que costumo chamar de "sugadores de energia") ou excelentes funcionários ("radiadores"), as opiniões expressas foram exatamente as mesmas. Todos ficam infelizes se tiverem chefes ruins.[7]

O que, então, faz um bom chefe? Dois fatores parecem estar envolvidos. O primeiro é simplesmente "incentivar". Tamanho é o nosso desejo de sermos valorizados pelos nossos chefes que, mesmo se eles se limitarem a dizer que somos incríveis, isso pode realmente ajudar a melhorar nosso desempenho no trabalho por incentivar nosso senso de engajamento. Pesquisadores que estudaram pessoas que trabalhavam para chefes muito generosos, que tendiam a superestimar suas equipes, descobriram que a "inflação dos elogios" era invariavelmente eficaz: "Aquele voto de confiança os deixava mais otimistas quanto à melhoria futura". Por outro lado, as pessoas que tinham chefes mais críticos muitas vezes acabavam desistindo da equipe "confusos ou desencorajados, em geral, ambos". Eles tendiam a interpretar o *feedback* negativo não como um estímulo para melhorar, mas como um freio ao sucesso futuro.[8] Essas constatações estão alinhadas com pesquisas sobre casais não casados que mencionei anteriormente (veja p. 131). A "ilusão positiva" (a crença de que uma pessoa é incrível, independentemente de qualquer coisa) tem um poder enorme. É essa "ilusão" que mantém os casais juntos.[9] No trabalho, a crença de que somos valorizados nos leva a superar praticamente todos os obstáculos. Se acreditarmos que nossos chefes nos adoram, teremos mais chances de ser mais felizes no trabalho.

Tanto que os bons chefes têm mais impacto do que salários mais altos. Pelo menos foi o que concluiu um experimento de dramatização realizado na Espanha e nos Estados Unidos, no qual equipes receberam um desafio e um chefe foi instruído a orientá-las como achassem melhor. Constatou-se que os chefes motivacionais foram mais eficazes do que os que ofereceram recompensas. Os pesquisadores concluíram que a melhor coisa que os chefes podem fazer é dizer à equipe para se empenhar, lembrá-los que eles ganham bem por isso e sair do caminho deles![10] É mais ou menos o que o especialista em felicidade Richard Reeves recomenda ao dizer que os chefes devem tentar interferir o menos possível. "Não atrapalhe", ele indica. "Esse é um princípio importantíssimo. Quais são as coisas que deixam as pessoas infelizes? Pare de fazer essas coisas."[11] Se um chefe não souber o que fazer para ajudar, é melhor não interferir.

É claro que não interferir só é desejável se o chefe não for muito capaz. Não há dúvida de que um bom chefe não se limita a sair do caminho de seus subordinados, mas oferece orientação e apoio de alta qualidade. As evidências indicam que, para ser um bom chefe, é melhor ter um bom conhecimento prático do que você espera que os membros da sua equipe façam.

Embora eu não goste muito de dar exemplos do mundo dos esportes, que tendem a basear-se em amostras limitadas e ser confundidos por relatos e casos curiosos, neste caso trata-se de uma verdade bem conhecida na esfera esportiva. "Os melhores jogadores de basquete realmente se tornam os melhores técnicos", disse-me Amanda Goodall, professora associada da Cass Business School.[12] E ela chegou exatamente à mesma conclusão ao analisar a Fórmula 1: "Identificamos quatro tipos de líderes de equipe: gerentes, engenheiros, mecânicos e ex-pilotos. Descobrimos que os ex-pilotos são os melhores líderes". No mundo do trabalho, na opinião de Goodall, regras semelhantes se aplicam: as pessoas reagem melhor a um chefe que conhece os detalhes de seu trabalho. Como ela argumenta: "Se o chefe subiu pela hierarquia da organização ou fundou a organização, se esse chefe foi capaz de fazer o trabalho de um funcionário e se o funcionário considerava o chefe competente... esses são fatores preditivos muito fortes da satisfação no trabalho entre os funcionários".[13] Quanto mais conhecimento um chefe tiver dos intrincados detalhes do trabalho, maiores serão as chances de ele dar boas orientações aos funcionários.

Entretanto, cabe uma advertência neste ponto. Uma mentalidade do tipo "já estive no seu lugar e sei como é" não vai ajudar se um chefe só contribuir com um conhecimento ultrapassado do trabalho. É vital saber combinar experiência com empatia.

As constatações de Goodall devem servir como um alerta para as pessoas que acham que basta ter um diploma de MBA e que as especificidades de um setor são menos importantes para um chefe do que noções gerais de estratégia e liderança. Por sorte, algumas organizações já despertaram para esse fato. Hoje em dia, empresas como o McDonald's ou a Sainsbury's mandam os chefes trabalhar na linha de frente (arregaçando as mangas nos restaurantes e lojas) para garantir que eles saibam o que esperar dos funcionários. Nada desenvolve a empatia mais rapidamente pelas pessoas que estão fazendo o trabalho do que ter de fazer o trabalho você mesmo.

Tom Leitch, diretor de engenharia do aplicativo de entrega de alimentos Deliveroo, é um grande defensor dessa ideia. Ele me explicou que todas as pessoas de sua equipe também estão registradas como entregadores no aplicativo e que elas precisam fazer uma ou duas entregas por semana. "Acabamos entendendo muito melhor algumas coisas que passam pela cabeça dos entregadores", ele argumenta. Por exemplo, descobrimos que nossos entregadores de Hong Kong já saem para uma entrega, preocupados em encontrar uma vaga para estacionar a moto. Hong Kong fica basicamente numa montanha, de modo que uma curta distância a pé no mapa pode envolver subidas enormes. Uma vaga de estacionamento que parece estar a 1 minuto de distância pode acabar acrescentando 5 minutos a uma entrega."[14] Conhecer detalhes tão cruciais (que de outra forma poderiam soar como meros aborrecimentos irrelevantes para o pessoal do escritório) transforma a relação entre chefes e funcionários e elimina o perigo de uma lacuna de conhecimento entre o pessoal de linha operacional e os tomadores de decisão.

Em outras palavras, um chefe especialista não é um "sabe-tudo". Um bom chefe conhece o trabalho a fundo e é capaz de desenvolver confiança e empatia com base nesse conhecimento. E ele não precisa ser o tipo de pessoa que sai por aí dizendo que sabe fazer o trabalho dos outros melhor do que eles. Na verdade, se o chefe pensar isso, ele pode estar em grande risco.

Dominar os sistemas de computador utilizados pela equipe, conhecer todos os estágios de um processo, saber como um trabalho é feito... tudo isso pode ajudar a fechar a lacuna de conhecimento que de outra forma poderia aumentar aos poucos entre chefes e trabalhadores, e pode criar um vínculo vital entre eles. É comum acontecer de um chefe que sabe como um trabalho é feito ser muito mais receptivo a, digamos, propostas de trabalhar em horários flexíveis ou eliminar aquela reunião que todo mundo sabe que não passa de uma perda de tempo. "Se o seu chefe for um chefe especialista, ele vai criar o ambiente de trabalho certo para você", Goodall afirma. "Nossa constatação é que os bons chefes conhecem a natureza do nosso trabalho".[15] Esse entendimento leva a mais confiança, ao passo que, quando os chefes não conhecem bem o trabalho, eles podem querer intervir. Como Goodall explica, um chefe ruim diria: "'Vou mandá-lo preencher este formulário antes da reunião para livrar a minha cara caso ele esteja mentindo'. Se você conhece o trabalho, não precisa incluir uma montanha de obstáculos na forma de processos burocráticos". É por isso que o conselho de Goodall é que todos os chefes "comecem com humildade, sabendo do que não sabem". Os melhores chefes "entram fazendo perguntas... começam ouvindo os especialistas que fazem o trabalho".

E, quando isso acontece, o desempenho da empresa toda melhora. Pesquisadores da Universidade de Sheffield descobriram que as empresas que desfrutam de níveis mais altos de confiança na administração obtêm resultados melhores do que as outras.[16] Eles concluíram que, se as pessoas consideram que recebem um tratamento justo e são bem orientadas por bons chefes, elas se dedicarão mais ao trabalho. Se acharmos que trabalhamos em uma empresa justa, mais do que compensamos com o nosso empenho. Os chefes não têm como criar a sincronia sozinhos, mas um chefe ruim pode muito bem destruí-la sozinho.

Empresas mal administradas perdem trabalhadores aos borbotões e, no processo, arcam com todos os custos envolvidos, gastando dinheiro em recrutamento e perdendo dinheiro com a perda temporária de produtividade e conhecimento.

As regras para os bons chefes são claras: conhecimento empático e apoio. Se você não puder ser bom, ao menos dê apoio. É hora de parar de ser um chefe ruim.

DICAS PARA FAZER A SEGUIR:

» "Não atrapalhe" é a regra de ouro que todos os chefes devem seguir.

» Os chefes devem ser capazes de se solidarizar com os problemas e a realidade do trabalho de seus subordinados. Se a sua equipe reclamar de um sistema de *software* que você nunca usou, você pode achar que eles só estão tentando justificar um desempenho insatisfatório. O único jeito de saber o que estão dizendo é passar uma semana fazendo o trabalho deles.

» Os melhores chefes geralmente fizeram o trabalho de seus subordinados. Se não for seu caso, faça o que puder para conhecer o trabalho da sua equipe.

Sincronia 8

Saiba quando deixar as pessoas em paz

"A maioria dos inventores e engenheiros que conheci são como eu... eles vivem dentro da própria cabeça. Eles são quase como artistas. Na verdade, os melhores são artistas. E os artistas trabalham melhor sozinhos... Vou lhe dar um conselho que pode ser difícil de engolir. Este conselho é: trabalhe sozinho... Não em um comitê. Não em equipe." Pode ser chocante, depois de tudo o que eu disse sobre a necessidade de trabalhar em equipe, ouvir a opinião enfática de Steve Wozniak, o cofundador da Apple.[1] E essa visão não tem nada a ver com a visão de Steve Jobs. De acordo com seu biógrafo Walter Isaacson, Jobs quebrou a cabeça para definir o *layout* dos escritórios da Pixar justamente por estar convencido de que as pessoas não deviam trabalhar sozinhas: "Ele ficou obcecado com maneiras de estruturar o átrio e até onde colocar os banheiros, para possibilitar encontros fortuitos entre as pessoas", escreve Isaacson.[2]

Então, qual é a resposta certa? É melhor deixar seus melhores talentos inventivos trabalharem sozinhos? Ou é melhor colocá-los para trabalhar em grupo na tentativa de criar uma equipe incrivelmente criativa?

A resposta é que tudo depende do estágio em que vocês estão e dos objetivos que buscam atingir. No início de um projeto ou de uma nova iniciativa, você deve deixar as pessoas sozinhas para conceber ideias e brincar com elas na cabeça. Todavia, quando tiver de refinar essas ideias ou resolver problemas e eliminar gargalos, é melhor contar com a ajuda da equipe para aperfeiçoar e lapidar as ideias. Não é uma questão excludente, de deixar as pessoas em paz ou botá-las para trabalhar em equipe. É uma questão de saber *quando* deixá-las sozinhas e quando reuni-las em uma equipe.

As evidências sugerem claramente que envolver uma equipe cedo demais no processo pode ser contraproducente. Ficou claro nos últimos anos que a maior expressão da imaginação coletiva, o famoso *brainstorming*, não é muito eficaz ou, pelo menos, não é tão eficaz como gostaríamos de acreditar. As pessoas podem achar que estão lançando ideias brilhantes, mas como acontece em todas as reuniões (veja a Sincronia 3), na verdade muita energia está sendo desperdiçada para garantir o posicionamento na hierarquia e sobressair-se em relação aos outros. Além disso, como Charlan Nemeth, pesquisadora e professora de Psicologia da Universidade da Califórnia, em Berkeley, observa, uma das regras do *brainstorming*, "nenhuma ideia é uma má ideia", também é uma das razões da ineficácia da abordagem. Ela afirma que não é verdade que "a coisa mais importante a fazer quando se trabalha em colaboração é permanecer positivo e 'ir na onda', tomando cuidado para não magoar ninguém. É simplesmente errado pensar assim. Uma discussão pode ser menos agradável, mas sempre será mais produtiva. A verdadeira criatividade requer alguns conflitos".[3] O atrito causado por explicar por que uma sugestão é ruim tem muito mais chances de produzir uma centelha criativa em um grupo. É interessante notar que os cientistas descobriram que o *brainstorming* é mais eficaz quando as pessoas têm a chance de pensar sozinhas nas próprias ideias antes da sessão em grupo. Se isso for feito e o grupo se reunir só depois para apresentar as ideias, o resultado costuma ser o dobro de sugestões criativas.[4]

A escritora Susan Cain acredita que gostamos de acreditar no poder do *brainstorming* porque a sociedade moderna celebra os hábitos dos extrovertidos em detrimento da ação menos visível dos introvertidos. Ela argumenta que o surgimento das artes performáticas e da cultura que testemunhamos no decorrer do século 20 resultou em um favorecimento das habilidades da metade extrovertida da sociedade, em detrimento da outra metade que tem vergonha de admitir que prefere trabalhar sozinha.

No entanto, segundo Cain, se você observar o funcionamento até das equipes colaborativas mais famosas, fica claro que as grandes ideias nasceram na cabeça de pessoas pensando sozinhas. Vejamos dois compositores de maior sucesso de todos os tempos: John Lennon e Paul McCartney. Muitas das maiores canções desses compositores, creditadas à marca Lennon/McCartney no decorrer da carreira dos Beatles, não foram fruto de uma parceria completa, mas surgiram da comparação de anotações após períodos de intensa inventividade individual. Em uma ocasião, Elton John disse sobre seus 50 anos de colaboração com o compositor Bernie Taupin que o sucesso deles foi resultado de os dois trabalhando em cômodos separados: "Nunca escrevemos uma música na mesma sala, nunca", ele revelou ao *Music Week*.[5] Em uma ocasião, eles se comunicaram por fax. Hoje em dia, Taupin diz, ele envia as letras por e-mail a John, John compõe uma melodia e só depois eles se encontram para falar sobre os detalhes.

Isso me lembra do que o comediante Richard Curtis disse sobre seu trabalho na clássica sitcom britânica *Blackadder* com seu corroteirista Ben Elton. Embora os dois tenham recebido os créditos pelos roteiros, na verdade eles raramente se viam, compartilhando as ideias na maravilha da tecnologia de ponta da época, o disquete.[6] "Recomendo vivamente esse jeito de trabalhar", Curtis explica, "porque posso dizer que tive algumas experiências horrendas sentado na sala com alguém e com os dois vendo o tempo passar sem dizer nada enquanto tentávamos nos sair com uma ideia mais engraçada." Nem todos nós somos compositores ou comediantes. Mas esse princípio se aplica a todos os trabalhos.

Na Sincronia 4, descrevi como os programadores de computador precisam trabalhar juntos e trocar ideias para resolver *bugs* no código, mas esses momentos de conexão não passam de pontuações em blocos de trabalho em silêncio. A sincronia não é atingida pelo diálogo constante. A troca de ideias e a solidão são como a luz e a sombra de qualquer trabalho produtivo.

A eficácia da solidão foi confirmada em um experimento chamado de "Jogos de Guerra de Codificação". O experimento incluiu 600 desenvolvedores de quase cem empresas diferentes e os alocou em 300 equipes de duas pessoas (com cada membro trabalhando ao próprio computador), que receberam a tarefa de criar um programa de tamanho médio para realizar uma tarefa específica. As equipes tiveram uma autonomia considerável: podiam escolher fazer a tarefa na linguagem de codificação que considerassem mais adequada e os pesquisadores tiveram o cuidado de anotar variáveis como experiência e salário.[7] A única exigência era que os programadores realizassem a tarefa exatamente nas mesmas condições em que faziam seu trabalho normal.[8]

No experimento, as melhores equipes tiveram desempenho muito, muito melhor que as piores: por um fator de dez. Elas também tiveram um desempenho 2,5 vezes melhor que a média. A diferença foi o fato de as pessoas acharem que poderiam fazer o trabalho em paz. 62% dos membros das melhores equipes disseram que sua área de trabalho era "aceitavelmente privada". 75% dos membros das piores equipes, por outro lado, disseram que trabalhavam em locais que os sujeitavam a interrupções constantes. Já falamos sobre o impacto negativo do *layout* aberto de escritórios sobre o desempenho (veja a Recarga 1). E parece que esse tipo de ambiente também não propicia o pensamento criativo. Porém, o que quero dizer aqui é que os programadores que apresentaram o melhor desempenho foram aqueles que tiveram a chance de ter as ideias sozinhos.

Se um bom trabalho requer um ambiente silencioso e tranquilo, será que trabalhar em casa é a melhor solução? Sou muito ciente dos benefícios de trabalhar em casa para pessoas que, de outra forma, têm dificuldade de equilibrar as demandas da vida doméstica e profissional. Mas é com enorme satisfação que devo anunciar a notícia de que as evidências em prol de trabalhar em casa não são boas. É verdade que, trabalhando em casa, parecemos conseguir dar conta de blocos maiores de trabalho, mas a perda da sincronia supera qualquer vantagem produtiva do trabalho em casa. Quando Elena Rocco, da Universidade de Michigan, analisou os diferentes resultados de trabalhadores de escritório e trabalhadores remotos, descobriu que os trabalhadores remotos sentiam um desgaste gradual da confiança mútua que acabava prejudicando a qualidade de sua colaboração.[9] As pessoas que trabalham em casa disseram que, sem um ciclo de *feedback* regular, o aumento inicial de produtividade começa a cair rapidamente. Eis o que Ben Waber, da *startup* de análise de locais de trabalho Humanyze, tem a dizer a respeito: "Quando você trabalha em casa, não é só você que é afetado.

Saiba quando deixar as pessoas em paz

Você reduz enormemente o desempenho das pessoas com quem trabalha ao ficar em casa".[10] Waber acredita que a redução do fluxo de ideias causado pelo trabalho em casa reduz a inteligência coletiva das equipes. Trabalhar na mesa da sua cozinha não é a solução. Você precisa de um equilíbrio.

Quando uma empresa tenta criar sincronia e promover a colaboração entre as pessoas, é tentador supor que a próxima etapa é reunir as equipes para criar ideias. "Temos uma equipe que se gosta, um bom relacionamento entre as pessoas... agora vamos pensar em algumas sugestões para o ano que vem." Cuidado com essa armadilha. A sincronia requer pessoas trabalhando juntas em harmonia; nem toda a sincronia do mundo pode superar a eficácia de pessoas pensando sozinhas em soluções para problemas difíceis. A criatividade requer pensar e só depois falar sobre as ideias. Uma equipe em sincronia garante que vocês farão as duas coisas.

DICAS PARA FAZER A SEGUIR:

» Lembre que as ideias criativas nascem e são cultivadas no cérebro de uma pessoa sozinha. O grupo entra para ajustar e melhorar a ideia inicial, que melhorará com os ciclos de *feedback*.

» Adotar as manhãs no Modo Monge ou momentos de reflexão em silêncio constitui uma parte vital do processo criativo.

Podcast (em inglês)

DAN PINK NO SEGREDO DA MOTIVAÇÃO 3.0
Dan Pink é o pesquisador mais importante para entender a motivação no local de trabalho.

http://eatsleepworkrepeat.com/dan-pink-on-the-secret-of-drive/

RITUAIS, EMOÇÕES E ALIMENTOS
Dentro dos rituais de dois negócios felizes. Nos últimos meses, algumas pessoas vieram até mim para me contar histórias sobre coisas que suas empresas fazem.
Em primeiro lugar, Andy Puleston - um ex-aluno da Radio 1 - veio até mim e conversou comigo sobre algumas das coisas que fizeram durante a reinvenção de Andy Parfitt. Reuniões de pizza, discursos heróicos de despedida e muitos escritórios cheios de música e bate-papo eclético. Em segundo lugar, falamos com Claudia Wallace (née Newman) - Chefe de Novos Negócios da Young & Rubicon. Ela fala sobre a "Quinta dos Salgadinhos" e sua reunião Start the Week. Adorei essa conversa.

http://eatsleepworkrepeat.com/rituals-emotions-and-food/

A CULTURA DAS EQUIPES
Mark De Rond é um etnógrafo que se envolve com equipes sob pressão. Como é a cultura em um hospital de campanha em Camp Bastion, em equipe numa corrida de barcos? O último livro de Mark, "Doctors at War" - um relato em primeira mão sobre a cultura no hospital de Camp Bastion

http://eatsleepworkrepeat.com/the-culture-of-teams/

AMIGOS E FLUXO
Nosso primeiro episódio com os convidados Sue Todd - fundador da consultoria de cultura, Wonder - e Richard Reeves - autor de Happy Mondays.

https://eatsleepworkrepeat.fm/friends-and-flow/

CHEFES HORRÍVEIS: O QUE FAZ UM BOM LÍDER?

Amanda Goodall é professora sênior de administração na Cass Business School. Encontrei seu trabalho quando estava lendo sobre o efeito de nossos chefes em nós.

Chefes horríveis são a pior coisa no trabalho. A pesquisa de Amanda diz que pediremos o dobro de dinheiro para trabalhar com alguém que não suportamos. É muito mais importante do que qualquer outra coisa. Quando alguém renuncia, ele renuncia a um indivíduo, e não a uma empresa.

Então ela perguntou em sua pesquisa o que faz um bom gerente.

http://eatsleepworkrepeat.com/bad-bosses/

Parte 3
CRIE UM BUZZ

Os Dez Segredos das Equipes Energizadas

Introdução

Buzz 1	Veja o trabalho como um problema a ser resolvido
Buzz 2	Admita quando pisar na bola
Buzz 3	Mantenha as equipes enxutas
Buzz 4	Focalize os problemas, não as pessoas
Buzz 5	Crie uma *Hack Week*
Buzz 6	Proíba celulares nas reuniões
Buzz 7	Promova a diversidade
Buzz 8	Substitua as apresentações pela leitura
Buzz 9	Conduza um *pre-mortem*
Buzz 10	Relaxe

 # Introdução

Crie um Buzz no seu trabalho

Agora que já falamos sobre maneiras para recarregar as baterias e sincronizar a equipe, darei algumas sugestões para você atingir o estado mais elevado de trabalho: o *Buzz*. Descrevi como equipes de sucesso criaram um estado de sincronização. O próximo estágio é o *Buzz*, um senso de engajamento e energia positiva criado pela combinação de dois fenômenos comprovados: a afetividade positiva e a segurança psicológica.

Afetividade positiva

Imagine que você está em casa à noite e o telefone toca. Você atende e percebe que foi um engano. A pessoa queria falar com um amigo, Victor, mas a ligação foi para você. Agora ela está numa enrascada, porque usou todos os créditos de seu celular e diz em pânico que não tem como colocar mais créditos e precisa falar com o amigo. Ela parece desesperada, mas, em sua frustração, não consegue pensar em uma solução para o problema.

O que você faz?

Você pode não se surpreender ao saber que muito depende de como você está se sentindo no momento. Como a psicóloga pioneira Alice Isen, da Universidade Cornell, demonstrou, se você estiver de bom humor, se mostrará mais disposto a se oferecer para ligar para o Victor e dar o recado; se estiver de mau humor (ou com um humor neutro), terá menos chances de se oferecer para ajudar.[1] O termo técnico para o primeiro estado de espírito é "afetividade positiva", um estado mental que determina nossa visão de praticamente todas as situações que encontramos na vida. Mais do que isso, a afetividade positiva tem uma grande influência sobre como lidamos com a situação. Como Isen explica, "a afetividade positiva facilita a criatividade, a flexibilidade cognitiva, a resposta inovadora e a abertura às informações".[2] Quando estamos no trabalho, a afetividade positiva nos ajuda a fazer um trabalho melhor.

Em muitos aspectos a afetividade positiva é o que um leigo chamaria de "bom humor". E, como é o caso do bom humor, não precisa necessariamente vir acompanhada de um sorriso radiante, um andar energético e um cumprimento a um desconhecido passando na rua. Significa simplesmente que, naquele momento, temos uma visão positiva do mundo, orientada para o futuro. Dito isso, a afetividade positiva e o bom humor não são exatamente a mesma coisa porque o bom humor pode ser atribuído a uma causa específica (o dia está lindo, você passou na prova), ao passo que a afetividade positiva é mais "nebulosa". Como explica a psicóloga Barbara Fredrickson: "A afetividade costuma ser solta, sem envolver algo específico".[3] Você pode sentir a afetividade positiva sem saber exatamente o que a desencadeou. Na verdade, você pode nem se dar conta de que está em um estado de afetividade positiva.

Mesmo assim, os impactos desse estado em nossa vida são tremendos. Até uma afetividade positiva moderada pode nos levar a "abordar e explorar objetos, pessoas ou situações novas" com a cabeça aberta.[4] Vejamos, por exemplo, a arte da negociação. Tendemos a presumir que, quando tentamos atingir um resultado específico, devemos imitar os protagonistas de filmes que adotam uma postura irritadiça e hostil para obter um resultado melhor. Todavia, na verdade, teremos mais chances de sucesso se estivermos na zona da afetividade positiva. Como Isen explica: "Há razões para acreditar que, mesmo em uma situação potencialmente hostil, a afetividade positiva facilita a flexibilidade cognitiva, a capacidade de mudar de perspectiva, ver as coisas de várias maneiras diferentes e encontrar soluções viáveis, e a capacidade de lidar com problemas potenciais e evitar conflitos".[5] Em outras palavras, quando sabemos que o sucesso nas negociações costuma envolver pensar em variáveis novas e inesperadas, a afetividade positiva aumenta nossa probabilidade de pensar nessas variáveis.

O fato de a afetividade positiva poder levar a um bom resultado já está tão comprovado, que muitas empresas estão tentando capitalizá-lo. Por que os restaurantes dão balas com a conta? Porque eles sabem que esse "presentinho" o levará a ver a conta de maneira mais favorável e, em consequência, ser mais generoso na gorjeta. É um estímulo clássico. De acordo com um estudo publicado no *Journal of Applied Social Psychology*, um garçom que apresentava as contas acompanhadas de balas (e depois voltava com mais balas como um bônus) recebeu 21% mais gorjetas.[6]

A afetividade positiva também tem um efeito mais indireto, como Alice Isen demonstrou quando percorreu *shoppings* oferecendo aos passantes um presente grátis, sem compromisso, na forma de um cortador de unhas. Como um cortador de unhas pode ser visto como um brinde que tem um valor mais simbólico do que monetário, seria de se esperar que as pessoas que ganharam o presente ficassem brevemente satisfeitas, mas dificilmente exultantes. Mas Isen queria saber como o presente afetou o humor subsequente das pessoas.

Ela tomou providências para que os mesmos passantes fossem abordados depois e, em um exercício aparentemente não relacionado, fossem solicitados a opinar sobre seus eletrodomésticos. Ela descobriu que as pessoas que ganharam o cortador de unhas invariavelmente expressaram mais satisfação com sua geladeira e máquina de lavar roupa do que os outros passantes que responderam às mesmas perguntas, mas que não tinham ganhado o brinde antes, tamanho é o poder da afetividade positiva.

Esse estado de espírito também afeta a nossa capacidade de fazer as coisas e, surpreendentemente, desde a primeira infância. Em um experimento, os pesquisadores reuniram crianças de 4 anos e as dividiram em dois grupos. Os dois grupos receberam uma tarefa de classificação de objetos de acordo com o formato. Todavia, antes de começar, os pesquisadores perguntaram a um grupo: "Vocês conseguem se lembrar de alguma coisa que aconteceu com vocês e com a qual vocês ficaram tão felizes que pularam de alegria?" Em seguida, as crianças tiveram 30 segundos para refletir sobre a lembrança feliz. No teste de classificação de objetos, ficou claro que as crianças que tinham sido solicitadas a lembrar de incidentes felizes tiveram um desempenho muito melhor na tarefa do que as que não foram induzidas antes a ficar de bom humor.[7]

Pode ser uma boa ideia levar um saco de balas e sair distribuindo a desconhecidos na rua. Pelo menos é o que vocês concluiriam ao saber de outras evidências encontradas por Isen para confirmar sua hipótese. Em um estudo, por exemplo, ela analisou os efeitos da afetividade positiva sobre médicos em um hospital. Ela apresentou a cada médico informações sobre um paciente, contendo um histórico médico completo e detalhes de exames laboratoriais realizados. Em seguida, deu

Introdução   215

à metade do grupo um saco de papel com seis doces e quatro miniaturas de chocolate (eles foram solicitados a guardar o presente para mais tarde, para o experimento não ser afetado pela ingestão de glicose). Todos os médicos foram convidados a fazer dois testes. O primeiro consistiu no Teste de Associação Remota, no qual eles receberam uma série de três palavras (como "sala", "sangue", "sais") e eram solicitados a dizer uma quarta palavra que unia as três primeiras (esse teste costuma ser usado para avaliar o pensamento criativo).[8] Em seguida, eles foram solicitados a dar um diagnóstico do paciente cujas informações tinham recebido. Os médicos que ganharam os doces tiveram resultados muito melhores no teste de associação e chegaram a conclusões mais completas no estudo de caso do que os médicos que não ganharam os doces. Isen observou que "os médicos que foram induzidos ao estado de afetividade positiva perceberam que os sintomas poderiam sugerir uma doença hepática e levaram menos tempo para considerar o fígado do paciente em seus diagnósticos do que os participantes do grupo de controle". Eles não chegaram a conclusões precipitadas, ela disse, mas se mostraram mais engajados e curiosos. Em outras palavras, o empurrãozinho na direção da afetividade positiva proporcionado pelos doces os levou a fazer um trabalho melhor.[9]

Então, o que exatamente acontece quando estamos num estado de afetividade positiva? De acordo com pesquisadores da Universidade de Toronto, a afetividade positiva ativa determinadas regiões do nosso cérebro de algumas maneiras específicas. Em um experimento, eles mostraram aos participantes uma série de fotos, cada uma apresentando uma casa com a imagem de um rosto sobreposta a ela e pediram que eles dissessem se o rosto era de um homem ou uma mulher e orientando-os a ignorar todo o resto.[10] Como já sabemos que uma região do cérebro é ativada por rostos, e uma região separada é ativada por lugares, não seria uma surpresa constatar que a orientação de concentrar-se nos rostos tenha resultado na ativação da região do cérebro relacionada a rostos. Mas não foi o que aconteceu em todos os casos. O cérebro dos participantes induzidos a um estado de afetividade positiva (normalmente obtido com um pequeno presente) mostrou atividade não só na região dos rostos, mas também na região dos locais.[11] Em outras palavras, por estarem em um estado de afetividade positiva, eles tiveram uma percepção muito mais ampla do que os participantes que não estavam no mesmo estado mental. A afetividade positiva tem o poder de abrir a nossa mente.[12]

Para Isen, essa abertura tem um poder incrível: "A afetividade positiva", ela argumenta, "leva à disposição de ajudar, à generosidade e a um maior entendimento interpessoal." Também melhora nossa capacidade de avaliação.[13] E a injeção

Introdução 217

de dopamina estimulada pela afetividade positiva na área do córtex frontal no nosso cérebro (mais especificamente, no nosso córtex pré-frontal e no córtex cingulado anterior) não só nos permite lidar melhor com o estresse e a ansiedade, mas também aumenta a nossa criatividade.

Na opinião de Alice Isen, a afetividade positiva melhora a criatividade em três frentes. Para começar, aumenta o número de "elementos cognitivos" disponíveis para a associação ou, em termos menos científicos, aciona um número maior de nossas células cerebrais para formar pensamentos. Em testes de associação de palavras, por exemplo, demonstrou-se que o bom humor leva a ideias muito mais criativas do que um estado de espírito negativo ou neutro.[14] Em segundo lugar, a afetividade positiva leva à atenção desfocada do tipo que o publicitário americano James Webb Young tinha tanto interesse promover (veja a Recarga 3). Em outras palavras, nos encoraja a não ficar obcecados com alguma coisa, mas permite que o problema se infiltre nas profundezas da nossa mente até que, milagrosamente, tenhamos uma ideia brilhante. (O pensamento desfocado explica por que três quartos de nós dissemos que muitas vezes temos nossas melhores ideias criativas no chuveiro.[15] Aaron Sorkin, roteirista de sucessos da TV e do cinema como *The West Wing* e *A rede social*, é uma mente criativa que aprendeu a mobilizar o poder desse pensamento desfocado. Ele afirma orgulhosamente que toma de seis a oito banhos por dia: "Não sou um germofóbico, [mas] quando não estou conseguindo avançar num roteiro... tomo um banho, troco de roupa e recomeço".[16])

Por fim, a afetividade positiva melhora a flexibilidade cognitiva, aumentando as chances de ativação de diferentes ideias (elementos cognitivos). Na Sincronia 5, vimos que as pessoas que viram um *stand-up* do comediante Robin Williams foram mais eficazes na tarefa de resolver complexos problemas lógicos do que os outros participantes de um estudo. Quando nosso cérebro está relaxado, temos mais chances de ter ideias inovadoras.

Dito isso, cabe reconhecer que muitos de nós podemos nos lembrar de uma experiência extremamente estressante (ou que envolvia um prazo apertado) que nos ajudou a focar nossa mente de um jeito incomum. A afetividade negativa também desempenha um papel na nossa vida. Como Barbara Fredrickson, que dedicou sua carreira a estudar os efeitos da afetividade negativa sobre a psique humana, explica: "O medo está associado ao impulso de fugir. A raiva está associada ao impulso de atacar e assim por diante". Às vezes precisamos das nossas emoções negativas. Constatou-se que breves momentos de estresse, por exemplo, ajudam a focar a mente. O problema surge quando somos expostos a esses sentimentos por um longo período. Uma rápida injeção de adrenalina pode nos ajudar a realizar uma tarefa urgente, mas o estresse prolongado pode nos exaurir e nos debilitar. Viver sob um estresse constante tem um impacto mensurável sobre a nossa capacidade de fazer o nosso melhor trabalho.[17]

Barbara Fredrickson é da opinião de que a afetividade positiva não só oferece benefícios imediatos como gera um ímpeto, levando ao que podemos chamar de uma "espiral virtuosa". "As pessoas que conseguem atingir essas espirais ascendentes", ela acredita, "não só desfrutam de mais bem- -estar emocional como também desenvolvem um arsenal de enfrentamento para lidar com as adversidades no futuro".[18] Em outras palavras, Fredrickson e seus colegas não só veem a afetividade positiva como uma maneira de se recuperar das adversidades e contratempos,[19] como também argumentam

Introdução   219

que esse estado cria uma mentalidade do tipo "ampliar e desenvolver", no qual um momento ou um período de felicidade se transforma numa força crescente de positividade capaz de se autoperpetuar.[20] E isso pode ter efeitos incríveis sobre a nossa criatividade. Se você já se deu um tapinha nas costas num dia especialmente produtivo no trabalho, dizendo a si mesmo: "Estou mandando todas as bolas para o gol hoje!", sabe muito bem o que quero dizer. As boas ideias levam a mais boas ideias, porque estamos justamente na zona mental certa para criá-las. "Algumas emoções positivas específicas", Fredrickson argumenta, "incluindo a alegria, o interesse, a satisfação, o orgulho e o amor, têm em comum a capacidade de ampliar os repertórios momentâneos de pensamento-ação das pessoas... A alegria, por exemplo, é ampliada criando o desejo de brincar, forçar os limites e ser criativo. Esses impulsos se refletem não só no comportamento social e físico, mas também no comportamento intelectual e artístico." E, é claro, esse estado de espírito é contagiante. Como já vimos, a afetividade positiva que projetamos também impulsiona os outros. Eles se tornam parte do efeito de "ampliar e desenvolver".[21]

Segue-se, então, que, se pudermos estimular a afetividade positiva no trabalho, o resultado seria um melhor ambiente de trabalho e maiores inventividade e criatividade. E é nesse ponto que entram as 12 mudanças que sugeri na seção de Recarga. Elas devem ao mesmo tempo ajudá-lo a sentir-se melhor fisicamente e melhorar seu estado mental. Fazer intervalos, não trabalhar por horas e dias a fio, evitar distrações desnecessárias, ter uma boa noite de sono... incontáveis artigos científicos demonstraram que todas essas medidas têm um enorme efeito sobre a nossa visão de mundo (otimista ou pessimista) e sobre o nosso entusiasmo no trabalho. E a afetividade positiva resultante se irradia para os nossos colegas, ajudando-os a fazer seu melhor trabalho também. Por outro lado, se não fizermos intervalos suficientes, se não nos permitirmos um tempo para nos recuperar, nosso estado mental sofrerá e entraremos em um estado de afetividade negativa, prejudicando a nós mesmos e aos outros no processo.[22] As mudanças que propus na seção sobre a Recarga não são meros fatores dispensáveis, mas são essenciais para proteger nosso ambiente de trabalho e maximizar as nossas chances de criar um *Buzz* na equipe.

Segurança psicológica

Talvez a melhor maneira de demonstrar o outro componente do *Buzz* seja imaginar outro telefonema importante. Desta vez, contudo, imagine que você esteja tentando decidir se deve ou não fazer um telefonema. Você está trabalhando no turno noturno em um hospital e acabou de notar que a dosagem de medicamento que deve ministrar a um paciente parece estranhamente alta e você se pergunta se não deveria investigar com o médico que prescreveu a dosagem. O problema é que o médico já voltou para casa e você suspeita que ele não vai ficar muito satisfeito de ser incomodado com a sugestão de que pode ter cometido um erro, especialmente se ele criticou seu trabalho no passado. Nesse caso, o que você faz? Você liga ou não para confirmar a dosagem com o médico? Até que ponto você se sente à vontade para fazer o que suspeita ser a coisa certa a fazer?

O fator envolvido nessa decisão é o que os especialistas chamam de *segurança psicológica*. Se a ideia for atingir o *Buzz* no trabalho que nos ajudará (individualmente e como parte de uma equipe) a fazer com entusiasmo nosso melhor trabalho, não só precisamos manter o estado de espírito certo como precisamos nos sentir à vontade e seguros com os colegas.

Amy Edmondson, professora da Faculdade de Administração de Harvard, analisou meticulosamente esse fator. Na tentativa de provar a simples hipótese de que equipes coesas atingem resultados melhores, ela coletou dados de desempenho de diferentes equipes hospitalares e enviou uma equipe de enfermeiros para encontrar erros de prescrição. Seu palpite era que as melhores equipes cometeriam menos erros.

No começo, tudo indicava que ela estava errada. As melhores equipes na verdade cometeram *mais* erros do que as piores. A equipe de primeira classe que ela apelidou de "Memorial Hospital 1" cometeu quase 24 erros de prescrição de medicamentos por mil pacientes por dia, enquanto a equipe aparentemente menos impressionante, apelidada de "Memorial 3", cometia um décimo dos erros: 2,34 erros por mil pacientes por dia.

Como podia? Será que os dados coletados eram imprecisos ou toda a premissa do experimento não se sustentava? Foi quando, enquanto repassava os dados, ela encontrou a resposta. "Em um lampejo ofuscante de obviedade", Edmondson conta, "eu pensei que de repente não era que as melhores equipes estivessem cometendo mais erros, mas só que elas eram mais abertas a falar a respeito. E se as melhores equipes tinham um clima de abertura que lhes permitisse reportar e até investigar os erros a fundo?"[23]

Foi o que ela acabou constatando. As melhores equipes hospitalares eram muito mais abertas a falar sobre os problemas, uma postura que os dados estatísticos não revelavam. As equipes não tão boas tentavam ocultar os erros e pareciam, pelo menos para quem via de fora, ser mais competentes. Edmondson demonstrou que os hospitais mais dispostos a admitir e falar sobre os erros tinham um desempenho muito melhor.

No trabalho, somos obcecados pelo que Edmondson chama de "autoproteção". Preocupados com a possibilidade de estarmos sendo constantemente avaliados pelos outros, nos ocupamos em administrar a imagem que projetamos às pessoas. A última coisa que queremos é parecer burros, incompetentes ou pessimistas demais e tomamos medidas para nos proteger. Se não quisermos parecer burros, simplesmente não faremos perguntas nem sugeriremos ideias que possam revelar nossa ignorância. Se não queremos parecer incompetentes, não admitiremos fraquezas ou erros. Se não quisermos parecer pessimistas, não criticaremos nem questionaremos as decisões alheias.

Como Edmondson descobriu, as melhores equipes têm uma postura diferente. Elas conseguem fazer isso por ter criado um ambiente no qual as pessoas sentem-se à vontade para questionar e admitir seus erros. Em um hospital, essa postura salva vidas.

Essa verdade foi demonstrada em outro ambiente de vida ou morte: a aviação. Quando ficamos sabendo de um terrível acidente, nossa primeira reação é achar que a tragédia foi causada por uma falha mecânica. Será que foi um problema do motor? Será que uma das asas sofreu um dano estrutural? Na verdade, uma falha técnica quase nunca é culpada por uma catástrofe como essa. A maioria dos acidentes de avião resulta de um erro humano. Em 1978, dez passageiros morreram a bordo do voo 173 da United porque o capitão ignorou a informação do copiloto de que eles não tinham combustível suficiente para continuar sobrevoando o aeroporto ("Mais 15 minutos vão nos deixar com muito pouco combustível", ele sugeriu timidamente).

No caso do terrível desastre do voo 447 da Air France, que caiu no dia 1º de junho de 2009, indo do Rio de Janeiro para

Paris, levando à morte todas as 228 pessoas a bordo, uma falha técnica inicial transformou-se em uma tragédia quando a equipe altamente experiente tomou uma série de decisões equivocadas depois que o piloto automático desligou, levando a aeronave a mergulhar no oceano.

O fato de hoje em dia esses desastres de avião serem tão raros se deve não especialmente às melhorias técnicas na aviação nem ao *tweet* de 2017 de Donald Trump declarando que ele tornou a aviação mais segura, mas a uma importante medida tomada para reduzir os erros dos pilotos depois de uma série de acidentes particularmente aterradores na década de 1970. Conhecido como *Crew Resource Management* (CRM), trata-se de um programa de treinamento padronizado que determina como os membros da tripulação devem levantar e compartilhar preocupações caso achem que um problema pareça estar ocorrendo. "Ei, capitão, parece que só temos uma hora de combustível sobrando. Que tal eu chamar a torre e pedir um pouso urgente? Você concorda?" é um exemplo do CRM sendo aplicado. Essas poucas palavras, ditas sem agressão nem pânico, expressam abertura, uma expressão de preocupação, um resumo do problema, uma sugestão de solução e um convite a um acordo. A equipe toda é treinada a usar esse formato de cinco pontos. A abordagem cria uma zona psicologicamente segura na qual as pessoas podem expressar abertamente suas inquietações, sem medo de ser criticadas ou ignoradas.

Não é de surpreender que as tripulações mais seguras do planeta tendam a ser as que se conhecem melhor. O psicólogo organizacional Adam Grant salienta que "mais de 75% dos acidentes aéreos ocorrem na primeira vez que uma tripulação voa junta". Ele também observa que, de acordo com uma simulação da NASA, "uma tripulação voando junta pela primeira vez comete mais erros do que uma tripulação privada de sono que acabou de passar a noite inteira trabalhando, mas cujos membros já voaram juntos".[24] A familiaridade com os outros membros da equipe não gera desprezo em ambientes como esses. Pelo contrário, cria uma zona segura na qual as pessoas se dispõem a opinar e questionar as decisões umas das outras.[25] Também ajuda as pessoas a evitar os riscos que a deferência excessiva de algumas hierarquias pode criar. O escritor Malcolm Gladwell, para explicar por que a Korean Air devia ter tido mais acidentes do que qualquer outra companhia aérea no fim dos anos 1990, disse o seguinte: "Quando pensamos em acidentes aéreos, deduzimos: 'Ah, eles devem usar aviões velhos. Devem ter pilotos mal treinados'. Não. A maior dificuldade deles era o legado cultural, a natureza extremamente hierárquica da cultura coreana".

Talvez não seja coincidência, portanto, que uma das pessoas responsáveis por ajudar a melhorar a segurança no sistema de saúde do Reino Unido também tenha sido um piloto de aviões comerciais. Em 29 de março de 2009, Martin Bromiley e seus dois filhos, de apenas 5 e 6 anos, se despediram da esposa dele, Elaine, quando ela entrou numa cirurgia sinusal de rotina. O procedimento era tão simples que, depois de deixá-la no hospital, Martin voltou para casa com as crianças.

O que aconteceu em seguida foi o pesadelo que todos nós tememos. Martin mal tinha chegado à sua casa quando recebeu um telefonema do hospital: "Sua esposa não está acordando da anestesia. Você precisa voltar ao hospital imediatamente". Quando chegou ao hospital, ele foi informado de que a equipe médica teve dificuldade de manter abertas as vias aéreas de sua esposa após a administração do anestésico, e seu suprimento de oxigênio tinha caído para níveis críticos. Uma cirurgia simples tinha se transformado em um desastre médico. Elaine foi levada à UTI com graves danos cerebrais. Ela sobreviveu em coma induzido por alguns dias, até que o hospital sugeriu a Bromiley autorizar o desligamento dos aparelhos. Menos de duas semanas depois de um procedimento de rotina, Elaine Bromiley faleceu.

Por ser um piloto, que conhecia bem os rigores do Crew Resource Management e os procedimentos de análise pós-incidente, Martin Bromiley presumiu que o hospital faria uma investigação completa. No entanto, ele logo descobriu que os hospitais não tinham esses procedimentos incorporados em sua rotina. Graças, contudo, a investigações insistentes, porém respeitosas, de sua parte, o hospital concordou em pedir a um renomado anestesista que desse uma olhada no que acontecera.

O relatório resultante foi muito diferente do que Martin fora levado a acreditar no hospital. Ele havia entendido que a morte de sua esposa tinha sido um trágico acidente. Todavia, de acordo com o relatório, a causa foi o mais simples dos erros, um erro que algumas pessoas da equipe presente na cirurgia tinham identificado, mas não tinham conseguido informar aos membros seniores da equipe. Um grupo qualificado de especialistas com mais de 60 anos de experiência acumulada não conseguiu se comunicar entre si e o resultado foi o falecimento de uma mulher saudável de 37 anos.

Observemos mais de perto o que aconteceu na sala de cirurgia naquele dia. O primeiro sinal de perigo ocorreu 2 minutos após o início da cirurgia, quando o assistente do anestesista observou que as vias aéreas de Elaine pareciam estar entrando em colapso. Existe um procedimento padrão para lidar com essa eventualidade. Como a privação de oxigênio pode levar a danos cerebrais irreversíveis em 10 minutos, o procedimento é "não entubar e não ventilar", mas fazer uma incisão na traqueia e, em seguida, levar o paciente à unidade de tratamento intensivo. Todas as pessoas presentes na sala de cirurgia conheciam o procedimento e, quando perceberam que as vias respiratórias de Elaine tinham entrado em colapso, deveriam tê-la entubado em questão de minutos ou, se esse procedimento falhasse, realizado a traqueostomia assim que possível. Mas o que aconteceu foi que equipe passou 25 minutos tentando entubar Elaine, período no qual seu rosto ficou azulado (um sinal claro de falta de oxigênio) e sua frequência cardíaca caiu perigosamente.

As enfermeiras viram os sinais de alerta: a respiração difícil de Elaine, o tom azulado de seu rosto, sua pressão sanguínea errática, convulsões corporais (outra indicação de que o corpo está em estado de trauma causado por privação de oxigênio), mas a equipe cirúrgica sênior estava tão concentrada em entubar a paciente que ignorou os sinais de perigo. Uma enfermeira ficou tão preocupada que preparou o kit de traqueostomia. Os médicos ignoraram a deixa. De acordo com um relato na revista *New Statesman*: "Outra enfermeira ligou para a unidade de tratamento intensivo e solicitou um leito com urgência. Quando ela informou aos médicos da providência, eles a encararam como se tudo aquilo não passasse de um grande exagero".[26] O anestesista responsável admitiu depois que simplesmente perdera o controle da situação.

Pode até ser verdade, mais o maior problema foi a falta catastrófica de comunicação. Os membros sêniores da equipe, apesar de toda a sua experiência, ignoraram o que os outros estavam dizendo e, no processo, reduziram a inteligência coletiva do grupo. Não é que ninguém tenha dito o que estava errado. Eles chegaram a sugerir maneiras de lidar com o problema (como a enfermeira que preparou o kit de traqueostomia). Mas eles não contavam com a "segurança psicológica" de confiar que poderiam manifestar suas preocupações sem ser ignorados ou criticados.

Na opinião de Martin Bromiley, o hospital vivia num mundo ultrapassado, dominado pela hierarquia. Os cirurgiões eram as figuras dominantes: agressivos, quase sempre homens e pouco abertos a admitir qualquer tipo de fraqueza ou fazer perguntas. Em seguida vinham os anestesistas, aceitando um papel de suporte e dispostos a desempenhar um papel subordinado na sala de cirurgia. Na base da pirâmide estavam os enfermeiros, fundamentais para o sucesso do hospital, mas muitas vezes tratados com grosseria e desdém. Num mundo em que a excelência acadêmica era usada como referência para o valor humano, os enfermeiros não tinham as qualificações específicas que lhes renderiam a estima dos colegas arrogantes.

Todavia, como Martin Bromiley demonstrou tranquilamente, a menos que as equipes se abram a um *feedback* contínuo, seu desempenho será menor que a soma de seus talentos: "Para ser uma organização que aprende, é preciso se abrir a experiências e perspectivas", ele argumenta.[27] As pessoas se dispõem a aceitar os erros porque acham necessário se conformar com as pressões sociais impostas por uma hierarquia fixa. Elas não querem se indispor com ninguém e, principalmente, não querem ser criticadas na frente dos outros. Amy Edmondson, em sua pesquisa, relatou que uma enfermeira confidenciou o seguinte: "eles me fazem me sentir como uma criança de 2 anos" ao informar um erro de prescrição de medicamentos. Outro enfermeiro disse: "[Se você cometer um erro aqui] os médicos arrancam a sua cabeça".[28] As melhores equipes, por outro lado, se dispõem a questionar uns aos outros, não com hostilidade, mas sabendo que suas opiniões serão ouvidas.

É nesse ponto que entra a segurança psicológica. Você precisa saber que é responsável por suas decisões, mas também precisa saber que seus colegas não vão arrancar a sua cabeça quando expressar suas opiniões. Os líderes têm mais poder de expressão devido a sua posição no topo da cadeia alimentar. Os menos experientes, contudo, também precisam ser ouvidos. Eles podem nem sempre ter o controle sobre a vida e a morte de pacientes em um hospital, mas suas opiniões e sugestões são fundamentais para a capacidade de uma organização de tomar boas decisões criativas.

Assim, a segurança psicológica e a afetividade positiva são dois pilares fundamentais para o sucesso de qualquer empreitada. Quando atuam juntos, eles criam o que eu chamo de *Buzz*. E, quando você atinge o *Buzz*, o resultado pode ser mágico e transformador.

Reunindo os elementos do Buzz

Afetividade positiva + Segurança psicológica = *Buzz*

Já deve estar claro que a segurança psicológica e a afetividade positiva podem atuar independentemente uma da outra. Entretanto, é na presença desses dois fatores que os locais de trabalho atingem seu potencial criativo vibrante e energizado. É nesse ponto que o trabalho atinge um estado de *Buzz*.

Na tabela a seguir, você verá um modelo simples demonstrando as diferentes maneiras pelas quais a segurança psicológica e a afetividade positiva podem coexistir. A tabela mostra dois eixos, passando verticalmente da alta à baixa segurança psicológica e horizontalmente da afetividade negativa à afetividade positiva. Optei por não ressaltar os diferentes níveis de afetividade neutra ou negativa. Prefiro me concentrar nos vários e comprovados benefícios do lado positivo.

Vamos observar esses fatores em mais detalhes.

Sobrevivência (baixa segurança psicológica, afetividade negativa/neutra)

É comum em algumas instituições públicas e privadas oferecer aos trabalhadores contratos de trabalho intermitente de baixo benefício. Esses locais de trabalho tendem a restringir os trabalhos individuais a escopos rigorosamente limitados, removendo a autonomia individual e, com isso, qualquer sentimento por parte das pessoas de que elas podem se expressar ou tomar até as decisões mais triviais. Se os trabalhadores recebem alguma autonomia, eles tenderão a ficar tão ansiosos que se entregarão ao que às vezes é conhecido como tomada de decisão defensiva (uma prática que se tornou muito comum nos mundos da medicina e do ensino). O publicitário Rory Sutherland explica: "Um médico sabe que tem mais chances de ser processado por inação do que pela ação. Isso leva intervenções excessivas na medicina. 'Vou prescrever uma cirurgia exploratória neste paciente porque há 1% de chance de ser algo grave'. A cirurgia em si tem seus riscos. Mas pelo menos não vou ser processado por isso. Vou passar o abacaxi para o cirurgião assistente e já não vai ser mais problema meu. Agora, se eu disser ao paciente: 'Vá para a casa, cuide bem do curativo e você vai sarar em três dias...' Tenho certeza de que a prescrição excessiva de antibióticos para crianças está correndo solta por causa desse mesmo efeito".[29]

	Afetividade negativa ou neutra	Afetividade positiva
Segurança psicológica		
Alta	**Labuta** (Condição rara) Expressar-se diretamente, mas sem positividade. Situação encontrada em locais de trabalho que acreditam no poder da transparência radical, mas não em um ambiente acolhedor no local de trabalho. A Labuta também pode ser encontrada em situações nas quais *checklists* e procedimentos de segurança ganham uma prioridade muito alta (por exemplo, na aviação). Ambientes de trabalho que no estado de Labuta são sinceros, porém frios.	**Buzz** Uma combinação de diálogo sincero baseado na confiança e na positividade motivadora sustentada. O Buzz é encontrado em ambientes criativos onde a franqueza e o alto rendimento andam lado a lado.
Baixa	**Sobrevivência** Uma condição muito comum no local de trabalho. "Só faça o seu trabalho sem chamar a atenção." A Sobrevivência envolve fazer o seu trabalho (ou, pelo menos, ser visto fazendo o trabalho) na esperança de evitar exposição a projetos arriscados.	**Isolamento** Uma cultura em que as pessoas acham que serão recompensadas se fizerem grandes realizações individuais, o que desestimula o trabalho em equipe. Essa cultura costuma ser muito politizada e gera um sentimento de insegurança no emprego. Os locais de trabalho que adotam o modelo de "classificação em escala" (stack ranking) para avaliar o desempenho dos funcionários, mas que também oferecem bons benefícios correm o risco de criar essa sensação de Isolamento.

Organizações sindicalizadas também costumam operar em um estado de "Sobrevivência", embora a dinâmica nesse caso seja um pouco diferente. Os trabalhadores estão seguros na medida em que estão protegidos dos caprichos do conselho de administração, mas não estão psicologicamente seguros sem a possibilidade de opinar sobre seu trabalho ou a capacidade de dizer como as coisas poderiam ser gerenciadas de maneira diferente ou melhor. O que acaba acontecendo é que eles podem se sentir profundamente insatisfeitos. E como a segurança no emprego é muito diferente de uma verdadeira confiança, muitas vezes há uma cultura de jogos de poder e um clima de desconfiança mútua. Isso não quer dizer que os trabalhadores não devam se beneficiar da proteção das decisões caprichosas das empresas, mas, devido à maneira como os locais de trabalho sindicalizados se desenvolveram com o tempo, sua força de trabalho pode acabar desmotivada.

Isolamento (baixa segurança psicológica, afetividade positiva)

O pesquisador Kurt Dirks realizou um experimento bastante revelador com grupos de estudantes para analisar até que ponto a confiança afeta a eficácia da equipe. Na primeira parte do teste, os estudantes, divididos em grupos de três, receberam blocos coloridos e foram solicitados a construir a torre mais alta possível em um curto tempo. Uma pontuação foi atribuída às realizações individuais e coletivas. Então Dirks, no entanto, encenou uma intervenção. Para inserir um elemento de dúvida na cabeça dos participantes sobre as motivações dos membros de sua equipe, ele pediu a cada participante que adotasse um traço de personalidade e informou que os outros participantes interpretariam personagens confiáveis ou não confiáveis. Em seguida, pediu para os grupos repetirem o exercício de construção da torre.

O que ele descobriu foi que, mesmo quando as pessoas só encenavam um tipo específico de personalidade, se elas acreditassem que os outros eram menos confiáveis, a dinâmica de construção de torres acabava mudando. Quando foram observados altos níveis de confiança (ou seja, se os participantes foram informados de que os outros estariam atuando como pessoas confiáveis), a construção colaborativa de torres obteve resultados melhores. Quando baixos níveis de confiança foram identificados pelos participantes, as pessoas muitas vezes tiveram um desempenho individual muito bom, mas o resultado da equipe como um todo foi menos impressionante.[30]

O estado de isolamento que descrevi acima não é necessariamente desastroso, especialmente para pessoas que costumam trabalhar sozinhas. Um jornalista, um médico que atende no próprio consultório ou um vendedor que atua em campo nem sempre precisam de uma equipe dinâmica para ter um bom desempenho no trabalho. E a independência que acompanha o isolamento pode ter um enorme valor. No entanto, mesmo nesses casos, algo se perde quando a confiança do grupo desaparece, por mais motivadas que as pessoas possam ser. Se você não trabalha em cooperação com outras pessoas, perderá as ocasiões em que uma solução melhor para um problema ou uma ideia mais criativa poderia surgir trocando ideias com pessoas que pensam como você. E quando as pessoas numa organização trabalham em completa independência, essa organização perderá talentos se essas pessoas saírem porque não haverá aprendizado coletivo: o *know-how* acumulado pelo indivíduo sairá porta afora quando ele se afastar da empresa.

Introdução   233

E, como se tudo isso não bastasse, mesmo se as pessoas estiverem satisfeitas no trabalho, se houver um baixo nível de segurança psicológica, elas não estarão abertas às oportunidades que poderiam levar a grandes avanços. No desejo de evitar riscos, elas tentarão se proteger antes de buscar inovar. Como Rory Sutherland explica: "Às vezes me preocupo com o fato de que muitas pesquisas de mercado na verdade são conduzidas não pelos *insights* resultantes, mas para basicamente defender as pessoas das consequências caso sua ideia dê errado. Um dos problemas do medo é que esse sentimento limita enormemente a imaginação, porque é muito mais fácil ser demitido por ser incoerente do que por não ser criativo".[31] Sutherland diz que é por isso que as pessoas tentam tomar decisões seguras e facilmente compreensíveis em vez de fazer qualquer coisa que possa ameaçar o *status quo*: "Disfarçamos nossas decisões como 'não decisões'", diz Sutherland. "É por isso que comitês enormes são criados, para dar às pessoas a confiança de sentir que elas não serão as únicas responsáveis por uma decisão. O que elas estão fazendo é enterrar a prestação de contas para se distanciar ao máximo das consequências de suas ações. O problema atinge o auge em burocracias pesadas onde, digamos, um ambiente de péssimo funcionalismo público acaba se transformando na regra: 'Não dê mancada e vai ter um emprego para a vida inteira'".

Labuta (alta segurança psicológica, afetividade negativa/neutra)

Poucos locais de trabalho se encaixam nesse perfil e a contradição entre as duas partes da equação é visível. Como alguém pode se sentir seguro e protegido para dar opiniões e sugestões e ao mesmo tempo não trabalhar em um ambiente cordial e motivador? A Bridgewater Associates é um grupo de bancos de investimento de renome internacional criado por Ray Dalio, um homem que passa um bom tempo em seu livro *Princípios* separando recortes de jornal que o denominavam "o Steve Jobs do mundo do investimento". Dalio acredita que o segredo do seu sucesso é usar dados para avaliar todos os aspectos do processo de investimento, chegando a pedir aos membros da equipe para dar notas aos participantes das reuniões, incluindo o próprio Dalio. "Ray, você merece um 'D–' pela sua performance na reunião", é o e-mail que Ray ostenta orgulhosamente como uma prova de que essa cultura segue forte em sua organização.

O fato de que, ao longo do livro, em entrevistas e em um TED Talk, Dalio faz questão de recontar essa história já basta para acionar o alarme de fumaça. Até hoje Dalio não contou uma história sequer de uma nota baixa recebida por ele. Se dermos uma olhada mais a fundo, não posso deixar de pensar que quaisquer benefícios potenciais dessa sinceridade brutal tendam a ser mais do que compensados pelo clima de hostilidade que parece coexistir com ela. A alta rotatividade de pessoal da Bridgewater Associates aponta para isso. A empresa simplesmente não parece um lugar muito divertido para trabalhar. A labuta diária de franqueza direta de fato ajuda a equipe a ter conversas francas, mas, na ausência da afetividade positiva, muitas pessoas acabam decidindo que "a vida é muito curta para isso" e procuram outro lugar para trabalhar.

Como regra geral, a afetividade neutra e a segurança psicológica só podem coexistir quando a organização se empenhou muito para garantir a última sem se dar ao trabalho de criar um ambiente cordial. O CRM na aviação levou, por exemplo, à adoção de procedimentos de segurança no montanhismo e diretrizes operacionais em alguns hospitais. Esses procedimentos são espécies de grades que setores e organizações esclarecidos implementam para garantir a segurança independentemente das pessoas (e dos egos) envolvidas.

Buzz (alta segurança psicológica, afetividade positiva)

Equipes animadas e que também têm a liberdade de dizer o que pensam são invencíveis. As ideias fluem. Parece que nenhum obstáculo é intransponível. Esse é o estado do *Buzz*, uma combinação de segurança psicológica e afetividade positiva.

Naturalmente, é mais fácil falar do que fazer. Não é fácil obter esse equilíbrio de conversas francas e entusiasmo direto, exigindo esforço e monitoramento constantes. Se um dos dois componentes variar um pouco, os benefícios desaparecerão rapidamente. No entanto, isso não quer dizer que não vale a pena almejar esse objetivo ou que ele não seja possível.

Em seu maravilhoso livro sobre a história da Pixar, o atual presidente da empresa, Ed Catmull, descreve um método extremamente eficaz que eles descobriram para dar um *feedback* sincero aos gestores seniores (segurança psicológica) ao mesmo tempo em que o maravilhoso efeito da afetividade positiva que permeava a cultura original da empresa era mantido. Eles criaram uma reunião de avaliação que batizaram de Braintrust. Como Catmull explica no livro *Criatividade S.A.*, o objetivo é "colocar pessoas inteligentes e empolgadas juntas numa sala, encarregá-las de identificar e resolver problemas e incentivá-las a ser francas". No entanto, eles criaram regras muito claras para garantir que a franqueza não se tornasse destrutiva (pelo contrário, Catmull diz que os resultados têm sido "fenomenais"[32]). Uma das regras mais importantes é que a autoridade do projeto (e do líder do projeto) jamais deve ser prejudicada. Todo o pessoal da Pixar é convidado para ver cenas não editadas de um filme no qual a empresa está trabalhando (os croquis ou a primeira versão de uma cena) e solicitado a identificar problemas e falar com franqueza. "Qualquer pessoa pode fazer comentários sobre o *storyboard* ou a cena, mas não pode fazer sugestões. As observações coletadas no Braintrust têm como objetivo identificar as verdadeiras causas dos problemas, não se sair com uma solução específica." E como é fácil, seja no trabalho, seja na vida, pegamo-nos entrando no modo de resolução de problemas... Gostamos de dizer às pessoas o que elas devem fazer. No entanto, o Braintrust evita isso. Nada de soluções, apenas comentários. É assim que a Pixar garante que o diálogo franco não acabe destruindo a energia criativa da afetividade positiva.

Quando Bob Iger liderou a aquisição da Pixar pela Disney, ele levou a equipe de liderança da empresa Pixar para ensinar a aplicar a abordagem do Braintrust aos filmes da Disney (embora, na Disney, a abordagem seja chamada de Story Trust).[33] O processo ajudou a criar alguns momentos mais marcantes do cinema. No caso da Disney, permitiu que a princesa Elsa encontrasse seu final feliz no sentimento de irmandade e amor de sua irmã, em vez de no chato vendedor de gelo Kristoff. Antes de o Story Trust entrar em cena, Anna e Elsa não eram nem irmãs.[34] O método do Story Trust ajuda a levantar alguns possíveis problemas, mas deixa à equipe a possibilidade de aplicar a própria criatividade para resolvê-los.

Criar um ambiente que encoraja a fazer perguntas difíceis não significa que o clima resultante seja negativo. Como explica Barbara Fredrickson, "Com a segurança psicológica, as pessoas sabem que ninguém será punido ou humilhado por erros, perguntas ou pedidos de ajuda", e é o que acontece quando as pessoas recebem os comentários com um espírito construtivo e são inspiradas a fazer seu melhor trabalho. Na seção sobre o *Buzz,* que se segue, vamos analisar métodos para ajudá-lo a promover esse equilíbrio em seu trabalho. De acordo com Fredrickson, a regra básica é que todos devem poder fazer perguntas e expressar dúvidas: "Preciso saber o que vocês acham porque tenho grandes chances de deixar passar algumas coisas".

A maioria de nós enfrenta pequenos riscos no trabalho todos os dias. Quer estejamos fazendo uma recomendação ou vendendo uma ideia a alguém, estamos colocando nossa reputação em risco, mesmo se não for uma questão de vida ou morte. O medo de errar pode mudar toda a nossa abordagem ao trabalho. Se formos especialmente paranoicos, viveremos com medo de ser demitidos (ou de sermos processados, em certas profissões). A confiança de que estamos seguros nos levará a fazer um trabalho melhor.

Outro dia alguém me contou de um executivo relativamente novo numa famosa empresa de tecnologia que teve de falar aos funcionários na ausência de Jerry, o gestor normalmente encarregado de fazer isso. "Se a situação não melhorar logo, Jerry vai se ver no olho da rua", ele declarou, em resposta a uma pergunta. Suspeito que, se o chamássemos para comentar o vídeo pós-jogo daquele momento, ele nos diria que foi só uma piada para quebrar o gelo. Pode até ter sido. No entanto, a diferença entre a mensagem *enviada* e a mensagem *recebida* é enorme, e esse abismo pode levar a um pântano purulento de fofocas, rumores e dúvidas. Mesmo se fosse uma piada, aquele executivo sênior mostrou à equipe que não havia lugar para a segurança psicológica naquela empresa.

Algumas empresas usam essa abordagem como uma estratégia consciente. A "Netflix Culture Deck", uma apresentação de PowerPoint que revela a cultura da empresa, tornou-se uma sensação quando foi postada pela primeira vez na Internet em 2009 em virtude de uma franqueza sem precedentes. Como o documento deixa claro, se os funcionários da Netflix fizerem um trabalho *razoavelmente* bom, eles podem ter certeza de que não serão demitidos: "O desempenho adequado dá direito um generoso pacote de indenização".[35] Essa é uma das razões pelas quais a ex-diretora de talentos da Netflix, Patty McCord, recusou-se a usar a palavra "família" para referir-se às melhores equipes. Mesmo se a ceia de Natal for uma droga, você não vai demitir a sua mãe; seu irmão pode entrar em casa com os sapatos cheios de barro, mas ele não vai ser excluído do grupo de WhatsApp da família. Sabemos que nossos chefes e colegas não são nossa família, mas para termos segurança psicológica, precisamos saber que as pessoas nos aceitarão sem preconceitos e sem risco de rejeição. Como a segurança psicológica é um *nirvana* tão difícil de atingir, algumas empresas optam por nem se dar ao trabalho de tentar.

É verdade que não é nada fácil alcançar o estado de *Buzz*, mas, quando uma empresa consegue atingir a combinação de segurança psicológica e afetividade positiva, os resultados são espetaculares. Apresentamos, a seguir, algumas maneiras comprovadas de levar o *Buzz* à sua equipe.

Buzz 1

Veja o trabalho como um problema a ser resolvido

Em apenas seis anos, entre 2008 e 2014, a gigante dos celulares Nokia sofreu uma das guinadas mais espetaculares da história corporativa. Com cerca de 40% de participação no mercado global (mais do que o dobro do concorrente mais próximo), a empresa parecia ter firmado uma posição incontestável. É verdade que o iPhone, o Android e o BlackBerry estavam desgastando o domínio da Nokia nos segmentos de celulares de luxo, celulares básicos e celulares empresariais. No entanto, o colosso finlandês estava confiante de que seu novo sistema operacional Symbian faria os concorrentes fugirem com o rabo entre as pernas. Foi quando tudo deu errado.

O problema, de acordo com André Spicer, professor da Cass Business School, foi fácil de identificar: o Symbian era uma droga. Era lento e parecia gerações atrás do novo iPhone da Apple. A equipe da Nokia estava plenamente ciente de que o sistema era terrível. A categoria de smartphones estava em plena explosão de inovação e a oferta da Nokia não era competitiva. Mesmo assim, eles decidiram não dizer nada. Spicer explica por quê: "Eles tinham medo de levar as más notícias ao topo da hierarquia", ele escreve, "porque não queriam parecer pessimistas. A mensagem que eles receberam da alta administração foi: se vocês quiserem manter sua divisão aberta, é obrigatório que sejam otimistas e só transmitam boas notícias".[1] O que acabou acontecendo foi que, em 2014, com uma queda de quase três quartos da participação de mercado da Nokia, a empresa mal conseguia sobreviver com celulares básicos e tinha sofrido uma derrota fenomenal no mercado de smartphones. Naquele mesmo ano, a empresa antes pioneira foi vendida para a Microsoft em seu último suspiro.[2]

Às vezes achamos mais fácil *ir na onda*, mesmo quando suspeitamos de algum problema. É tudo uma questão de como vemos o desafio diante de nós.

Se o nosso objetivo for manter os chefes felizes, vemos o desafio em termos de como eles vão reagir e acabamos perdendo o foco. Se, por outro lado, virmos o desafio como um problema que todos precisamos resolver (com um grau de humildade e abertura), teremos muito mais chances de sobreviver ao problema. Esse enquadramento, como o termo sugere, tem o poder de mudar completamente a maneira como vemos as coisas. Amy Edmondson chegou a sugerir que a abordagem pode salvar vidas. Ela argumenta, por exemplo, que a razão pela qual o neurologista e psiquiatra austríaco Viktor Frankl conseguiu sobreviver aos horrores de Auschwitz foi o fato de ele ter enquadrado sua experiência em termos de registrar as histórias de coragem que observava e sobreviver para contá-las ao mundo.[3] Laurence Gonzales, que passou anos estudando sobreviventes de desastres terríveis, concluiu que as chances de sobrevivência dependeram muito da maneira como eles enquadraram a situação. De acordo com os sobreviventes, os companheiros que viram a situação como um infortúnio injusto tiveram dificuldade de resistir e muitas vezes sucumbiram. Os que viram a situação como um problema que precisavam resolver com humildade e abertura tiveram muito mais chances de sobreviver.[4]

Um estudo conduzido por Edmondson sobre cirurgias cardíacas em alguns dos maiores hospitais dos Estados

Unidos ilustra bem esse ponto. Até não muito tempo atrás, o procedimento padrão usado pelos cirurgiões era ao mesmo tempo eficaz e bastante brutal: a caixa torácica do paciente era aberta para dar acesso ao coração. Desde 2009, contudo, uma técnica foi criada para dar acesso ao coração *entre* as costelas, resultando em uma cirurgia minimamente invasiva.[5] A vantagem dessa abordagem é que, naturalmente, por ser muito menos invasiva, o tempo de recuperação é acentuadamente reduzido. No entanto, essa abordagem também é muito mais complexa: o cirurgião acessa o coração não diretamente como antes, mas através de artérias e veias da virilha. "A maior dificuldade [do novo método]", disse um enfermeiro, "é que não dá para ver o que está acontecendo. Se uma artéria for perfurada ou ocorrer algum problema, nós não temos como ver. Todavia, com o peito aberto, dá para ver."

A equipe que desenvolveu a nova abordagem estimou que cirurgiões experientes precisariam executar a nova técnica cerca de oito vezes antes de se familiarizarem com ela. Na verdade, a maioria das equipes levou 40 cirurgias para dominar o procedimento.

Entretanto, o que é interessante no contexto do enquadramento é que o nível de sucesso e a velocidade do aprendizado tinham uma grande correlação com a maneira como as equipes cirúrgicas abordavam o desafio. Algumas equipes adotaram o método *top down* (de cima para baixo) clássico, no qual o cirurgião-chefe assumia a liderança e os outros observavam. Muitas vezes o cirurgião-chefe se recusava a usar uma câmera na cabeça (que permitiria que os outros vissem o que ele estava fazendo, mas não oferecia benefícios diretos para o próprio cirurgião) e relutava em discorrer sobre o que exatamente estava acontecendo (eles tendiam a redirecionar as perguntas aos cirurgiões assistentes presentes).

Outras equipes, no entanto, optaram pelo que Edmondson denominou "abordagem de aprendizagem", muitas vezes depois de terem tentado sem sucesso a abordagem *top down*. Com a "abordagem de aprendizagem", o cirurgião-chefe escolhia um substituto e delegava a seleção do restante da equipe aos chefes dos vários campos relevantes. Ao realizar a cirurgia usando a nova técnica, o cirurgião-chefe enfatizava que não seria fácil, mas, em vez de enquadrar o desafio puramente em termos pessoais ("Eu preciso dominar esta técnica"), ele o tratava como um desafio a ser superado pela equipe, discorrendo sobre os meandros do que estava prestes a acontecer e deixando claro que todos tinham um papel a desempenhar ("Cabe a você o sucesso desta cirurgia", um cirurgião disse).

Depois de 20 cirurgias empregando o novo procedimento, o cirurgião da abordagem *top down* comentou: "Parece que não estamos melhorando muito". E o que acabou acontecendo foi que, pouco depois, o hospital da abordagem *top down* abandonou completamente a abordagem inovadora. Os que adotaram a abordagem de aprendizagem, por outro lado, passaram a desfrutar de um enorme sucesso. Após 40 cirurgias, o cirurgião-chefe da abordagem de aprendizagem passou a aceitar casos ainda mais difíceis. Edmondson também observou o entusiasmo e a motivação das equipes. "Os pacientes se recuperam tão bem", relatou uma enfermeira. "É uma experiência muito gratificante. Foi muita sorte eu ter sido escolhida." Além disso, a equipe desenvolveu um grande entrosamento. "Ele é um cara muito acessível", disse um membro da equipe sobre o cirurgião-chefe. "Ele fica na sala dele, perto de onde trabalhamos. Ele pode levar um tempão explicando alguma coisa e nunca faz você ter vergonha de perguntar." "O clima é de liberdade e abertura e todo mundo pode contribuir", disse uma enfermeira. Ninguém se comportava como se soubesse todas as respostas. O cirurgião-chefe usava a câmera para ajudar a equipe, pedia *feedback* e incentivava perguntas de todos.

O entrosamento criado na sala de cirurgia também contagiou a enfermaria. Todos os envolvidos acabaram se motivando com um senso concreto de propósito ("Estamos fazendo isso para ajudar os pacientes") e com a chance de aprender juntos a resolver os problemas.

É claro que a maioria de nós raramente se depara com situações de vida ou morte como essas. No entanto, essa técnica de enquadramento estudada por Edmondson pode ser aplicada em todos os contextos. Em vez de ver as coisas em termos estreitos ou pessoais, precisamos ter uma visão mais ampla da situação: "Diga a si mesmo que o projeto é diferente de tudo que você já fez antes e apresenta uma oportunidade desafiadora e empolgante de testar novas abordagens e aprender com elas", Edmondson aconselha. Ao fazer isso, também perceberemos rapidamente que precisamos da ajuda de uma equipe. "Veja a si mesmo como um elemento de importância vital para um bom resultado e, ao mesmo tempo, incapaz de atingir o sucesso sozinho, sem a participação voluntária dos outros." É nesse ponto que entra a segurança psicológica que vimos acima (veja p. 221). Enquadrar desafios e problemas, em termos de uma equipe, significa garantir que todos os integrantes dessa equipe sintam-se capazes de expressar-se livremente, sem medo de ser ridicularizados, menosprezados ou criticados. Amy Edmondson sugere três maneiras para garantir isso. Em primeiro lugar, para "enquadrar o trabalho como um problema de aprendizagem, não como um problema de execução", precisamos incluir um senso de incerteza. Muitas vezes, no trabalho, achamos que temos de demonstrar convicção e certeza e tendemos a supor que a pessoa que oferece uma resposta clara e inequívoca está sempre certa. Todavia, se realmente quisermos progredir, precisamos partir da premissa de que não sabemos todas as respostas e que precisamos da contribuição de todos.[6] Aliado a isso entra o segundo conselho de Edmondson: devemos reconhecer nossa própria falibilidade. Os líderes devem praticar dizer ao grupo: "Preciso saber o que vocês acham porque tenho grandes chances de deixar passar algumas coisas". São comentários como esse que convidam as pessoas a se manifestar. E, em terceiro e último lugar, Edmondson diz que devemos demonstrar curiosidade abertamente e encorajar os outros a fazer o mesmo.[7]

Como vimos no caso do hospital *top down* da pesquisa de Edmondson, é dificílimo atingir a segurança psicológica. Se bastasse ter qualificações acadêmicas e intelecto, aquela experiente equipe jamais teria fracassado. No entanto, atingir esse estado depende de cultivar um senso de abertura e humildade. Nossa reação natural no trabalho e na vida é avançar em direção à certeza. Temos uma sensação de segurança quando alguém parece ter as respostas. Todavia, no estado de segurança psicológica, as equipes precisam revelar incertezas e expressar suas dúvidas. Pode causar estranheza no começo, pode parecer que estamos deliberadamente criando instabilidade, mas isso reforçará a confiança entre os membros da equipe.

DICAS PARA FAZER A SEGUIR:

» Tente usar uma reunião semanal da equipe para conversar sobre o objetivo final que vocês estão tentando atingir juntos.

» Pratique dizer "Não sei" (e incentive os outros a fazer o mesmo).

» Não tenha medo de ver as coisas de uma perspectiva diferente. "O que poderia dar errado aqui?" é uma pergunta que pode levar a valiosas lições.

» Incentive os membros da equipe a ver juntos algo completamente novo e faça algumas perguntas sobre cada componente. Deixe claro que se trata de um exercício de descoberta, não de opinião. A ideia é criar uma lista de perguntas para explorar algo juntos.

Buzz 2

Admita quando pisar na bola

Já vimos como é fundamental ter uma atmosfera positiva no trabalho e as maneiras pelas quais esse estado de *Buzz* se irradia para inspirar e motivar as pessoas. No entanto, você precisa tomar muito cuidado com como cria esse estado. Nunca é uma boa ideia obrigar as pessoas a sentir-se de um ou outro jeito. Tudo o que isso faz é convidar ao ceticismo. Você não pode mandar as pessoas ser felizes ou se divertirem no trabalho. No entanto, você pode criar um ambiente propício ao desenvolvimento de um clima positivo (veja as Sincronias 4 e 5, por exemplo).

O mesmo se aplica à criação da cultura de abertura e do *feedback* franco que todas as empresas dizem desejar. Temos razões para desconfiar de organizações que incluem "abertura" e "franqueza" em sua declaração de valores, mas não explicam como isso é feito na prática. (Apesar de todo o setor financeiro defender o direito das pessoas de revelar evidências de fraudes, o órgão regulador de serviços financeiros do Reino Unido e o Barclays Bank conquistaram merecidamente a ira de muitos comentaristas quando o CEO da Barclays, Jes Staley, só recebeu um tapinha nas mãos por tentar agressivamente desmascarar um denunciador que tentou fazer justamente isso.[1]) Todavia, para as equipes que realmente desejam atingir essa franqueza, existe uma maneira relativamente simples de dar *feedback* sem causar danos colaterais.

Um tempo atrás, tive o privilégio de passar um tempo com Jonathan, um líder de esquadrão das Forças Especiais do

Reino Unido. (Eu esperava entrevistá-lo no meu *podcast*, mas o sigilo que necessariamente envolve essas forças militares de elite — e o medo de que sua identidade pudesse ser revelada usando um *software* de reconhecimento vocal — infelizmente impossibilitou a entrevista.) Os integrantes das Forças Especiais não só são submetidos a um rigoroso processo de seleção (a taxa de fracasso no regime de seleção é de mais de 90%), mas também são inculcados com um conjunto muito forte de valores. No entanto, esses valores, como Jonathan explicou, embora comuns à instituição como um todo, são regularmente reforçados por outras normas exclusivas a equipes específicas. Esses valores locais tendem a ser definidos no nível do esquadrão, não impostos de cima para baixo. Assim, segundo ele, os valores parecem mais naturais e autênticos. Essas resoluções coletivas agem para complementar valores militares atemporais, como "dignidade" e "disciplina", ou o espírito das Forças Especiais de uma busca incansável pela excelência.

Costuma-se acreditar que o exército se fundamenta em hierarquias e comandos. No entanto, seu lema, "Servir para liderar", sugere algo um pouco mais sutil e Jonathan tentou me explicar que não é certo pensar que "nas forças armadas tudo que fazemos é dar ordens". "Na verdade", ele disse, "sempre que precisamos dar uma ordem direta, temos de rever nossos fracassos até aquele momento." Ele explica: "Se dermos uma ordem que não será cumprida, temos de nos perguntar até que ponto isso não é um problema de liderança. Nosso dia a dia no exército não é caracterizado por uma abundância de ordens. A liderança não se sustenta por ordens no longo prazo".

E talvez em nenhum outro lugar a falácia de uma simples estrutura de comando *top down* seja demonstrada com mais clareza do que quando se trata de dar um *feedback* regular, ou, no termo usado por Jonathan, o *hot debrief* diário. Ele me contou que, quando estava baseado em Camp Bastion, na província afegã de Helmand, os soldados saíam todos os dias do acampamento empoeirado para patrulhar a área e travar combate, quando necessário, com o inimigo. Quando voltava à base, o líder da equipe liderava uma revisão dos acontecimentos das horas anteriores. "A liderança sabe que um dos sinais mais claros de que todos podem sentir-se seguros para se expressar é ser franco em relação ao próprio desempenho", ele me disse. "Ao dizer algo como 'Se eu tivesse de fazer aquilo de novo, eu teria feito isso e aquilo', ajuda os outros integrantes do esquadrão a ficar mais à vontade expressando as próprias observações." Jonathan teve o cuidado de esclarecer que a intenção dessa prática não era fazer um *mea culpa* formal, mas simplesmente abrir um diálogo franco no qual todos reconheciam a própria contribuição, positiva ou não.

Depois dessa introdução, as pessoas participavam de uma conversa mais ampla sobre melhorias operacionais que poderiam ser feitas no futuro. A sessão de *hot debrief* não é muito longa, mas acaba sendo cansativa e todos têm a chance de dizer o que pensam: "Normalmente, não leva mais que 10 a 15 minutos". A sessão é feita com os soldados ainda usando o uniforme completo, deixando claro que a ideia era falar brevemente sobre os acontecimentos recentes. Para encerrar a sessão, o líder resume o que acabou de ser dito e descreve o que o esquadrão fará de outra forma no futuro.

É um procedimento bastante simples, mas contém vários elementos que fazem com que seja altamente eficaz. Para começar, a sessão é imediata, sem qualquer intervalo entre a conclusão de um dia de trabalho e a avaliação dos eventos. Jonathan deu uma sugestão de como isso poderia

Admita quando pisar na bola   249

ser aplicado ao mundo civil: "É comum sairmos de reuniões ou apresentações para os clientes, que são uma versão empresarial das nossas missões, e não termos tempo de conversar sobre o que aconteceu. Reservar 15 minutos para uma sessão de considerações finais pré-planejada antes de ir para casa nos permitiria ter uma ideia mais clara dos acontecimentos. Se esse tipo de coisa não for planejada, tendemos a nos limitar a trocar algumas palavras por e-mail e, quando chegar a hora de falar sobre o resultado, teremos a chance de dar exemplos específicos e a coisa toda já ficou enterrada na nossa memória. 'Deu tudo certo' é o máximo que podemos afirmar com convicção". Um *hot debrief*, por outro lado, é feito imediatamente depois.

Em segundo lugar, todos, especialmente o oficial em comando, falam sobre os erros e o que acham que poderiam melhorar da próxima vez. "Admitir que pisamos na bola é um componente muito eficaz do aprendizado", disse Jonathan. "O treinamento é tudo para nós." Ele conta que as unidades militares de elite aprendem a fazer o básico com excelência para se preparar para eventuais ocorrências. "Passamos anos nos preparando. Um curso de um ano na [Real Academia Militar de] Sandhurst não é considerado um treinamento, é só uma parte do processo de seleção." "É por isso que concordamos com os Seals da Marinha dos Estados Unidos quando eles dizem: 'Sob pressão você não se eleva à altura dos acontecimentos, você afunda ao seu nível de treinamento'", ele concluiu.

Também é importante evitar o confronto ao expressar ideias e opiniões para desenvolver a confiança entre os membros do grupo, aquela crença importantíssima de que os membros da equipe 'farão a coisa certa sob pressão'. E, como as pessoas confiam umas nas outras, é possível "delegar decisões ao nível mais baixo possível... Confiamos que, se um esquadrão for bem preparado, eles terão as mesmas condições do que qualquer pessoa para tomar a decisão correta".

Não são só os militares que mobilizam o poder dos *hot debriefs*. As melhores equipes esportivas usam uma abordagem semelhante, aproveitando qualquer intervalo em um jogo para falar sobre o que está dando certo, o que não está dando certo e a melhor maneira de se adaptar à situação.[3] A abordagem também funciona nos negócios. A pesquisadora Connie Gersick descobriu que, no ponto médio de projetos com prazo apertado, os membros da equipe costumavam apresentar mais disposição para questionar os próprios métodos e reavaliar o plano. Ela acredita que, assim como o intervalo intermediário em um jogo esportivo é o melhor momento para fazer uma reavaliação estratégica (muitos esportes fazem um intervalo exatamente no meio do jogo), o momento intermediário em projetos de hospitais, bancos, consultoria de gestão e universidades poderia ser ideal para um valioso momento de reflexão coletiva.[4]

Um *hot debrief* possibilita à equipe fazer uma pausa e avaliar com franqueza os últimos acontecimentos. Neste nosso mundo implacavelmente veloz, reservar um tempinho para dizer "aconteceu aquela coisa e sinto muito por ter pisado na bola" tem um poder incrível. Um pedido de desculpas demonstra vulnerabilidade e cria um ambiente no qual a segurança psicológica pode criar raízes, com todas as vantagens resultantes.

DICAS PARA FAZER A SEGUIR:

- » Fale imediatamente sobre as dúvidas e os problemas.
- » Certifique-se de que o líder comece dizendo o que ele fez de errado ou poderia ter feito melhor.
- » Incentive todos a se manifestar.
- » Nunca diga "Desculpe, mas..." Esse é o contrário de um pedido de desculpas. Se você esconde uma justificativa atrás de um pedido de desculpas, é hora de crescer e começar a ser sincero.

Buzz 3

Mantenha as equipes enxutas

Quando os alunos perguntaram a Stanley Eisenstat, um professor da Yale, quanto tempo o curso demandaria, ele não fazia ideia. Ele ficou curioso e, desejoso de orientar seus alunos de graduação, decidiu investigar e descobrir exatamente quanto tempo os estudantes estavam levando para fazer as tarefas que ele lhes passava. Ele ficou absolutamente surpreso com o que descobriu. Constatou que alguns alunos conseguiam concluir as tarefas em um décimo do tempo que outros alunos estavam levando. Não era necessariamente porque os primeiros alunos eram mais capazes: eles eram simplesmente mais eficientes. Além disso, ele não encontrou qualquer correlação entre o tempo gasto na tarefa e as notas recebidas.

As descobertas de Eisenstat deixaram o desenvolvedor de *software,* Jeff Sutherland, tão intrigado que ele decidiu aplicar a mesma investigação ao mundo do trabalho. Se um aluno rápido é capaz de completar as tarefas dez vezes mais rápido do que um aluno lento, ele se perguntou, até que ponto uma equipe eficiente seria capaz de entregar um projeto mais rapidamente do que uma equipe menos eficaz? Se a resposta também fosse dez, as equipes mais rápidas fariam em uma semana o que uma equipe lenta levaria dois meses e meio (um diferencial preocupante e que, em grande escala, teria um impacto considerável na produtividade de diferentes empresas). Sutherland analisou estudos cobrindo 3.800 projetos diferentes, variando de projetos de contabilidade, desenvolvimento de *software* e projetos de tecnologia em empresas como a IBM. E descobriu que o fator de dez estava muito longe da realidade. Ele constatou que, ao incluir a complexidade das equipes, conversas, apresentações, discussões sobre o status do projeto, e-mails e avaliações, o tempo gasto em um projeto mal organizado parecia aumentar exponencialmente. "Na verdade, a equipe lenta não levava dez semanas para fazer o que a melhor equipe poderia fazer em uma semana", concluiu Sutherland. "Na realidade, ela levava *2 mil* semanas".

Você teve de reler este último parágrafo, não é mesmo? Não pode ser verdade. O que você deixou passar? A diferença de 2 mil vezes entre as melhores e as piores equipes é tão absurda que a princípio parece difícil acreditar que possa ser verdade. No entanto, pense em alguns dos grandes projetos de construção civil sobre os quais lemos nos jornais praticamente todos os dias. Por que o projeto X pareceu ter ido tão bem e conseguiu ser concluído dentro do orçamento? E, por que, por outro lado, o projeto Z pareceu paralisado desde o início e acabou custando uma fortuna? E por que (até Jeff Sutherland e seus colegas entrarem em cena) os projetos de *software* eram famosos por viver em atraso, estourando o orçamento e entregando resultados de baixa qualidade?

Complicamos tanto o trabalho que até projetos simples ("crie o *design* para um *logo*", "faça uma nova apresentação para os clientes", "desenvolva um novo processo de pedidos para o site") acabam paralisados em meio a um mar de complexidade e procrastinação. Ficamos presos em intermináveis reuniões de avaliações e discussões, ou vítimas da tomada de decisão defensiva mencionada por Rory Sutherland (que não tem nenhum parentesco com Jeff, p. 230).[1]

Foi o choque de Jeff Sutherland ao constatar o desempenho sofrível de tantas equipes que o levou a criar uma nova metodologia que ele batizou de Scrum. O modelo Scrum é um sistema (um pouco parecido com as abordagens "ágeis" que se seguiram) que empodera pequenas equipes de desenvolvedores para trabalhar em colaboração tendo em vista atingir um objetivo em comum. Inicialmente, a abordagem foi empregada para lidar com atrasos em projetos complexos de *software* e hoje é usada por algumas das maiores empresas de desenvolvimento da Internet (incluindo o Google e o Facebook). No entanto, sua aplicação também se estende a outros setores, desde os militares dos Estados Unidos (onde, entre outras coisas, é usada para construir navios de guerra) até organizações como a BBC (emissora pública de rádio e TV do Reino Unido) e a BT (empresa de telecomunicações britânica).[2] O modelo se espalhou tanto simplesmente porque os resultados falam por si sós: "As equipes que conseguem adotar o sistema Scrum são capazes de atingir o que chamamos de 'hiperprodutividade'", Sutherland explica. "Pode ser difícil de acreditar, mas é comum vermos uma melhoria de produtividade de 300% a 400% nos grupos que implementam bem o Scrum. As melhores equipes podem atingir aumentos de produtividade de até 800% e replicar esse sucesso vez após vez. Elas também acabam mais do que dobrando a *qualidade* do trabalho."

Não vou entrar em detalhes sobre a metodologia Scrum aqui, além de dizer que basicamente a abordagem envolve encontros regulares dos membros da equipe para rever quaisquer atrasos, priorizar as tarefas urgentes e depois concordar em concluir rapidamente as tarefas prioritárias (em "um *sprint*", normalmente entre uma semana e um mês). No entanto, vale a pena mencionar dois aspectos específicos. O primeiro é basicamente uma imagem invertida do *hot debrief* que vimos no *Buzz* 2. Um *hot debrief* é uma espécie de *post-mortem*, conduzida logo após o evento ou projeto a ser avaliado. Já a reunião de Sutherland é uma espécie de *pre-mortem* (veja o *Buzz* 9), conduzida todos os dias no mesmo horário e concebida para dar às pessoas um *feedback* rápido sobre o andamento do projeto e as áreas que requerem atenção especial. A sessão não precisa levar mais que 15 minutos e, como o *hot debrief*, deve envolver uma série de perguntas diretas que levarão a respostas simples e executáveis. O que você fez ontem para ajudar a equipe a terminar o *sprint*? O que você fará hoje para ajudar a equipe a terminar o *sprint*? Quais obstáculos a equipe está encontrando?

A outra característica marcante do Scrum é sua ênfase no tamanho da equipe. Apesar de ser tentador enviar mais pessoas para resolver um problema, é comum essa atitude sair pela culatra. Sutherland acredita que é melhor manter as equipes o mais enxutas possível, de preferência cerca de sete pessoas, mais ou menos uma ou duas. Para justificar essa sugestão, ele cita a Lei de Brooks (cunhada pelo engenheiro de *software* americano Fred Brooks em 1975), que afirma que "incluir recursos humanos em um projeto de *software* atrasado o atrasa ainda mais".

A maioria de nós já se viu na situação clássica em que parece mais fácil fazermos nós mesmos o trabalho do que gastar tempo explicando o que fazer a alguém. No entanto, o argumento de Sutherland em favor de equipes pequenas vai mais fundo. O problema de incluir uma pessoa em uma equipe, ele argumenta, é que isso multiplica as linhas de comunicação. Existe até uma fórmula para isso. Sutherland diz: "Se você quiser calcular o impacto do tamanho do grupo, pegue o número de pessoas da equipe, multiplique por "esse número menos um" e divida por dois" (Canais de comunicação = $n(n-1)/2$). Ou, para simplificar:

Tamanho da equipe	Canais de comunicação
5 pessoas	10
6 pessoas	15
7 pessoas	21
8 pessoas	28
9 pessoas	36
10 pessoas	45

Quando o tamanho da equipe é avaliado à luz do número de canais de comunicação envolvidos, os problemas inerentes a uma grande equipe ficam imediatamente claros. De repente, as pessoas passam a sentir-se sobrecarregadas, o que pode facilmente levar à confusão. Nas palavras de Sutherland: "Nosso cérebro simplesmente não consegue acompanhar tantas pessoas ao mesmo tempo. Não sabemos o que todos estão fazendo e desaceleramos para tentar descobrir". Isso vale não só para grupos trabalhando em um projeto específico, mas para todo tipo de encontros no trabalho. As reuniões, por exemplo, inevitavelmente desaceleram quando envolvem mais pessoas do que o necessário. É tentador ser inclusivo, mas o perigo é transformar o que poderia ter sido uma conversa presencial de 5 minutos ou uma atualização de 10 minutos em uma apresentação de uma hora com slides intermináveis e tempo para perguntas com o grupo inteiro de pessoas. No decorrer de sua carreira, Sutherland observou milhares dessas reuniões. Quanto maiores e mais formais são as coisas, mais multiplicamos o tempo consumido por atividades simples: "Reuniões que poderiam ser feitas em minutos agora levam horas".

Para Patrick Lencioni, um *coach* de renome internacional que orienta algumas das equipes de gestão de negócios mais seniores do mundo, esse princípio fundamental precisa se estender ao topo das organizações. Se grandes equipes de projeto são ineficientes, as grandes equipes de gestão também são. E, na opinião de Lencioni, o próprio tamanho da equipe também pode impedir seus membros de questionar o poder. A segurança psicológica que vimos acima (veja p. 221) tem mais chances de ocorrer em um pequeno grupo no qual as pessoas sentem que podem questionar com segurança as opiniões do líder (no caso, o CEO) se considerarem necessário. Se as pessoas não puderem fazer isso, Lencioni observa, elas tendem a descarregar suas frustrações nos subordinados, muitas vezes na forma de comentários sarcásticos que têm um efeito corrosivo. Elas fazem isso em parte porque, em vez de se considerarem membros da equipe de gestão, elas acham que sua "verdadeira equipe" são os subordinados. Na opinião de Lencioni: "Quando os membros da equipe de liderança evitam se indispor entre si, eles só transferem esse desconforto a grupos maiores de pessoas espalhadas pela organização que eles supostamente deveriam estar orientando e apoiando". Ele argumenta que, embora seja tentador recompensar os bons gestores promovendo-os ao andar já superlotado da alta administração, faz muito mais sentido restringir as equipes de liderança a não mais do que oito ou nove pessoas: "Quando uma equipe tem mais de oito ou nove pessoas, os membros tendem a defender mais e questionar menos".[3] Fica claro que a lei de Sutherland para o tamanho da equipe aplica-se à organização toda.

A abordagem Scrum foi validada por inúmeras equipes de desenvolvimento de *software*. Sutherland disse que algumas equipes relataram ter aumentado oito vezes a produtividade depois que eliminaram o estorvo causado por grandes reuniões e equipes grandes. Essa descoberta é muito parecida com as constatações do estudo de Amy Edmondson sobre as equipes hospitalares que vimos acima (veja p. 222). As melhores equipes, ela constatou, faziam "atualizações rápidas e focadas nas tarefas", nas quais os problemas eram levantados imediatamente e resolvidos com prontidão.[4]

Então, da próxima vez que você for marcar uma reunião, analise se realmente precisa da presença de todos os participantes. Ao montar uma equipe de projeto, não caia na armadilha de presumir que, quanto mais pessoas incluir, mais importante o projeto parecerá. Ao manter os grupos pequenos e as reuniões curtas, você pode estar dando aquele "toque mágico" que garantirá o sucesso do projeto.

DICAS PARA FAZER A SEGUIR:

» Verifique se as suas grandes reuniões não são grandes demais. Será que não faria mais sentido fazer algumas breves atualizações ocasionais para algumas pessoas?

» Observe se a sua equipe não está perdendo muito tempo "trabalhando para tentar fazer o trabalho". O que daria para deixar de fazer?

» Lembre que as melhores equipes raramente incluem mais de oito ou nove pessoas.

Buzz 4

Focalize os problemas, não as pessoas

A General Electric recebe os créditos por ter criado a gestão moderna praticamente sozinha. Nos idos dos anos 1980, Jack Welch, o lendário CEO da empresa, introduziu uma forma nova e bastante brutal de avaliação de pessoal. Conhecido como classificação em escala (*stack ranking*) ou classificação compulsória (*forced ranking*), o sistema pontua os funcionários de acordo com seu desempenho. E, como Welch sabia que o número de trabalhadores verdadeiramente excelentes era limitado, o número de trabalhadores competentes era muito maior e o número de trabalhadores com dificuldades era menor, ele insistiu que os resultados precisavam ser consistentes com uma curva em forma de sino e que a empresa adotasse a regra de 20% de trabalhadores considerados excelentes, 70% competentes e 10% insatisfatórios.

Parte da razão para o exercício era, naturalmente, identificar líderes potenciais. No entanto, o sistema também foi concebido para se livrar rapidamente dos funcionários com o pior desempenho. Na opinião de Welch, com a ajuda das leis trabalhistas americanas, todo ano os 10% dos trabalhadores de desempenho inferior deveriam ser afastados. Não tardou muito para essa abordagem começar a ser adotada por outras organizações. Estima-se que até um terço das empresas utilizou a classificação em escala em algum momento.

A ideia da classificação em escala ganhou força quando a apresentação da cultura da Netflix foi publicada para todo mundo ver. O documento, que Patty McCord ajudou a criar, transformou-se num sucesso viral, compartilhado milhões de vezes pela Internet *on-line* e sendo adotado em todas as outras apresentações de cultura organizacional. Sua filosofia é abertamente hipercapitalista. Os funcionários, afirma o documento em sua austera fonte Helvética, devem esperar trabalhar com colegas "incrivelmente talentosos". E isso significa que os menos que "incrivelmente talentosos" precisam ser liberados: "Ao contrário de muitas empresas, na Netflix o desempenho adequado recebe um generoso pacote de indenização'". Ou, como McCord me explicou, um funcionário que apresenta um desempenho inferior ao aceitável deve ser informado de que será afastado da empresa.

A Netflix é uma empresa excelente. No entanto, será que essa abordagem é a melhor? Usar o sistema de avaliação para manter só os melhores colaboradores faz muito sentido em alguns âmbitos, como o mundo dos esportes. Todavia, todas as evidências apontam para o fato de que essa divisão inflexível entre os talentosos e os não tão talentosos tem grandes chances de sair pela culatra no mundo do trabalho. Além das 200 horas anuais que se estima que as empresas americanas passam implementando a classificação em escala de seus funcionários[1], transmitir às pessoas a sensação de estar trabalhando numa versão dos *Jogos Vorazes* não é exatamente inspirador.[2] E, com a incerteza que acompanha o sentimento de estar sendo avaliado de perto e comparado aos outros o tempo todo, a segurança psicológica, tão essencial para a confiança e a colaboração, acaba sendo perdida. "Se você der aos funcionários incentivos para cooperar, eles trocarão informações e dedicarão um tempo para treinar os colegas, em vez de pensar só em si mesmos", diz Peter Kuhn, professor de economia da Universidade da Califórnia.[3] Todavia, se você colocá-los uns contra os outros em uma espécie de luta darwiniana pela sobrevivência, a colaboração desaparecerá. Desse modo, não é de surpreender que as organizações que enfatizam demais o desempenho individual estejam atingindo os piores resultados.

Como já vimos, é preciso atingir um equilíbrio delicado. É necessário encorajar as pessoas a se expressar diretamente (ou, nas palavras de Amy Edmondson, "usar uma linguagem direta e acionável... que contribua para um processo efetivo de aprendizagem")[4], mas, se isso for feito à custa da segurança psicológica, a organização acabará em um estado de Labuta (veja p. 234). Dizer às pessoas de um grupo que elas podem ser afastadas não é a melhor pedida para desenvolver uma equipe. Também introduz um elemento de falsidade em qualquer discussão em grupo. As equipes estão lá para atingir objetivos, não para criticar uns aos outros. As dicas que apresentei nos *Buzzes* 1 e 2 podem ajudar muito nesse ponto. Além disso, vale a pena tentar outra medida.

Bjarke Ingels é um arquiteto incrivelmente talentoso, aclamado pelo site de arquitetura e *design* Dezeen em 2016 por ser o segundo maior talento do mundo (eles reservaram o primeiro lugar em homenagem a Zaha Hadid, que falecera naquele ano, deixando claro que Ingels foi considerado o melhor arquiteto em vida).[5] Ingels começou com projetos habitacionais criativos mas de baixo custo em sua terra natal, a Dinamarca, e foi rapidamente solicitado a projetar construções fantásticas ao redor do mundo, incluindo, recentemente, reinterpretações subvertidas dos arranha-céus de Nova York, como o edifício piramidal Via 57, no centro de Manhattan, e um projeto ambicioso denominado The XI, que está erigindo duas torres retorcidas contendo 236 apartamentos residenciais ao lado do parque elevado High Line de Manhattan.

A pressão sobre esse jovem arquiteto em alta, trabalhando em projetos multibilionários, deve ser incrivelmente intensa. No entanto, ele tem uma maneira muito eficaz para proteger a si mesmo e à sua equipe dessa pressão e para que os desacordos inevitáveis que surgem quando há tanto em jogo não se deteriorem em conflitos pessoais. Quando ele apresenta ou fala sobre seu trabalho, sempre faz questão de levar esboços e maquetes.

Pode ser uma abordagem óbvia para qualquer arquiteto. Contudo, o interessante são as razões que o levam a fazer isso. "Eu tendo a achar", ele argumenta, "que a melhor maneira de facilitar uma colaboração aberta entre um grande número de pessoas, e a melhor maneira de evitar que o projeto se reduza à minha ideia ou à sua ideia, é que a ideia esteja sempre presente na forma de uma maquete, um esboço, um desenho ou uma declaração. Nesse caso, se alguém fizer alguma crítica, ele não estará me criticando nem criticando a pessoa que teve a ideia. Ele estará criticando a ideia porque a ideia está lá, está na mesa para todo mundo ver."[6]

Um dos desafios de qualquer empresa de arquitetura, Ingels me contou, é que 19 dos 20 projetos nos quais eles trabalham nunca se concretizam. Eles podem não conseguir passar no processo de licitação, um cliente pode mudar de ideia ou a prefeitura pode negar a autorização para construir. Diante dessa situação, seria bem possível que a aversão ao risco se infiltrasse no espaço criado pelo fracasso e pela rejeição. No entanto, Ingels sabe que precisa manter o pensamento inovador em sua empresa para que sua equipe trabalhe no nível de criatividade que lhes rendeu o sucesso inicial. Por isso, é fundamental promover um diálogo franco entre as pessoas. "Acho que os arquitetos são privilegiados pelo fato de que o trabalho que fazemos ser tão fisicamente presente no nosso ambiente profissional... nos modelos que criamos, nas imagens que criamos", ele me disse. "De certo modo, a melhor maneira de abrir um processo criativo para incorporar as sugestões e opiniões de todos é fazer com que a ideia seja o mais fisicamente presente possível. Porque com isso a conversa passa a ser sobre a representação física da ideia, não sobre o que você disse ou o que eu disse."

Nem todas as discussões se prestam tão facilmente aos elementos visuais quanto as discussões arquitetônicas da empresa de Ingels. Contudo, não é difícil imaginar que pode ser interessante rabiscar um fluxograma para um novo projeto ou um esboço para um novo processo sugerido. Retire o elemento pessoal e incentive as pessoas a se concentrarem no trabalho em questão e não nas pessoas envolvidas. A maioria das equipes acha difícil pensar em maneiras de promover a segurança psicológica. Pode ser uma boa ideia testar novas abordagens como a de Ingels.

DICAS PARA FAZER A SEGUIR:

» Tente encontrar maneiras de garantir que as conversas foquem os problemas, e não as pessoas.

» Pode valer a pena pedir para os membros da equipe apresentarem as questões e os problemas na forma de diagramas, para que outros se concentrem na mensagem, e não no mensageiro.

Buzz 5

Crie uma *Hack Week*

Já foi mencionada (veja p. 143) a ideia de que a nossa satisfação no trabalho resulta da autonomia (liberdade para fazer o trabalho e deixar uma contribuição pessoal), do domínio (a sensação de que estamos melhorando no trabalho), do propósito (saber por que estamos fazendo o trabalho) e de uma voz (sentir que nossas opiniões são ouvidas). Todavia, apesar de a maioria de nós buscar mapear nosso trabalho para ser imbuído dessas características, às vezes o próprio trabalho pode se tornar um obstáculo no caminho. "O trabalho é o que acontece enquanto estamos ocupados fazendo outros planos", como (quase) diz o ditado. E é por isso que dar um tempo no dia a dia profissional pode ser a melhor maneira de aumentar a criatividade no trabalho.

Diz a lenda que, desde o início, o Google declarou que daria a seus engenheiros autonomia para alocar seu tempo em uma base de "70–20–10": 70% fazendo seu trabalho principal, 20% "trabalhando no que eles acham que mais beneficiará o Google", 10% fazendo o que bem quisessem. "Isso os empodera a ser mais criativos e inovadores", afirmaram os fundadores do Google em sua declaração de IPO (oferta pública inicial de ações). "Muitos dos nossos maiores avanços surgiram assim." A empresa menciona exemplos como o Gmail e o Google Maps como resultados dessa flexibilidade.[1]

Parece ótimo. O único problema é que a alocação dos 70–20–10 nunca existiu. Nos quatro anos em que passei no Google, eu costumava perguntar aos engenheiros se eles praticavam o tempo de 20% ou 10%. A pergunta sempre provocava risos. "Sim, é claro, 20% do tempo... nós chamamos isso de sábado", um deles respondeu. Vou ter de revelar o segredinho sobre o tempo de 20% do Google. "Na verdade, é 120% do tempo", disse Marissa Mayer (funcionária número 20 da empresa).[2] Suspeito que qualquer candidato que recusou uma reunião marcada na parcela dos 20% da semana foi prontamente reprovado. O princípio dos 20% pode ter sido amplamente discutido fora da organização. Todavia, na empresa, é motivo de chacota. Isso não quer dizer que trabalhar em projetos no sábado não seja uma abordagem viável (e talvez até essencial) nos estágios iniciais de uma *startup*. Contudo, não é uma maneira viável para gerar um desempenho sustentável na maioria das empresas.

No entanto, seria tolice descartar a ideia toda. O problema da regra dos 20% não foi a lógica que a sustentou, mas o número vinculado a essa lógica. "20% do tempo foi, desde o início, um passo maior que a perna", disse-me o escritor Daniel Pink. "Era tempo demais." Por outro lado, acredito que vale muito a pena considerar uma porcentagem menos ambiciosa.[3]

Pink me falou de Andre Geim e Konstantin Novoselov, dois professores da Universidade de Manchester que ganharam o Prêmio Nobel de Física em 2010 por isolarem uma substância chamada "grafeno". O grafeno é uma substância incrível. Quase transparente, uma única camada de grafeno é tão fina que chega a ser invisível, mas é o material mais forte que a humanidade já descobriu e, ainda por cima, conduz eletricidade. No futuro, o grafeno será empregado para filtrar o sal da água do mar, para nos ajudar a criar baterias que poderão ser carregadas cinco vezes mais rápido do que as baterias atuais, para facilitar a administração direcionada de medicamentos, entre muitas outras aplicações. E como Andre Geim e Konstantin Novoselov (que foram condecorados cavaleiros) descobriram como fabricar essa substância mágica? Brincando com ideias excêntricas no tempo livre.

Os dois sentiam que as exigências de seu trabalho acadêmico (escrever artigos, cumprir os requisitos de bolsas científicas, dar aulas) estavam ameaçando o prazer em seu trabalho. Em vista disso, criaram uma sessão informal de "experimentos de sexta à noite". Todas as sextas-feiras, eles passavam apenas duas ou três horas trocando ideias e suas únicas regras (informais) eram que, nesse período, não trabalhariam em projetos para os quais tinham recebido financiamento ou sobre os quais planejavam escrever um artigo.

Numa sexta à noite, eles estavam brincando de aplicar repetidamente fita adesiva a um bloco de grafite de carbono. Cada aplicação removia alguns flocos de grafite. Depois de um tempo, os flocos de grafite se transformaram em uma tira sólida com apenas alguns átomos de espessura: era o grafeno.[4] Os dois começaram a testar as propriedades de sua criação e imediatamente perceberam que a descoberta poderia ter aplicações praticamente ilimitadas.

A questão, como explica Daniel Pink, é que esses dois homens fizeram uma inovação extraordinária, não dedicando grandes blocos de tempo a isso, mas reservando o tempo da duração de um filme. De maneira alguma estou sugerindo que todos nós vamos ganhar um Prêmio Nobel se passarmos uma ou duas horas por semana trancados na garagem, mas de qualquer forma é incrível o que podemos fazer quando reservamos um tempinho para refletir, trocar ideias e experimentar. 10 ou 20% da semana de trabalho dedicada a essas atividades, na verdade, não é uma opção muito prática na correria da nossa vida. No entanto, definitivamente seria possível tirar algumas horas aqui e ali.

E é nesse ponto que entra a ideia da *Hack Week*. Uma espécie de sessão concentrada para pensar em voz alta — muitas empresas fizeram experimentos com essa ideia. Vale a pena falar sobre a experiência que o Twitter fez com uma *Hack Week* por ser algo tão profundamente enraizado na cultura da empresa. "O Twitter nasceu de uma *Hack Week*", disse-me o fundador Biz Stone.[5] "É importantíssimo fazer a *Hack Week* todo ano porque isso faz parte da nossa cultura, faz parte do nosso DNA." Dizer que o Twitter surgiu de uma *Hack Week* não é exagero. Em 2006, Ev Williams, fundador do Blogger, o vendeu para o Google. Biz Stone, que trabalhava no Blogger, uniu-se a Ev para criar uma nova *startup* chamada Odeo, para a qual eles contrataram Jack Dorsey. A Odeo viu, nos primeiros iPods, uma oportunidade de inventar uma plataforma de *podcasting* que faria para a palavra falada o que o Blogger tinha feito para o texto.

As coisas avançavam aos poucos na Odeo até que um dia a Apple anunciou seus planos para incluir *feeds* de *podcast* no iTunes. De um só golpe, a Odeo tinha perdido toda a razão de sua existência. Os fundadores e funcionários ficaram arrasados. Parecia que nada justificava manter a Odeo. No entanto, o CEO Ev Williams recusou-se a ser derrotado. Ele anunciou que uma equipe reduzida manteria a Odeo funcionando e, de acordo com Biz, ele também "sugeriu um *hackathon*, principalmente para manter o moral da equipe... A ideia era formar duplas", ele lembra, "e criar o que quiséssemos em duas semanas". As pessoas poderiam fazer o que bem entendessem sem qualquer restrição.

Biz e o desenvolvedor Jack Dorsey se uniram para trabalhar em "algo simples e elegante". Eles comentaram casualmente que os dois ficaram impressionados com a barra de status do Instant Messenger da AOL. Como seria, eles se perguntaram, se eles criassem um serviço de texto que permitisse que as pessoas enviassem breves atualizações de status para que os outros soubessem o que elas estavam fazendo?[6] Depois de alguma reflexão, o Twitter nasceu. Não é surpresa alguma ver o enorme carinho que o Twitter tem pelas *Hack Weeks*.

Biz me explicou que hoje em dia as *Hack Weeks* seguem por alguns princípios básicos. Para começar, para evitar ideias aleatórias demais, cada semana recebe um tema. No tempo que passei na empresa, vi *Hack Weeks* dedicadas a ONGs de caridade, localização, conversas, notícias, esportes, reparos de funções quebradas. Uma vez anunciado o tema, as equipes começam a se auto-organizar de uma maneira meio tribal, atraindo aliados e ajudantes de acordo com o necessário: "O que eles fazem é dizer: 'O meu *hack* vai ser assim e precisamos de desenvolvedores de iOS e engenheiros de *backend*'", Biz explica. "E você pode entrar numa equipe se não formou a sua. Muitos excelentes projetos são apresentados e as pessoas passam a semana trabalhando nos *hacks*."

Engenheiros, designers e vendedores contribuem com ideias malucas. Ideias que eles jamais pensariam que poderiam se tornar realidade. "Passei desde 2002 matutando a minha última ideia de *hack*", Biz conta. "Até que finalmente me dei conta de que ela poderia ser incorporada ao Twitter. Sozinha, acho que ela não teria como ir muito longe ou jamais funcionaria como um aplicativo independente. Todavia, se fosse incorporada a algo que centenas de milhões de pessoas usam todos os dias... agora sim!"

Crie uma *Hack Week*

O Twitter organiza uma *Hack Week* duas vezes por ano, geralmente logo depois do Ano-Novo (aquela semana deprimente em que as pessoas ainda estão meio sonolentas) e antes de a equipe entrar de férias de verão. Durante uma *Hack Week*, todas as reuniões regulares são interrompidas e conversas de rotina são canceladas. Na sexta-feira, as pessoas se reúnem para celebrar as ideias da semana numa espécie de festa enlouquecida para reconhecer a audácia e a engenhosidade dos colegas.

Considerando que *sempre* tem algo urgente para fazer no Twitter, pode ser tentador cancelar uma *Hack Week* (como aconteceu uma vez alguns anos atrás). Todavia, assim como nós nos enganamos achando que seremos mais produtivos se pularmos o almoço (veja a Recarga 8), eliminar uma *Hack Week* não passa de uma economia ilusória. Quando nos desfocamos, passando para um problema diferente, quando nos permitimos nos distrair por um tempo longo o suficiente para deixar que a nossa mente vague, mas não por tanto tempo a ponto de ela começar a vagar sem rumo, abrimos espaço para novas ideias e, ao mesmo tempo, para trazer um novo sopro de vida ao nosso trabalho do dia a dia.

No entanto, os *Hack Weeks* fazem muito mais do que nos dar uma distração e abrir um espaço para a criatividade no nosso trabalho repetitivo. Interromper a rotina, sem dúvida, estimula o pensamento criativo e renova nossos padrões mentais, mas o mais importante, como no caso dos experimentos de sexta à noite, é que esses momentos muitas vezes podem levar a criações brilhantes. Dezenas de melhorias do Twitter surgiram como consequência direta dos *Hack Weeks*: os *Moments* do Twitter, *threads* de discussão, sugestões melhores para quem seguir, maneiras inteligentes de lidar com o abuso verbal, uma função que permite fazer o *download* do seu arquivo de *tweets*, entre muitas outras inovações. Além disso, foram criadas dezenas de ajustes que os usuários jamais notarão: pequenas adequações na interface do usuário, melhores relatórios de vendas e macros mais inteligentes para o Microsoft Excel.

Como Dan Pink demonstrou, reservar tempo para a inovação aumenta as chances desse tipo de inovação. Não seria prático reservar 10% ou 20% de cada dia de trabalho, mas uma semana a cada seis meses (o equivalente a duas horas por semana), ou até um dia ou dois, é definitivamente viável e os resultados podem ser extraordinários.

DICAS PARA FAZER A SEGUIR:

» Organize uma *Hack Week* (ou um *Hack Day*) para daqui a dois meses. Pense em como seria e faça os planos de acordo.

» Estabeleça metas realistas. Não espere criar um dispositivo que vai substituir o iPhone, mas trate a desfocagem da atenção como uma maneira de dar uma injeção de energia e novos ares ao trabalho rotineiro das pessoas.

» Faça uma avaliação completa da *Hack Week* ou do *Hack Day* logo em seguida. Como seria possível melhorar da próxima vez?

» Agende outra *Hack Week*.

Buzz 6

Proíba celulares nas reuniões

Em pouco mais de um ano, Susan Fowler passou da euforia de entrar para trabalhar como engenheira em uma das *startups* mais badaladas do mundo à desilusão de sair da empresa na mais completa decepção. Os problemas, ela relatou em um *post* em fevereiro de 2017, começaram já no início de sua carreira na Uber. Depois de algumas semanas de treinamento, ela foi alocada a uma equipe dedicada à sua área de especialização. No entanto, quase imediatamente passou a receber uma torrente de mensagens indiscretas de seu gerente pelo sistema de mensagens instantâneas Gchat da empresa, informando que ele estava num relacionamento aberto e "em busca de uma mulher para transar".[1]

Como se não bastasse, quando Fowler reportou a proposta indecente aos recursos humanos, ela foi informada de que aquele gerente tinha um excelente histórico na empresa e que aquela tinha sido sua primeira ofensa. Ela foi informada de que poderia pedir uma transferência para uma equipe menos adequada às suas habilidades específicas ou continuar na equipe e aceitar o fato de que o gerente provavelmente lhe daria "uma avaliação de desempenho ruim".[2] Com isso, ela ficou entre a cruz e a espada. Do ponto de vista profissional, não fazia sentido mudar de equipe, mas permanecer com aquele chefe a deixava numa situação quase impossível. Ela acabou decidindo que mudar de equipe era a *menos ruim* das duas terríveis opções.

Pouco tempo depois, ela ficou sabendo em um bate-papo com colegas no almoço que não era a primeira vez que o chefe fazia aquilo. Logo depois, ela ouviu falar da indiscrição de outro chefe e que a vítima também tinha sido informada de que aquela era a "primeira ofensa" do gerente. A própria Fowler foi vítima de outras pequenas agressões no decorrer do ano, e um chefe chegou a ameaçá-la de demissão caso ela dissesse alguma coisa ao RH. Ela percebeu que toda a cultura da Uber era tóxica: "As pessoas da administração travavam uma guerra política do tipo *Game of Thrones*... Parecia que todos os gestores lutavam contra os colegas e tentavam derrubar o supervisor direto para ficar com o cargo". Ela contou de uma reunião em que "um dos diretores se gabou para a nossa equipe de que ele tinha deixado de revelar informações importantes a um dos executivos para conquistar as boas graças dos outros executivos". No fim de 2016, Fowler estava no limite. Ela saiu da Uber e encontrou outro emprego. Em seu tempo livre, ela relatou suas experiências em um *blog*, tanto como um exercício catártico quanto na crença de que os *posts* provocassem alguma reação positiva (afinal, ela era *engenheira júnior*). No entanto, o impacto da sua decisão de publicar seu *blog* em 19 de fevereiro de 2017 foi no mínimo sísmico. Quatro meses depois, o CEO da Uber renunciou ao cargo, em grande parte devido à tempestade iniciada pelo *blog* de Fowler. Susan Fowler terminou o ano compartilhando o prêmio de Personalidade do Ano da revista *Time* (em reconhecimento por sua participação no movimento #MeToo, que ganhou ímpeto naquele ano). Ela também ganhou o mesmo prêmio do *Financial Times*. Enquanto isso, os problemas da Uber continuaram. Antes de sua demissão, o CEO Travis Kalanick foi flagrado, com imagens em vídeo para provar, afrontando um motorista e foi revelado que os funcionários da Uber criaram um "modo Deus" que lhes permitia saber onde celebridades como Beyoncé eram levadas nos carros

Proíba celulares nas reuniões

da Uber.[3] Por sua vez, Fowler relatou que alguém estava pagando um investigador particular para entrar em contato com seus amigos e familiares com o objetivo de desacreditá-la.

Foi em meio a essa atmosfera febril que Frances Frei, professora da Faculdade de Administração de Harvard, foi convidada a assumir um cargo de executiva sênior para repensar toda a cultura da Uber. Ela claramente teria muito trabalho pela frente. A primeira prioridade de Frei foi desenvolver a confiança, tanto internamente com a administração quanto externamente com os clientes.

Como disse Benjamin Franklin: "É preciso muitas boas ações para criar uma boa reputação, mas basta uma má ação para perdê-la". E é dificílimo recuperar uma reputação destruída. Segundo Frei, três elementos seriam necessários: autenticidade, rigor lógico e empatia. "Se você vir que estou sendo autêntica", ela argumentou, "terá mais chances de confiar em mim. Se você vir que minha lógica se baseia em um verdadeiro senso de rigor, terá muito mais chances de confiar em mim. E, se você acreditar que sou empática em relação a você, é muito mais provável que confie em mim."[4]

São belas palavras, mas como aplicar isso na prática? Curiosamente, uma das primeiras medidas de Frei foi desencorajar o uso de celulares e laptops durante as reuniões. Já falei sobre os perigos de mandar e-mails durante as reuniões (veja a Recarga 10 e a Sincronia 3). Em resumo, eles são uma terrível distração. Um experimento recente que envolveu pedir para as pessoas deixarem o celular virado para baixo diante delas, guardar o celular no bolso ou deixá-lo em outra sala antes de fazer um teste descobriu que as pessoas que deixaram o celular em outra sala tiveram um desempenho consideravelmente melhor. Como o pesquisador explicou: "A sua mente consciente pode não estar pensando no seu celular, mas o simples processo de tentar não pensar em algo consome parte dos seus limitados recursos cognitivos. E isso acaba exaurindo o cérebro".[5] E, naturalmente, isso quando as pessoas não tinham qualquer intenção de usar o usar o celular. O esgotamento de "recursos cognitivos limitados" é inevitavelmente muito mais acentuado quando alternamos nossa atenção entre a tela de um celular ou laptop e as pessoas falando numa reunião. (A propósito, outras pesquisas sugerem que fazer anotações à mão em uma reunião ou aula é mais eficaz do que usar um laptop porque tendemos a pensar mais e abreviar as anotações manuscritas e pensar menos e transcrever mais ao usar um teclado.)[6]

Já vimos a natureza danosa da distração causada pelo celular, mas Frei tinha outra razão mais importante e urgente para restringir o uso de dispositivos na Uber. Na cultura tóxica da Uber, algumas pessoas adotaram o hábito de mandar mensagens umas às outras durante as reuniões criticando outras pessoas presentes na sala. Os insultos eletrônicos tinham se infiltrado na cultura. Frei acreditava ser urgente proibir os dispositivos e encorajar as pessoas a se conectar adequadamente umas com as outras. Uma vez que isso acontecesse, seria possível abrir um espaço para um diálogo aberto e uma troca franca de pontos de vista e, com isso, uma lenta reconstrução da empatia e da confiança. "Se você não puder fazer mais nada", ela argumenta, "no mínimo guarde seu celular. É o maior ímã de distração criado pelo ser humano e é superdifícil criar empatia e confiança em sua presença."[7] Além das críticas eletrônicas praticadas pelos funcionários da Uber, a mera presença da distração estava reduzindo a qualidade da conexão humana nas reuniões.

As pessoas que trabalham remotamente podem achar que esse conselho não se aplica a elas, já que precisam usar seus dispositivos para se conectar com os colegas. No entanto, cabe parar para pensar um pouco sobre o problema específico enfrentado pelas organizações que usam trabalhadores remotos. Um relatório de 2017 das Nações Unidas, que destacou que 25% de todos os funcionários de escritório se diziam estressados, também apontou que, entre os trabalhadores remotos, a proporção era consideravelmente maior: 41%.[8] Os trabalhadores de escritório podem presumir que seus colegas que trabalham em casa vivem em um estado de tranquila serenidade, um ambiente propício ao trabalho focado, mas a verdade é que os trabalhadores remotos têm muito mais chances de sentir-se isolados e solitários. Os trabalhadores remotos também tendem a achar que os colegas podem estar falando mal deles, de acordo com uma pesquisa conduzida pelos autores David Maxfield e Joseph Grenny e publicada na *Harvard Business Review*.[9]

Se estivermos na presença um do outro, devemos guardar nossos dispositivos. Se estivermos interagindo remotamente, precisamos encontrar maneiras de nos conectar para otimizar a interação humana. A maneira como muitas organizações tentaram conectar grupos geograficamente distintos é pelo uso de longas chamadas ou videoconferências. Qualquer pessoa que já tenha passado por uma dessas situações sabe que ouvir alguém lendo roboticamente uma apresentação de PowerPoint pode levar até o participante mais bem-intencionado a começar a divagar. Se atingir um grau de sincronia funciona para casais obrigados a viver longe um do outro por longos períodos (veja p. 148), reservar tempo para uma conversa informal e um bate-papo sem consequências trará grandes vantagens para equipes que trabalham em locais diferentes. É essencial dar uma injeção de sincronia no discurso profissional.

Em minha opinião, isso faz com que a abordagem de Frances Frei de buscar conexões baseadas na confiança seja ainda mais convincente... e relevante para os funcionários remotos. De acordo com Maxfield e Grenny, os trabalhadores remotos "relatam que as políticas da organização são mais difundidas e difíceis e, quando surgem conflitos, eles têm mais dificuldade de resolvê-los". Essas constatações demonstram, de forma extrema, até que ponto é essencial conversar uns com os outros livres de distrações se quisermos atingir a verdadeira sincronia no trabalho.

Ben Waber, CEO da Humanyze, disse-me uma vez que, mesmo quando viajava, ele fazia questão de pegar o celular para passar 5 minutinhos conversando com todos os seus subordinados diretos. Meu antigo chefe, Adam Bain, do Twitter, costumava fazer o mesmo comigo, ao ligar para mim, a mais de 13 mil quilômetros de distância, só para perguntar se estava tudo bem. É surpreendente ver o poder da conexão humana resultante de um simples bate-papo.

As pessoas muitas vezes dão uma espiada no celular não com alguma intenção maligna (como acontecia na Uber), mas porque muitas reuniões podem ser tão chatas que se matar seria uma boa alternativa no momento. Se não encontrarmos uma maneira melhor de conduzi-las (veja a Sincronia 3), os participantes terão poucas chances de concordar com a proibição dos celulares nas reuniões. No entanto, a conexão no nível humano é fundamental para que todos possam atingir esse estado tão vital de segurança psicológica. Seja na forma de uma conversa presencial livre de distrações ou de um bate-papo cordial ao telefone, o contato humano positivo é a única maneira de atingir um estado de *Buzz* no trabalho.

DICAS PARA FAZER A SEGUIR:

» Transforme as reuniões em interações presenciais genuínas.

» Desencoraje distrações, como celulares. Elas prejudicam nossa concentração e reduzem a confiança entre a equipe.

» Encontre maneiras de comunicar-se com os funcionários remotos. Todo mundo precisa da sincronia humana para desenvolver a confiança e um sentimento de pertencimento, especialmente se as pessoas trabalharem em locais distantes.

 *Buzz 7*

Promova a diversidade

Nos Estados Unidos, as repúblicas de estudantes universitários do sexo masculino, as *frat houses*, ganharam a reputação de bebedeira, festas de arromba e uma atitude tóxica em relação às mulheres. Isso pode ou não corresponder à realidade, mas é verdade que eles tendem a ter um intenso sentimento, quase tribal, de identidade e pertencimento ao grupo. A seleção dos candidatos é feita pelos próprios integrantes e requer a aprovação dos demais. As pessoas precisam acreditar que se vão se encaixar na cultura e depois provar que realmente se encaixam. Em consequência, a cultura tende a ser muito homogênea. São os semelhantes, e não os opostos, que se atraem.

Todo esse processo torna a vida mais tranquila para os residentes de uma república. É fácil conviver com pessoas que pensam como você e parecem se comunicar na mesma frequência. No entanto, será que a falta de variedade também tem suas desvantagens? Foi o que um grupo de pesquisadores decidiu investigar. Eles chamaram grupos de moradores de repúblicas para fazer um teste na forma de uma investigação de assassinato. Primeiramente, cada estudante precisava passar 20 minutos sozinho estudando um dossiê de provas. Em seguida, eles se juntavam a dois outros membros de sua república para uma conversa sobre o caso por 20 minutos. Cinco minutos depois do início da conversa, outro membro da república era incluído para ajudar ou alguma pessoa que eles não conheciam.

Os resultados foram patentes. Os grupos compostos exclusivamente de membros da mesma república consideraram a experiência muito mais agradável do que os que contaram com a ajuda de um desconhecido. Eles também ficaram mais confiantes e muito mais satisfeitos com a conclusão a que chegaram. Só teve um probleminha. Enquanto os grupos que incluíram o desconhecido acertaram a resposta 60% das vezes, nos grupos homogêneos, a porcentagem foi de apenas 29%, menos da metade do sucesso.[1]

Esse resultado demonstra um dos desafios da diversidade de grupos. Nem sempre é fácil. Parece fazer muito mais sentido ter uma equipe que consente com o que consideramos a "norma". No entanto, isso é perigoso. A verdade é que incluir um ponto de vista diferente questiona o pensamento de grupo preguiçoso ao qual muitas vezes nos entregamos.

Foi o que o psicólogo Sam Sommers observou quando se propôs a investigar o impacto da diversidade étnica sobre as deliberações dos júris. Em um experimento, ele dividiu algumas centenas de participantes para compor júris de seis integrantes cada. Alguns grupos eram compostos exclusivamente de brancos, outros tinham quatro jurados brancos e dois negros. Cada júri viu um vídeo do julgamento de um réu negro acusado de agressão sexual. Pode não surpreender que, mesmo antes de conversar com os outros jurados, os grupos diversificados tenham apresentado 10% menos chances de presumir que o réu era culpado em comparação com os júris compostos só de brancos.[2] Sommers explica que os membros do grupo misto ficaram mais cientes dos possíveis perigos do preconceito racial. Contudo, o mais fascinante foi que os júris diversificados também fizeram uma análise mais aprofundada do caso. Eles passaram, em média, 11 minutos a mais discutindo o caso do que os grupos compostos só de brancos e cometeram menos erros na análise das evidências.

A diversidade inclui muito mais que reunir pontos de vista diferentes e pode assumir várias formas: origem social, gênero, orientação sexual, perspectiva política e etnia, entre outras. Todavia, falando exclusivamente da visão restrita e prática do que gera os melhores resultados nas organizações, cabe observar que as empresas que contam com uma força de trabalho variada geralmente produzem melhores resultados. Uma pesquisa rigorosa realizada em 2015 pela consultoria McKinsey encontrou uma correlação entre as empresas que tinham 25% mais diversidade étnica e de gênero e retornos financeiros acima da média para o setor. Os dados foram ainda mais impressionantes para as empresas no quartil superior em termos de diversidade racial e étnica (retornos financeiros 35% maiores do que a média) e no quartil superior em termos de diversidade de gênero (15% maiores).[3] É claro que é importante não confundir aqui correlação com causalidade. Pode ser que os melhores talentos só prefiram trabalhar em empresas diversificadas e não que a diversidade gere os melhores resultados. No entanto, parece incontestável que uma mistura de diferentes perspectivas pode nos ajudar a tomar decisões melhores.

Não é fácil atingir o equilíbrio de pessoas de diferentes origens e com diferentes perspectivas. Os seres humanos tendem a ser tribais, como qualquer pessoa que já tenha observado um grupo de expatriados pode confirmar. Eles podem ter deixado seu país natal por desejar novas experiências, mas mesmo assim tendem a conviver com os conterrâneos. É simplesmente mais fácil conviver com pessoas parecidas conosco. Temos os mesmos pontos de referência cultural e muitas vezes as mesmas opiniões e o mesmo senso de humor. Não precisamos nos esforçar.

Todo mundo sabe disso. Entretanto, todo mundo também sabe que nos beneficiamos ao nos associar com pessoas diferentes de nós. Nos idos de 1848, o filósofo John Stuart Mill escreveu: "É praticamente impossível superestimar o valor de colocar seres humanos em contato com pessoas diferentes de si mesmos e que tenham modos de pensar e agir diferentes daqueles com os quais estão familiarizados... Essa comunicação sempre foi e ainda é, especialmente na época atual, uma das principais fontes de progresso".[4]

DICAS PARA FAZER A SEGUIR:

» Evite selecionar os membros da sua equipe de acordo com o grau de semelhança com você. Se fizer isso, vai acabar preso no pensamento de grupo.

» Lembre que as melhores empresas procuram incluir pessoas de diversas origens e com experiências diversificadas. O mundo não é homogêneo. As empresas também não deveriam ser.

Buzz 8

Substitua as apresentações pela leitura

"Tentamos criar equipes que não tenham mais pessoas do que seria possível alimentar com duas pizzas. Chamamos isso de regra das duas pizzas", diz o fundador da Amazon, Jeff Bezos. É incrível que alguém se dê ao trabalho de ouvir o que ele tem a dizer além desse ponto. Como todo mundo sabe, o número de pessoas que podem ser alimentadas com duas pizzas é duas. E, como também sabemos, as equipes altamente eficazes podem conter até oito ou nove membros (veja o *Buzz* 3). Se Bezos tivesse chamado sua regra de "equipe das oito pizzas", ele poderia estar mais perto da verdade... Mas duas pizzas?!

Bezos dá outra sugestão que eu definitivamente acho que vale a pena considerar: na Amazon, eles começam as reuniões em silêncio enquanto cada participante lê um documento elaborado especificamente para a reunião. "Não fazemos apresentações de PowerPoint na Amazon", Bezos proclamou em uma carta aos acionistas.[1] "Em vez disso, elaboramos memorandos de seis páginas com a estrutura de uma narrativa. O texto inclui frases, verbos e substantivos, não só pontos de destaque." Bezos explica que costuma levar dias e semanas para elaborar os memorandos: "Eles simplesmente não podem ser feitos em um ou dois dias".[2] E nunca são distribuídos antes da reunião. Bezos acredita que, se as pessoas tivessem acesso ao documento antes, elas simplesmente passariam os olhos e blefariam (ou ficariam constrangidas demais para opinar na reunião). "Nós lemos esses memorandos em silêncio durante a reunião", diz ele. "É como uma sala de estudos. Todos nós nos sentamos ao redor da mesa e lemos em silêncio, normalmente por cerca de meia hora, o tempo necessário para ler o documento. E só então falamos a respeito."

A princípio, pode parecer uma ideia horrenda. De repente, nos vemos de volta à escola, sentados na sala de aula fazendo uma prova, entrando em pânico quando o gênio da turma ao nosso lado levanta a mão para pedir mais papel enquanto nós nervosamente viramos a primeira página. No entanto, desconsiderar uma ideia só porque nos parece um pouco embaraçosa não é muito inteligente. E a verdade é que a abordagem de leitura silenciosa tem um enorme apelo prático. Grandes apresentações em reuniões não raro se transformam em verdadeiros espetáculos circenses, com fontes bombásticas e gráficos coloridos. Reuniões que seguem uma pauta acabam favorecendo as pessoas que falam com mais confiança, não necessariamente as que sabem mais. Um memorando pode não passar de fatos escritos no papel, mas esses fatos ganham vida quando, depois de um tempo para lê-los e estudá-los, podemos discuti-los. É difícil olhar para o excelente desempenho da Amazon e não acreditar que foi essa cultura ponderada, simbolizada e promovida por abordagens como essa que os ajudou a tomar tantas decisões acertadas nos últimos 15 anos.

Alguns anos atrás, uma equipe da Carnegie Mellon, do MIT e da Union College decidiu descobrir se um grupo de pessoas em uma reunião poderia apresentar uma "inteligência coletiva" mensurável.[3] Eles criaram um teste de campo que envolveu dividir quase 700 pessoas em pequenos grupos e lhes dar uma série de problemas diferentes para resolver. Cada problema foi calibrado para mensurar um aspecto diferente do pensamento. Alguns eram desafios criativos ("sugira maneiras diferentes de usar este item"); outros eram problemas lógicos ("planeje uma viagem de compras sabendo que você só poderá percorrer um determinado número de quilômetros"); alguns foram problemas de negociação.

Os pesquisadores chegaram a duas importantes descobertas. A primeira foi que os grupos que tiveram um bom desempenho em uma tarefa tenderam a ter um bom desempenho em todas elas e vice-versa: os grupos ruins tendiam a ser ruins em tudo. A segunda descoberta foi que a inteligência individual não afetou diretamente o desempenho de cada equipe. Você pode ter um gênio na sua equipe, mas isso não será uma garantia de sucesso.

O fator importante, contudo, foi o modo como os membros da equipe tratavam uns aos outros. As piores equipes tenderam a ser dominadas por um ou dois integrantes. Já os grupos de sucesso foram caracterizados pela democracia: cada pessoa falava por mais ou menos o mesmo tempo ou, nas palavras dos pesquisadores, foi constatada uma "igualdade na distribuição da alternância conversacional entre os membros". "Se todos tiveram a chance de falar", disse a pesquisadora Anita Williams Woolley, "a equipe apresentava um bom desempenho. No entanto, se só uma pessoa ou um pequeno grupo falava o tempo todo, a inteligência coletiva caía... Equipes que apresentam uma distribuição de comunicação mais igualitária tendem a ter uma inteligência coletiva maior, porque as opiniões de todos são ouvidas e todos acabam se empenhando mais se virem que os outros estão contribuindo."

Essas equipes de sucesso exibiram altos níveis de "sensibilidade social" ou, em outras palavras, seus membros tinham uma boa capacidade de interpretar as reações não verbais dos outros ao que estava sendo dito, eram capazes de avaliar o que as pessoas estavam pensando e adaptavam seu comportamento de acordo. O grupo não corria o perigo de ser interrompido por membros dominantes ou de perder boas ideias porque seus defensores se sentiriam intimidados demais para se expressar.

Uma maneira pela qual a "sensibilidade social" das pessoas foi avaliada durante o experimento foi a aplicação de um teste originalmente criado para identificar sinais de autismo. As pessoas no espectro autista normalmente têm dificuldade de interpretar sinais faciais que revelam o que os outros estão sentindo. O psicólogo clínico Simon Baron Cohen desenvolveu o "Teste da Leitura de Mentes nos Olhos", que consiste em mostrar três dúzias de fotos de pessoas, retiradas de revistas nos anos 1990 e pedir que o paciente tente avaliar o estado emocional de cada pessoa. Você pode fazer esse teste na íntegra pela Internet ou parte dele nos exemplos que incluí abaixo. Em cada caso, escolha uma das quatro palavras próximas à imagem que você acha que descreve melhor a emoção que está sendo expressa. Para as respostas corretas, veja a nota no fim do livro.[4] Quando Williams Woolley e seus colegas pediram para os participantes do experimento fazerem o teste, descobriram que a capacidade de intuir a emoção mostrada em cada imagem apresentava uma forte correlação com o fato de o participante ser um bom colaborador para a inteligência coletiva. "É algo que vem da tradição da psicologia cognitiva, a capacidade geral de entender a perspectiva de outra pessoa e imaginar como ela vai reagir a algo para entender o que ela pode estar pensando ou sentindo com base em sinais sutis", ela me disse.[5]

Figura 1 Angústia   Alívio

Felicidade   Concentração

Figura 2 Romantismo   Raiva

Diversão   Paciência

Também cabe notar que a capacidade de intuir é mais forte nas mulheres do que nos homens. Desse modo, no teste de inteligência coletiva, os grupos com os níveis mais altos foram invariavelmente os que incluíam uma boa proporção de mulheres; e grupos nos quais as mulheres compunham mais da metade do contingente apresentaram um nível particularmente alto. Quando as mulheres estavam em minoria, elas tendiam a ser excluídas da discussão: "É só quando as mulheres estão em maioria que a maior parte delas tende a contribuir muito mais", disse Williams Woolley. "Os homens continuam contribuindo muito, embora já não estejam em maioria. Desse modo, você tem os níveis mais altos de participação quando tem equipes diferentes em termos de gênero e com mais mulheres."

É interessante notar que essas habilidades empáticas se revelaram tanto pela Internet quanto nas interações presenciais. "Tanto *on-line* quanto *off-line*", Williams Woolley disse, "algumas equipes se mostraram repetidamente mais inteligentes que outras. E o que mais surpreendeu foi que os fatores mais importantes para levar a uma equipe inteligente permaneceram constantes, independentemente do modo de interação. Os membros que se comunicavam muito participaram igualmente e apresentaram boas habilidades de interpretação de emoções".[6] Você já deve ter percebido como algumas equipes parecem ser mais animadas e interagir mais do que outras: as pessoas não hesitam em contribuir com ideias e ficam tão à vontade umas com as outras que podem até terminar as frases das demais. Na opinião de Williams Woolley, esses grupos atingiram o que ela chama de uma "explosividade" de contribuição criativa. Todos os membros da equipe têm algo a contribuir; todos sabem que suas contribuições serão bem recebidas; todos estão num estado de afetividade positiva (veja p. 212) e têm uma sensação de segurança psicológica (veja p. 221). Há um verdadeiro sentimento de *Buzz*.

Então, o que dizer sobre o longo silêncio sugerido por Bezos? Ao remover as grandiosas possibilidades das apresentações de PowerPoint e das reuniões convencionais seguindo uma pauta específica e incluir um período de reflexão e ponderação, dá a todos a chance de contribuir para a equipe atingir o sucesso. Ele convidou o tipo de mudança que Anita Williams Woolley e seus colegas descobriram ser um grande impulsionador da inteligência coletiva.

As boas reuniões devem envolver todos os participantes e todos devem sentir-se preparados e confiantes para contribuir. Se, mesmo na presença dessas condições ideais, algumas pessoas hesitarem em contribuir... bem, talvez elas não devessem ter sido chamadas para essa reunião específica.

A força impulsionadora da tomada de decisão e da resolução de problemas nas reuniões é uma discussão que envolve todos os participantes. As reuniões que não conseguem engajar as pessoas provavelmente não valem a pena.

DICAS PARA FAZER A SEGUIR:

» Experimente o formato de memorando em silêncio nas suas reuniões. Vai ser um martírio no começo, de modo que você deve se preparar para persistir por algum tempo antes de poder decidir se a abordagem se encaixa no estilo da sua equipe.

» Evite reuniões que favoreçam uma única pessoa carismática ou dominante.

Buzz 9

Conduza um *pre-mortem*

No dia 30 de outubro de 1935, a Boeing orgulhosamente revelou o B-17, apelidado de "Fortaleza Voadora", para a elite militar dos Estados Unidos. Representando um avanço espantoso, a aeronave era mais rápida e capaz de percorrer uma distância duas vezes maior que os bombardeiros da geração anterior, além de ter a capacidade de transportar cinco vezes mais bombas do que o exército havia solicitado.[1] No tão planejado dia do lançamento, o novo e reluzente avião taxiou na pista, fez uma decolagem perfeita, mas depois de alguns segundos, os motores pararam. Ele despencou no meio do voo, estraçalhou-se no campo de pouso e explodiu em chamas. O piloto e outra pessoa a bordo não sobreviveram aos ferimentos. O copiloto e dois outros membros da tripulação tiveram de ser retirados dos destroços em chamas e felizmente sobreviveram.

A investigação que se seguiu descobriu que o avião estava em perfeito estado de funcionamento. A culpa fora de um erro humano: o piloto, Peter Hill, esquecera-se de soltar o sistema de travamento dos profundores. No entanto, a conclusão foi que o erro foi devido à complexidade inerente do projeto do avião. Com efeito, sugeriu-se que, tendo em mente as limitações da memória humana, o B-17 era simplesmente "complexo demais" para ser pilotado.[2] Mesmo assim, a Boeing continuou aprimorando a aeronave e o B-17 finalmente entrou em serviço dois anos depois. Ele provou o seu valor na Segunda Guerra Mundial. Estima-se que, no total, os B-17 percorreram 2 milhões de milhas no ar.

O que acabou garantindo que o B-17 não provocasse outros desastres foi uma inovação muito simples: um inventário pré-voo das tarefas, que precisava ser consultado quando a tripulação se preparava para a decolagem. Hoje em dia, é claro, esses *checklists* já viraram rotina. Todo piloto de combate americano leva consigo um *checklist* no bolso da calça especificando o que eles devem fazer em qualquer eventualidade. E todos nós já ouvimos o mantra "tripulação, preparar para a decolagem" a bordo de voos comerciais. Na verdade, é difícil encontrar qualquer área da vida envolvendo algum grau de complexidade que não tenha um *checklist*. Faz sentido. Se o nosso cérebro ficar sobrecarregado com informações demais, não teremos como processar o que deve ser feito. Em momentos como esse, um conjunto simples de itens para consultar pode fazer a diferença entre a vida e a morte. A confusão desordenada do que antes tentávamos fazer na nossa memória de trabalho é substituída por uma lista objetiva de ações a ser realizadas.

E os *checklists* têm uma vantagem adicional. Quando as tarefas são organizadas em uma lista simples, temos muito menos chance de deixar nosso ego entrar no caminho. Há um trabalho a ser feito. Ninguém precisa brigar para decidir quais tarefas devem ser feitas e em que ordem de prioridade. Evidências também sugerem que, em áreas como a aviação e salas de cirurgia, o uso de *checklists* não só reduz o número de erros e omissões, mas também diminui as chances de as pessoas tentarem culpar as outras quando os equívocos são identificados. Os membros da equipe não sentem que estão sendo julgados e o abismo entre trabalhadores e chefes é reduzido, ajudando a minimizar uma das causas mais comuns de disfunção nas equipes.

Conduza um *pre-mortem*

É verdade que os *checklists* não se aplicam a todas as situações, mas uma ferramenta simples que proporciona a mesma eficiência e segurança psicológica em cenários nos quais uma lista de itens não é apropriada é o *pre-mortem*. Todos nós conhecemos o conceito de *post-mortem*. Um cadáver pálido foi retirado de um lago, com marcas características nas orelhas indicando que o Assassino das Orelhas voltou a atacar; nosso herói vai ao necrotério para ver o corpo estendido numa daquelas estranhas gavetas metálicas aberta por um assistente mortuário que mais parece um psicopata e que ainda faz questão de emitir alguns comentários sarcásticos. O processo do *post-mortem* tem como objetivo descobrir o que aconteceu e o que deu errado (embora um *post-mortem* conduzido depois de seis meses tenda a não revelar muitas informações novas e proveitosas).

No mundo dos negócios, os *pre-mortems* são muito mais construtivos. Em vez de perder tempo tentando descobrir o que levou ao desastre quando já não há mais nada a fazer, a ideia é imaginar como uma situação pode se desenrolar e planejar-se de acordo. Os membros de uma equipe podem, por exemplo, anotar rapidamente uma lista de coisas que podem dar errado no projeto no próximo ano e as possíveis causas. Como é o caso do *checklist*, o objetivo não é fazer uma caça às bruxas. As pessoas só são convidadas a imaginar-se diante de uma bola de cristal, colocando-se num estado futuro dissociado, onde elas podem falar abertamente sobre seus temores e identificar possíveis dificuldades e problemas sem ter de se preocupar em ser criticadas ou consideradas pessimistas pelos colegas. Mesmo assim, apesar de toda a sua simplicidade, os *pre-mortems* têm-se mostrado uma ferramenta extremamente eficaz. Quando Deborah Mitchell, da Faculdade de Administração Wharton, e seus colegas analisaram o processo, constataram que o simples fato de perguntar "o que pode dar errado com esse plano?" resultou em uma melhoria de 30% na projeção dos resultados. Uma empresa da Fortune 500 supôs corretamente que seu projeto de sustentabilidade ambiental de 1 bilhão de dólares poderia fracassar quando o CEO se aposentasse. Outra empresa percebeu que uma mudança na política de um órgão governamental poderia inviabilizar um novo empreendimento.[3]

Um fator fundamental para o sucesso de um *pre-mortem* é uma cultura de curiosidade. Infelizmente, há uma escassez dessa *commodity* nas organizações modernas. Quando Francesca Gino, da Faculdade de Administração de Harvard, conduziu uma pesquisa englobando uma ampla gama de setores, descobriu que 70% dos trabalhadores achavam que enfrentavam barreiras para fazer perguntas no trabalho. Em parte, ela sugeriu, porque os empregadores temiam que, se permitissem que os trabalhadores explorassem seus próprios interesses, a disciplina entraria em colapso e, em parte, porque a organização valorizava a eficiência em detrimento da exploração.[4]

No entanto, Gino argumenta, a curiosidade tem uma importância enorme: "Quando a nossa curiosidade é acionada, temos menos chances de cair vítimas do viés de confirmação (buscar informações que confirmem o que acreditamos em vez de evidências sugerindo que estamos errados)". Além disso, como Spencer Harrison, hoje do Insead, descobriu quando ele e seus colaboradores estudavam o alto nível de rotatividade de pessoal dos *call centers*, a curiosidade nos ajuda a fazer melhor o nosso trabalho. O levantamento conduzido com novos funcionários de dez empresas diferentes revelou que as pessoas mais questionadoras extraíam informações mais úteis dos colegas e eram visivelmente melhores para resolver os problemas dos clientes.[5] Não surpreende, portanto, que 92% dos 3 mil participantes da pesquisa de Gino acreditassem que os membros curiosos de suas equipes acabavam contribuindo com mais ideias.

O problema não é só que a curiosidade no trabalho é relativamente rara, mas evidências sugerem que, no nível individual, a curiosidade diminui com o tempo. No decorrer do seu estudo, Gino analisou 250 pessoas que tinham acabado de entrar em um novo emprego e descobriu que seus níveis de curiosidade caíram em média mais de 20% nos seis primeiros meses: eles simplesmente ficaram ocupados demais para fazer perguntas.[6]

Desse modo, é trabalhoso criar a cultura da curiosidade e questionamento que, entre outras coisas, ajudará a melhorar os seus *pre-mortems*. No entanto, não é nada difícil ou desafiador. Basta incentivar e recompensar as pessoas que fazem perguntas. Quando trabalhei na editora Emap, o despretensioso CEO, Sir Robin Miller, costumava ir de sala em sala, sentar-se numa cadeira e simplesmente perguntar ao funcionário desavisado o que ele estava fazendo. Gino também descobriu que, quando encorajou os trabalhadores com a simples mensagem de texto "Qual assunto ou atividade está instigando a sua curiosidade hoje?" durante quatro semanas, eles passaram a apresentar comportamentos mais inovadores no trabalho. Outro caminho é adotar a abordagem de aprendizagem que descrevi anteriormente (veja o *Buzz* 1), em que a situação é enquadrada como um problema que o grupo todo é encorajado a resolver.

Desse modo, se você quiser ter uma conversa franca com as pessoas sobre um projeto (uma conversa na qual as pessoas podem se manifestar sem achar que precisam se preocupar com as consequências), pode ser interessante fazer um *pre-mortem*. E se você puder cultivar uma cultura que valoriza a curiosidade e o questionamento, seus *pre-mortems* serão ainda mais produtivos.

DICAS PARA FAZER A SEGUIR:

» Sempre que você tiver de fazer uma tarefa complexa ou que envolva vários estágios, crie um *checklist*. Você ficará mais seguro e terá menos chances de deixar passar alguns fatores importantes.

» Se vocês tiverem de fazer um trabalho complexo ou que envolva várias etapas que devem ser concluídas no decorrer de semanas ou meses, e não dias, considere a possibilidade de conduzir um *pre-mortem*. Na pior das hipóteses, vocês podem se sair com algumas ideias interessantes. Na melhor das hipóteses, vocês saberão no que estão se metendo antes de saltar do avião.

Buzz 10

Relaxe

A esta altura, espero que você já tenha uma boa noção de como o trabalho pode ser mais prazeroso e gratificante. Agora, você já tem em mãos 12 Recargas simples que pode aplicar para restaurar sua energia, entusiasmo e criatividade. Aprendeu estratégias para ajudá-lo a trabalhar melhor em equipe, reforçando sua capacidade de colaboração e aumentando a inteligência coletiva do grupo até atingir a sincronia. Por fim, você viu como pode realizar muito mais em grupo do que sozinho e aprendeu a atingir o estado de afetividade positiva e segurança psicológica no qual as equipes realmente podem se destacar. É neste ponto que as equipes entram no que chamei de estado de *Buzz*.

Todavia, há outro elemento do *Buzz* sobre o qual ainda não falei. Ao explicar como podemos atingir a sincronia, argumentei que as risadas têm o poder de nos conectar e criar vínculos, forjar a resiliência, criar confiança e abrir nossa cabeça para o pensamento criativo. Agora eu gostaria mostrar como o riso também é importantíssimo para ativar o estado de *Buzz*.

Uma das razões pelas quais o *Buzz* pode parecer algo inatingível é que não somos muito bons em ser nós mesmos. Na infância, podemos ter sido influenciados por uma daquelas mães que fingia animação ao atender ao telefone. Na adolescência, policiamos nosso comportamento para dar uma impressão melhor e nos ajudar a lidar com a vida menos temorosos de desaprovação. E, como adultos sérios fazendo um trabalho sério, ficamos desesperados para causar a impressão certa. Como a professora Amy Edmondson, da Faculdade de Administração de Harvard, observou, calibramos o que dizemos e fazemos para projetar uma imagem favorável aos outros.

Não é só que sabemos que não avançaremos muito na empresa se arrotarmos nas reuniões como estamos acostumados a fazer em casa. É que estamos tão cientes dos vários obstáculos na forma de avaliações de desempenho, classificação em escala, e-mails intermináveis, reuniões e de sermos julgados pelos outros que adaptamos nosso comportamento para não chamar a atenção. No processo, acabamos lapidando nossa personalidade e, assim como nossa mãe pode usar um tom de voz especial ao atender ao telefone para evitar a reprovação dos outros, usamos uma máscara no trabalho para nos encaixar no comportamento que presumimos que nossos chefes e colegas esperam de nós. Em casa, somos nós mesmos, incluindo o moletom velho e a camiseta furada. No trabalho, somos outras pessoas.

Mark de Rond, um etnógrafo que trabalha na Faculdade de Administração Judge da Universidade de Cambridge, passou meses acompanhando equipes, a ponto de deixar de ser notado pelas pessoas e, desse modo, foi capaz de ter uma ideia extraordinariamente precisa das condições que levam a um excelente trabalho em equipe. E seu trabalho com a equipe vencedora do Campeonato de Remo da Cambridge em 2007 aponta para o poder do riso para desenvolver a confiança.

O remo é um esporte no qual tudo é analisado. O desempenho de cada remador, por exemplo, é medido em termos de potência, resistência, força máxima e competição individual. No entanto, o esporte também envolve um aspecto psicológico. De Rond notou que os candidatos se engajavam em jogos psicológicos para garantir um lugar na equipe. Um espírito de colaboração pode ser crucial nos últimos estágios da seleção, mas, quando os candidatos competiam nos primeiros estágios, de Rond observou que eles se comportavam principalmente como "indivíduos calculistas".

Ao final, De Rond confidenciou: "Não eram os seis melhores remadores que entravam na equipe". Na equipe vencedora de 2007, contrariando o conselho do técnico, a equipe optou por escolher um integrante usando um critério incomum: ele "não era o melhor remador", de acordo com De Rond, mas era "absolutamente hilário". E, por ser engraçado, ele ajudou a reforçar a conexão e a confiança em um ambiente marcado por dificuldades brutais.[1]

É impossível saber se a capacidade daquele integrante de incutir segurança psicológica e afetividade positiva na equipe foi o que determinou o que aconteceu em seguida, mas, dez dias antes do Campeonato de Remo de 2007, a equipe se sentiu confiante o suficiente para tomar uma decisão radical que representou um desvio gritante das normas de preparação para as competições. Eles tinham acabado de apresentar um desempenho decepcionante, perdendo para o Clube de Remo de Molesey. E concluíram que precisavam mudar as coisas. Depois de uma conversa franca, decidiram deixar Russ Glenn, o timoneiro, nomear um substituto, contrariando novamente a orientação do técnico.[2] Menos de duas semanas depois, Rebecca Dowbiggin, a timoneira escolhida para substituir Glenn, levou a Cambridge à sua primeira vitória em três anos.

Não é fácil explicar tudo que aconteceu nesse caso. No entanto, eu diria que não há dúvida de que a afetividade positiva irradiada pelo integrante "hilário" ajudou a criar um forte senso de segurança psicológica que permitiu à equipe ter conversas difíceis e tomar decisões radicais. O resultado fala por si só.

Se o exemplo da equipe de remo da Cambridge mostra uma ligação direta entre o humor e a afetividade positiva e um efeito indireto entre o humor e a segurança psicológica, uma equipe acadêmica da Universidade de Oxford e da University College London demonstrou que este último efeito também pode ser direto. Robin Dunbar, Brian Parkinson e Alan Gray estavam interessados em ver se o riso aumenta o espírito de colaboração das pessoas. Como já vimos, o riso não é algo que as pessoas tendem a associar ao trabalho. O mito de que as crianças dão risada centenas de vezes por dia, mas os adultos só riem um pouco nos leva a supor que os adultos precisam ser mais sérios. Não é difícil entender por quê. Como não queremos ser julgados ou criticados no trabalho, não gostamos de baixar a guarda. Nós não relaxamos... E não rimos.

O experimento conduzido por Dunbar e sua equipe envolve mostrar trechos de comédia para participantes em grupos de quatro (como vimos na Sincronia 5, as pessoas têm mais chances de rir quando estão acompanhadas do que quando estão sozinhas). Depois de ver os vídeos (que incluíram o comediante Michael McIntyre), os participantes foram solicitados a escrever uma descrição de si mesmos para os colegas do grupo "para eles poderem conhecê-lo melhor".[3] Os pesquisadores atribuíram a cada descrição uma pontuação dependendo de quanto o participante se dispôs a revelar sobre si mesmo (altas pontuações foram atribuídas a revelações como: "Em janeiro eu quebrei a clavícula fazendo *pole dance*" ou "Moro num prédio abandonado [com ratos!]").

Relaxe   299

O que os pesquisadores descobriram foi que as pessoas que riram juntas tiveram consideravelmente mais chances de revelar detalhes íntimos umas às outras e fazer uma descrição mais próxima de quem elas realmente eram do que os participantes do grupo de controle, que não viram o vídeo de comédia. E havia uma razão fisiológica para isso: "Uma provável razão para a exposição à comédia ter levado a revelações significativamente mais íntimas do que a condição neutra", os pesquisadores argumentaram, "é que a maior taxa de risos levou a uma maior ativação da endorfina... O efeito opiáceo das endorfinas deixa as pessoas mais relaxadas sobre o que elas escolhem revelar". E eles explicam: "As endorfinas podem atuar para facilitar a interação reduzindo a atenção autodirigida; reduzindo preocupações sobre a revelação de informações excessivas ou sobre a pessoa ser considerada "estranha" ou desagradável e, em consequência, promovendo a troca de informações íntimas". Em outras palavras, quando rimos, abrimo-nos para mostrar aos outros quem realmente somos, e estamos mais abertos às peculiaridades dos outros.

E o que isso tem a ver com o trabalho? Bem, parece que as equipes têm mais chances de atingir "explosividade" da participação coletiva (veja o *Buzz* 8) quando estão descontraídas e têm a chance de rir. As pessoas param de se preocupar com a possibilidade de que elas ou suas ideias sejam criticadas pelos outros, que uma sugestão seja recebida com o tipo de frieza que associamos com a proposta de mudar alguma coisa na próxima festa de Natal da família. Na introdução dessa seção sobre o *Buzz*, vimos o estudo de Amy Edmondson sobre os centros cirúrgicos e o nervosismo de alguns enfermeiros ao dar sugestões a cirurgiões dominantes. Esse é o tipo de engessamento que se obtém quando as pessoas não têm segurança psicológica.

O riso cria um ambiente mais seguro. Podemos ser um pouco mais livres com as nossas ideias. Como Dunbar explica: "O riso reduz o foco em si mesmo, o que, por sua vez, reduz a consciência do grau de intimidade das informações reveladas". E, naturalmente, é quando nos abrimos ao pensamento não convencional que nossas melhores ideias surgem, porque não estamos preocupados com a imagem que apresentamos ao mundo. Os centros cirúrgicos do estudo de Amy Edmondson que ofereciam segurança psicológica puderam se beneficiar de sugestões inteligentes. Um enfermeiro, por exemplo, conseguiu resolver um problema provocado pelo novo procedimento de cirurgia cardíaca sugerindo a utilização de uma ferramenta há muito esquecida: um retrator apelidado de *iron intern*.[4]

Trevor Noah, apresentador do programa cômico *The Daily Show*, da Comedy Central, explicou a importância do riso para o processo criativo de sua equipe. "Quando estou na sala com os roteiristas", ele disse, "estou em busca do que vamos fazer no programa naquele dia... Acho que o riso é absorvido como o tabagismo passivo e se imiscui na nossa essência humana, em quem realmente somos."[5] Quando nossas equipes sentem-se à vontade, quanto permitimos a afetividade positiva, quando atingimos a segurança psicológica, temos um ambiente propício à revelação das nossas melhores ideias. É quando a equipe de remo pode se manifestar, quando os enfermeiros podem dar sugestões aos cirurgiões, quando os participantes do experimento baixam a guarda e revelam quem realmente são. O riso não é um luxo; é ao mesmo tempo uma causa e um produto do *Buzz*.

DICAS PARA FAZER A SEGUIR:

» Às vezes, o segredo para deixar um grupo à vontade para rir é encontrar aquela pessoa engraçada capaz de catalisar o riso.

» Lembre que o riso cria condições para a afetividade positiva e a segurança psicológica, que são imprescindíveis para atingir o *Buzz*.

 Podcast (em inglês)

BJARKE INGELS - ARQUITETO CULTURAL
Meu interesse era conversar com Bjarke Ingels quando vi o design do novo Google Landscraper em Kings Cross. Debatemos o quanto nossos prédios moldam nossas culturas, muitas pessoas sugeriram que um prédio que possa ser facilmente adaptado é uma maneira de aproveitar as culturas criativas.

http://eatsleepworkrepeat.com/architecture-of-work/

DESENHANDO UMA GRANDE CULTURA
Biz Stone é um dos fundadores do Twitter - famoso por retornar à empresa em 2017. Falamos sobre design, sobre sua primeira *start-up* em que a cultura foi corrompida e depois intencionalmente inventando uma cultura para ser mais eficaz.

http://eatsleepworkrepeat.com/designing-great-culture/

A INTELIGÊNCIA COLETIVA DAS EQUIPES

Em 2015, Anita Williams Woolley e seus colegas publicaram alguns trabalhos inovadores, entendendo a "inteligência coletiva" das equipes. Eles perguntaram: "podemos julgar o poder cognitivo de um certo grupo de pessoas?"

Woolley explica a parte que o gênero desempenha nessa inteligência de equipe e, em seguida, fornece um teste que você pode realizar para ajudar a prever a inteligência coletiva em suas próprias equipes.

http://eatsleepworkrepeat.com/the-collective-intelligence-of-teams/

 *Epílogo*

#LoveWhereYouWork

Mais ou menos um ano depois de abrir nosso escritório do Twitter em Londres, tivemos um incidente absolutamente transformador. Nossa equipe era pequena, mas se expandia rapidamente, e trabalhávamos num escritório precário na Great Titchfield Street. Engenheiros de *software*, vendedores e profissionais de *marketing* competiam por espaço num ambiente de trabalho bem distante do glamour que as pessoas podem associar às *startups* do Vale do Silício. Como acontece com outras equipes que começam com seis pessoas, aumentam para 20 e depois para 40, ainda havia aquele sentimento de conexão pessoal entre todas as pessoas da equipe e a sensação de que estávamos todos remando na mesma direção. Era o tipo de lugar onde todo mundo ia para o pub do bairro umas duas vezes por semana.

A energia e a determinação eram palpáveis. As coisas iam muito bem. Estávamos tendo um crescimento de público sem igual e uma receita publicitária em alta. E tudo isso apesar do ambiente caótico no qual trabalhávamos. Dara Nasr, então diretor de vendas e hoje diretor-executivo do Twitter no Reino Unido, escolheu a pior mesa do escritório, com uma superfície de trabalho do tamanho de uma bandeja de chá num espaço tomado em parte por um pilar de concreto. O lugar era tão ruim que ele não tinha como digitar sentado. Foi uma escolha simbólica: se ele tivesse de trabalhar num lugar que lhe cortasse em parte a circulação das pernas, ninguém poderia reclamar que não tinha uma vista para a janela. E ninguém reclamava. As coisas iam *de vento em popa*.

No entanto, um dia, no fim do verão, nossa estimada gerente de *marketing* enviou um e-mail avisando que estava doente. Lucy Mosley era uma integrante da nossa pequena equipe que parecia ser dotada de poderes biônicos. Ela nunca alegou ter superpoderes de imaginação ou criatividade, mas ocupava, sem alardes, o cargo de diretora da curiosidade, fazendo perguntas constantes aos colegas. "O que você achou disso? O que você gostou naquilo?" Sua grande habilidade estava em sua grande curiosidade em saber o que os outros estavam pensando. Todos os dias ela peneirava montanhas de pedras para encontrar partículas de ouro. Sob recomendações médicas, Lucy fez uma pequena cirurgia e, por insistência de todos do escritório, só começou a voltar aos poucos ao trabalho depois de um mês de repouso. Então, na hora do almoço de uma sexta-feira, Lucy fechou discretamente o laptop e voltou para casa sem dizer nada a ninguém. A maioria de nós nunca mais a viu.

Num domingo de manhã, recebi um telefonema. Lucy fora diagnosticada com um câncer agressivo que já tinha se espalhado pelo corpo. Ela fora hospitalizada e provavelmente só teria mais alguns dias de vida. Um câncer em fase terminal tem efeitos simplesmente brutais. As vítimas de câncer podem ser lembradas constantemente de que outras pessoas conseguiram superar a doença e de que o grande segredo é "nunca desistir de lutar". No entanto, algumas pessoas, como Lucy, são tão fortes que só percebem que estão doentes quando a doença já está muito avançada. Ela não teve tempo para lutar porque o câncer já tinha tomado todo o seu corpo. Essa impossibilidade de sobreviver se somou à enorme brutalidade do diagnóstico.

A ala do hospital onde Lucy ficou internada tinha regras rígidas: nada de flores (devido aos riscos de uma alergia ao pólen) e nada de doces (porque o açúcar alimenta o câncer). E, como o noivo de Lucy compreensivelmente quis protegê-la das tensões e agitações do dia a dia, ele pediu que as pessoas evitassem mensagens de texto, *tweets* ou visitas. Nessas circunstâncias, como enviar uma mensagem de amor para alguém sem violar as regras?

Enquanto tentávamos resolver a logística de contratar um avião para escrever uma mensagem de fumaça no céu, Lyndsay, uma colega inventiva, sugeriu que todos nós tricotássemos uma grande manta de lã para Lucy. Era uma ideia brilhante, mas só tinha um problema. Todos nós já tínhamos atingido o estado da vida adulta caracterizados por nossa incapacidade de tricotar. Decidimos não permitir que esse pequeno detalhe nos impedisse. Aulas de tricô foram organizadas às pressas para depois do expediente na próxima segunda-feira e todos se comprometeram a entregar pelo menos 20 carreiras de lã tricotadas. Numa corrida contra o tempo, o trabalho começou.

Os cliques das agulhas de tricô tiveram um poder terapêutico simbólico com os fios de lã macia se transformando em um tecido robusto. Parecia que estávamos fazendo um feitiço. Imaginamos que cada ponto ajudava a curar a pessoa amada. Por incrível que pareça, em questão de dias, nosso bando de amadores tinha concluído uma manta de 2,5 metros que poderia não ter ganhado nenhum prêmio, mas emanava cuidado e carinho.

As reuniões de hoje foram sessões de tricô. Muito tricô.

Quando você é lembrado de que trabalha com as melhores pessoas do mundo, o trabalho da nossa semana vai para alguém que amamos de paixão.

Mandamos lavar a manta com urgência e a colocamos numa bela caixa de presente junto com um álbum de fotos e mensagens. Tendo recebido um telefonema informando que a batalha de Lucy estava chegando ao fim, cheios do que parecia ser uma esperança insensata em vez da certeza de que nossa mensagem chegaria a tempo, enviamos a manta por motoboy ao centro de assistência a doentes terminais para onde ela tinha sido transferida. A manhã se transformou em tarde, a tarde se transformou em noite. Pouco depois das 19h daquela noite, Lucy nos enviou uma mensagem, seu primeiro *tweet* em semanas:

Lucy Mosley @LucyCDMosley · 21 out. 2013

Quentinha com a minha manta do @TwitterUK @Twitter #LoveWhereYouWork #Family

Naquela noite, imagine que, como eu, meus colegas deram um soluço de alegria encharcado de lágrimas. Podemos não ter tido a chance de ver Lucy, mas foi uma alegria saber que ela finalmente sentiu nosso amor, que a nossa manta amadora pôde lhe dar algum conforto.

Conto essa história porque acho que a *hashtag* que Lucy usou, #LoveWhereYouWork, lançou todo um movimento para nós. Como em todas as empresas, definitivamente tivemos momentos em que o Twitter do Reino Unido foi um lugar apaixonante para se trabalhar (e muitos momentos em que isso não aconteceu), mas nos bons e maus momentos, as pessoas continuaram usando a *hashtag* de Lucy para reforçar os vínculos e compartilhar sentimentos.

Quando perguntam como é trabalhar no Twitter, meus colegas costumam responder: "Veja *hashtag* #LoveWhereYouWork no Twitter". E também tivemos de dar muitas explicações. Dá para entender que os jornalistas às vezes desconfiam quando ouvem falar de empresas que proclamam toda essa afeição coletiva. Seria fácil interpretar tudo isso como um plano corporativo de lavagem cerebral, e não parte de um movimento natural de união e proximidade entre os colegas. Quem não trabalha no Twitter costuma dizer "Mas que diabos é isso?" E tudo bem. A *hashtag* nunca teve a intenção de ser algo a ser ostentado como uma espécie de medalha de honra.

Se você clicar na *hashtag* #LoveWhereYouWork hoje, encontrará mensagens triviais. Pode ser que um colega tenha preparado um café para alguém do Twitter em algum lugar do mundo e a pessoa postou uma brincadeira a respeito. Pode ser que alguma coisa um pouco mais especial tenha acontecido, como uma equipe abrindo mão do fim de semana para ajudar crianças destituídas.

Quentinha com minha manta do @TwitterUK @Twitter #LoveWhereYouWork #Family

Para mim esse movimento também se transformou em outra coisa. O #LoveWhereYouWork tornou-se uma referência que eu quero pôr em prática na minha vida. Isso me lembra de que tenho o dever, como chefe, de ajudar a criar as condições para as pessoas poderem fazer seu melhor trabalho, sair do trabalho na sexta-feira se sentindo orgulhosas do que fizeram e não ter vergonha de dizer "Eu adoro o meu trabalho". Houve momentos desde o *tweet* de Lucy em que não parecia que meus colegas gostavam do trabalho que faziam. Eles trabalhavam carrancudos e se arrastavam pesadamente porta afora no fim do dia. Todavia, mesmo se nem sempre tive um senso de realização, sempre fui movido pela esperança.

Todo mundo quer fazer um trabalho que lhe dê orgulho. Todo mundo adora o prazer de rir com os colegas. No meu *podcast*, neste livro, nas conversas que adoro ter com as pessoas do Twitter e do LinkedIn, busquei investigar os segredos de melhorar nosso trabalho. Foi um enorme prazer encontrar evidências para silenciar os *bullies* que dizem que sair para o almoço é para os fracos ou que acham que o trabalho deve ser um lugar repleto de medo e ansiedade, em vez de repleto de conversas e risos. O triste é que grande parte dessas evidências tende a ficar enterrada em publicações especializadas e pesquisas acadêmicas. O que me propus a fazer aqui foi compartilhar essas informações.

Espero que você experimente pelo menos algumas das 30 ideias que apresentei e que possa voltar a se apaixonar pelo seu trabalho. Se acontecer, não deixe de me contar pelo Twitter (@brucedaisley ou @eatsleepwkrpt) ou pelo e-mail (brucedaisley@gmail.com).

Não vejo a hora de saber como você voltou a cair de amores pelo seu trabalho!

#LoveWhereYouWork

Bibliografia

Livros

Amabile, Teresa. *The Progress Principle: Using Small Wins to Ignite Joy, Engagement and Creativity at Work*. Harvard Business Review Press, 2011.

Archer, Laura. *Gone for Lunch: 52 Things to Do in Your Lunch Break*. Quadrille, 2017.

Cable, Daniel. *Alive at Work: The Neuroscience of Helping Your People Love What They Do*. Harvard Business Review Press, 2018.

Cain, Susan. *Quiet: The Power of Introverts in a World That Can't Stop Talking*. Penguin, 2013.

Catmull, Ed. *Creativity, Inc.: Overcoming the Unseen Forces that Stand in the Way of Inspiration*. Bantam Press, 2014.

Colgan, Stevyn. *One Step Ahead: Notes from the Problem Solving Unit*. No prelo, 2018.

Currey, Mason. *Daily Rituals: How Great Minds Make Time, Find Inspiration, and Get to Work*. Picador, 2014.

Dalio, Ray. *Principles: Life and Work*. Simon & Schuster, 2017.

DeMarco, Tom e Lister, Timothy. *Peopleware: Productive Projects and Teams*. 3. ed. Addison Wesley, 2016.

de Rond, Mark. *Doctors at War: Life and Death in a Field Hospital*, ILR Press, 2017.

de Rond, Mark. *The Last Amateurs: To Hell and Back with the Cambridge Boat Race Crew*. Icon Books, 2009.

de Wolff, Charles et al. *Work Psychology*, vol. 2. Psychology Press, 1998.

Dolan, Paul. *Happiness by Design: Finding Pleasure and Purpose in Everyday Life*. Penguin, 2015.

Dunbar, Robin, *Grooming, Gossip and the Evolution of Language*. Faber & Faber, 2004.

Feldman Barrett, Lisa. *How Emotions Are Made: The Secret Life of the Brain*. Pan, 2018.

Foster, Dawn, *Lean Out*. Watkins Publishing, 2016.

Fried, Jason e Heinemeier Hansson, David. *Rework: Change the Way You Work Forever*. Vermilion, 2010.

Gawande, Atul. *The Checklist Manifesto: How to Get Things Right*. Profile, 2011.

Gawdat, Mo. *Solve for Happy: Engineer Your Path to Joy*. Bluebird, 2017.

Gonzales, Laurence. *Deep Survival: Who Lives, Who Dies, and Why*. W. W. Norton & Co., 2017.

Grant, Adam. *Give and Take: Why Helping Others Drives Our Success*. W&N, 2014.

Grant, Adam. *Originals: How Non-conformists Change theWorld*. W. H. Allen, 2017.

Heath, Chip e Heath, Dan. *The Power of Moments: Why Certain ExperiencesHaveExtraordinaryImpacts*. Bantam Press, 2017.

Ingels, Bjarke. *YES Is More: An Archicomic on Architectural Evolution*. Taschen, 2009.

Ito, Joi e Howe, Jeff. *Whiplash: How to Survive Our Faster Future*. Hachette USA, 2016.

Kay, John. *Obliquity:Why Our Goals Are Best Achieved Indirectly*. Profile Books, 2011.

Layard, Richard. *Happiness: Lessons from a New Science*. Penguin, 2011.

Lencioni, Patrick. *The Advantage: Why Organizational Health Trumps Everything Else in Business*. John Wiley & Sons, 2012.

Levitin, Daniel. *The Organized Mind: Thinking Straight in the Age of Information Overload*. Penguin, 2015.

Lundin, Stephen, Paul, Harry e Christensen, John. *Fish! A Remarkable Way to Boost Morale and Improve Results*. Hodder & Stoughton, 2014.

Lyons, Dan. *Disrupted: Ludicrous Misadventures in the Tech Start-up Bubble*. Atlantic Books, 2017.

McCord, Patty. *Powerful: Building a Culture of Freedom and Responsibility*. Silicon Guild, 2018.

Mill, John Stuart. *Principles of Political Economy*. Oxford University Press, 2008.

Moore, Bert S. e Isen, Alice M. (eds). *Affect and Social Behavior*. Cambridge University Press, 1990.

Newport, Cal. *Deep Work: Rules for Focused Success in a Distracted World*. Piatkus, 2016.

Pentland, Alex. *Honest Signals: How They Shape Our World*. MIT Press, 2010.

Pentland, Alex. *Social Physics: How Social Networks Can Make Us Smarter*. Penguin Random House USA, 2015.

Pfeffer, Jeffrey. *Power: Why Some People Have It — And Others Don't*. HarperBusiness, 2010.

Pink, Daniel H. *Drive: The Surprising Truth About What Motivates Us*. Canongate Books, 2011.

Pink, Daniel H. *When: The Scientific Secrets of Perfect Timing*. Canongate Books, 2018.

Provine, Robert R. *Laughter: A Scientific Investigation*, Penguin, 2001.

Reed, Richard. *A Book About Innocent: Our Story and Some Things We've Learned*. Penguin, 2009.

Reeves, Richard. *Happy Mondays: Putting the Pleasure Back into Work*. Momentum, 2001.

Ressler, Cali e Thompson, Jody. *Why Work Sucks and How to Fix It: The Results-Only Revolution*. Portfolio, 2011.

Sandberg, Sheryl. *Lean In: Women, Work and the Will to Lead*. W. H. Allen, 2015.

Schwartz, Tony. *The Way We're Working Isn't Working*. Simon & Schuster, 2016.

Seligman, Martin. *Learned Optimism: How to Change Your Mind and Your Life*. Nicholas Brealey Publishing, 2018.

Seppälä, Emma. *The Happiness Track: How to Apply the Science of Happiness to Accelerate Your Success*, Piatkus, 2017.

Siebert, Al. *The Survivor Personality: Why Some People Are Stronger, Smarter and More Skillful at Handling Life's Difficulties*. TarcherPerigee, 2010.

Soojung-Kim Pang, Alex. *Rest: Why You Get More Done When You Work Less*. Basic Books, 2016.

Spicer, André. *Business Bullshit*. Routledge, 2017.

Stone, Biz. *Things a Little Bird Told Me: Confessions of the Creative Mind*. Macmillan, 2014.

Stone, Brad. *The Upstarts: Uber, Airbnb and the Battle for the New Silicon Valley*. Corgi, 2018.

Sutherland, Jeff. *Scrum: The Art of Doing Twice the Work in Half the Time*. Random House Business, 2015.

Tokumitsu, Miya. *Do What You Love: And Other Lies About Success and Happiness*. Regan Arts, 2015.

Ton, Zeynep. *The Good Jobs Strategy: How the Smartest Companies Invest in Employees to Lower Costs and Boost Profits.* Amazon Publishing, 2014.

Voss, Chris. *Never Split the Difference: Negotiating as if Your Life Depended on It.* Random House Business, 2017.

Waber, Ben. *People Analytics: How Social Sensing Technology Will Transform Business and What It Tells Us About the Future of Work.* Financial Times/Prentice Hall, 2013.

Walker, Matthew. *Why We Sleep: The New Science of Sleep and Dreams.* Penguin, 2018.

Webb Young, James. *A Technique for Producing Ideas.* McGraw--Hill Education (nova edição), 2003.

Wozniak, Steve. *iWoz: Computer Geek to Cult Icon.* Headline Review, 2007.

TED Talks e vídeos (em inglês)

Um vídeo pode ser um melhor do que um livro para abrir um diálogo com a sua equipe. Veja nove vídeos que podem ajudá-lo a começar uma conversa sobre cada um dos temas apresentados.

Como abrir um espaço vazio pode levar a ideias criativas

Como o tédio pode levar às suas melhores ideias — Manoush Zomorodi https://www.youtube.com/watch?v=c73Q8oQmwzo

Como mudar a dinâmica das reuniões

Quer ser mais criativo? Saia para uma caminhada — Marily Oppezzo https://www.youtube.com/watch?v=j4LSwZ05laQ

Senso de pertencimento e amizade no trabalho

Tudo o que você precisa é de amor... no trabalho? — Sigal Barsade https://www.youtube.com/watch?v=sKNTyGW3o7E

Como ser menos dependente do celular

Passando o tempo todo *on-line* — Leslie Perlow, autora de
Sleeping With Your Smartphone
https://www.youtube.com/watch?v=YVyEtSFW6UA

O poder do bate-papo no escritório

Física social: como as boas ideias se espalham — Alex
"Sandy" Pentland
https://www.youtube.com/watch?v=HMBl0ttu-Ow

Mais sobre o bate-papo no escritório

Utilização do *analytics* para analisar as interações no
trabalho — Ben Waber
https://www.youtube.com/watch?v=XojhyhoRI7I&t=2s

Por que você deve proibir celulares nas reuniões

Como conquistar (e reconquistar) a confiança — Frances Frei
https://www.ted.com/talks/frances_frei_how_to_build_and_
rebuild_trust/

O Desafio do Marshmallow (não veja este vídeo antes de fazer o teste)

Construa uma torre, construa uma equipe — Tom Wujec
https://www.ted.com/talks/tom_wujec_build_a_tower#t-45675

Mudando a dinâmica de segurança na sua equipe

Como desenvolver um local de trabalho psicologicamente
seguro — Amy Edmondson
https://www.youtube.com/watch?v=LhoLuui9gX8

NOTAS

Introdução

1. https://www.gallup.com/services/190118/engaged-workplace.aspx *e* https://news.gallup.com/opinion/gallup/219947/weak-workplace-cultures-help-explain-productivity-woes.aspx

2. https://americansongwriter.com/2006/01/the-strokes-hard-to-explain/3/

3. https://www.theguardian.com/music/2003/oct/17/popandrock.shopping4

4. http://ew.com/article/2003/10/31/room-fire/

5. Tudo isso claramente pesou na vida de Casablancas. Ele disse à *GQ* em 2014: "Uma banda é uma excelente maneira de acabar com uma amizade e uma turnê é uma excelente maneira de acabar com uma banda". https://www.gq.com/story/the-strokes-retrospective

6. http://www.telegraph.co.uk/technology/mobile-phones/9646349/Smartphones-and-tablets-add-two-hours-to-the-working-day.html

7. https://www.ccl.org/wp-content/uploads/2015/04/AlwaysOn.pdf

8. http://news.gallup.com/poll/168815/using-mobile-technology-work-linked-higher-stress.aspx

9. https://www.researchgate.net/publication/6360061_The_moderating_role_of_employee_well_being_on_the_relationship_between_job_satisfaction_and_job_performance

10. http://news.gallup.com/poll/168815/using-mobile-technology--work-linked-higher-stress.aspx

11. https://www.theguardian.com/us-news/2017/jun/26/jobs-future-automation-robots-skills-creative-health

12. https://hbr.org/2018/01/the-future-of-human-work-is-imagination-creativity-and-strategy

13. https://www.gov.uk/government/publications/good-work-the-taylor-review-of-modern-working-practices

14. https://eatsleepworkrepeat.fm/are-the-robots-taking-over/

Parte 1: Recarregue as suas baterias

Introdução

1. https://news.efinancialcareers.com/uk-en/159654/salaries-and-
   -bonuses-goldman-sachs-jpmorgan-citi-baml-morgan-stanley

2. http://alexandramichel.com/ASQ%2011–11.pdf

3. http://www.dailymail.co.uk/news/article-2397527/Bank-Ame-
   rica-Merrill-Lynch-intern-Moritz-Erhardt-dead-working-long-
   -hours.html

4. https://www.newyorker.com/magazine/2014/01/27/the-cult-of-
   -overwork *e* https://news.efinancialcareers.com/uk-en/213166/
   what-goldman-sachs-j-p-morgan-cs-baml-and-barclays-have-
   -done-to-cut-junior-bankers-working-hours

5. Sim, eu passei mais de uma década trabalhando para marcas
   de tecnologia como o YouTube, o Twitter e o Google, mas isso
   não quer dizer que vou tentar convencê-lo de que é bom passar
   o tempo todo no celular, assim como alguém que trabalha no
   McDonald's não recomendaria comer hambúrguer 24 horas por
   dia, 7 dias por semana.

6. Segundo um levantamento de 2015 conduzido pela You-
   Gov, 51% das pessoas relataram sentir exaustão ou *burnout*
   em seu emprego atual. De acordo com outro levantamento, conduzido pela Community Care, 73% dos assistentes sociais também se sentiam exauridos: https://www.
   theguardian.com/women-in-leadership/2016/jan/21/
   spot-the-signs-of-burnout-before-it-hits-you

7. Estatísticas dos Estados Unidos sugerem que a exaustão aumentou 32% nos últimos vinte anos, chegando a atingir o nível
   atual de nada menos que a metade da força de trabalho: https://
   hbr.org/2017/06/burnout-at-work-isnt-just-about-exhaustion-
   -its-also-about-loneliness

8. https://www.telegraph.co.uk/women/work/
   rising-epidemic-workplace-loneliness-have-no-office-friends/

Recarga 1: Passe a Manhã no Modo Monge

1. https://www.inc.com/business-insider/google-ceo-sundar-pichai-daily-routine.html

2. http://uk.businessinsider.com/netflix-ceo-reed-hastings=-doesnt-have-an-office2016–6-?r=US&IRT *e* http://uk.businessinsider.com/gap-ceo-doesnt-have-desk-office-2014–11?r=US&IR=T

3. https://www.ft.com/content/f400ae8c-9894-11e7-a652-cde3f882dd7b

4. http://fortune.com/2018/02/16/apple-headquarters-glass-employees-crash/

5. https://www.archdaily.com/884192/why-open-plan-offices--dont-work-and-some-alternatives-that-do

6. https://www.economist.com/business/2018/07/26/open-offices-can-lead-to-closed-minds

7. https://www.sciencedirect.com/science/article/pii/S0003687016302514

8. https://www.bizjournals.com/sanjose/news/2017/08/08/apple--park-employees-floor-plan-hq-spaceship-aapl.html

9. https://www.ncbi.nlm.nih.gov/pubmed/?term=21528171

10. https://www.telegraph.co.uk/science/2017/10/01/open-plan-offices-dont-work-will-replaced-coffice-says-bt-futurologist/

11. https://hbr.org/2014/07/the-cost-of-continuously-checking-email

12. *Quality Software Management*, Gerald Weinberg, citado em Jeff Sutherland, *Scrum.*

13. https://ideas.repec.org/a/eee/jobhdp/v109y2009i2p168-181.html

14. http://edition.cnn.com/2005/WORLD/europe/04/22/text.iq/ *e* http://www.ics.uci.edu/~gmark/CHI2005.pdf

15. https://hbr.org/2011/05/the-power-of-small-wins

16. https://www.wired.com/1996/09/czik/

17. https://hbr.org/2002/08/creativity-under-the-gun

18. Conversa do autor com Sutherland: https://eatsleepworkrepeat.fm/rory-sutherland-on-work-culture/

Recarga 2: Faça uma reunião caminhando

1. Citado em Alex Soojung-Kim Pang, *Rest*, p. 95.

2. https://www.ted.com/talks/
    marily_oppezzo_want_to_be_more_creative_go_for_a_walk

3. https://www.apa.org/pubs/journals/releases/xlm-a0036577.pdf

4. https://web.stanford.edu/group/mood/cgi-bin/wordpress/wp-
    -content/uploads/2012/08/Berman-JAD-2012.pdf

5. Conversa no *podcast* Eat Sleep Work Repe-
    at: https://www.acast.com/eatsleepworkrepeat/
    thoughtleaders2-chrisbarezbrown?autoplay

6. https://www.nytimes.com/2011/04/13/nyregion/13mob.
    html?_r=1&hp

Recarga 3: Use fones de ouvido

1. Meu conselho é: nunca entre em fóruns de RH.

2. https://hbr.org/2012/04/workers-take-off-your-headphon

3. A propósito, o nome dele é Douglas Conant. https://hbr.
    org/2014/03/turn-your-next-interruption-into-an-opportunity

4. De seu maravilhoso e pioneiro livro, *How Emotions Are Made*,
    p. 169.

5. https://www.npr.org/sections/krulwich/2012/03/30/149685880/
    neuroscientists-battle-furiously-over-jennifer-aniston

6. https://www.britannica.com/science/memory-psychology/
    Working-memory#ref985180

7. Uma excelente exploração das últimas descobertas da neuros-
    ciência da criatividade pode ser encontrada em: https://www.
    frontiersin.org/articles/10.3389/fnhum.2013.00330/full

8. Conversa do autor com Sutherland: https://eatsleepworkrepeat.
    fm/rory-sutherland-on-work-culture/

9. https://www.tandf*on-line*.com/doi/abs/10.1207/
    s15326934crj1004_2

10. https://hbr.org/2017/05/
    to-be-more-creative-schedule-your-breaks

11. https://www.researchgate.net/publication/277088848_Alternating_Incubation_Effects_in_the_Generation_of_Category_Exemplars

12. James Webb Young, *A Technique for Producing Ideas.*

13. https://www.fs.*blog*/2014/08/steve-jobs-on-creativity/

14. https://work.qz.com/1252156/do-open-offices-really-increase-collaboration/

15. http://journals.sagepub.com/doi/10.1177/0170840611410829

Recarga 4: Livre-se da doença da pressa

1. O tempo mínimo exigido pela Lei de Proteção aos Portadores de Deficiência (1990) dos Estados Unidos é de três segundos. No Reino Unido, o HM Government Building Regulations 2010 estipula um mínimo de cinco segundos.

2. https://www.nytimes.com/2004/02/27/nyregion/for-exercise--in-new-york-futility-push-button.html

3. https://www.radicati.com/wp/wp-content/uploads/2015/02/Email-Statistics-Report-2015-2019-Executive-Summary.pdf

4. Dados do Reino Unido: https://www.managementtoday.co.uk/uk-workers-waste-year-lives-useless-meetings/article/1175002; Dados dos Estados Unidos: https://hbr.org/2017/07/stop-the-meeting-madness

5. Daniel Levitin, *The Organized Mind*, p. 6.

6. http://www.hse.gov.uk/statistics/causdis/stress/stress.pdf

7. Jason Fried e David Heinemeier Hansson, *Rework*, p. 268.

8. Citado em Manoush Zomorodi's TED Talk: https://www.ted.com/talks/manoush_zomorodi_how_boredom_can_lead_to_your_most_brilliant_ideas

9. Ibid.

Recarga 5: Encurte a sua semana de trabalho

1. https://en.wikipedia.org/wiki/Continuous_partial_attention

2. Eles ganham créditos acadêmicos. Veja: http://assets.csom.umn.edu/assets/113144.pdf

3. https://twitter.com/DavidLawTennis/status/1011279272823189505

4. http://uk.businessinsider.com/yahoo-ceo-marissa-mayer-on-130-hour-work-weeks-2016-8

5. https://archive.nytimes.com/www.nytimes.com/learning/general/onthisday/big/0105.html#article

6. http://ftp.iza.org/dp8129.pdf

7. https://www.economist.com/*blogs*/freeexchange/2014/12/working-hours

8. Citado em Jeff Sutherland, *Scrum*, p. 101.

9. https://www.linkedin.com/pulse/why-best-bosses-ask-employees-work-less-scott-maxwell/

10. Jeff Sutherland, *Scrum*, p. 102.

11. Estamos diante do debate inevitável sobre o que vem primeiro: o ovo ou a galinha. Porém, é interessante notar que as descobertas de Pencavel foram confirmadas por outros estudos. Veja: https://www.economist.com/*blogs*/freeexchange/2013/09/working-hours

12. https://theenergyproject.com/

13. https://www.nytimes.com/2017/01/06/business/sweden-work--employment-productivity-happiness.html

Recarga 6: Destrone o seu capataz interior

1. http://www.businessinsider.com/best-buy-ceo-rowe-2013-3?IR=T

2. http://www.nj.com/politics/index.ssf/2016/01/christie_stupid_law_assuring_kids_recess_deserved.html

3. Por sorte, o legado de Christie foi reduzido a uma foto tirada de um avião mostrando ele tomando sol numa praia de Nova Jersey enquanto o resto do estado era submetido a praias fechadas. Nos dias de hoje, precisamos admitir que só estamos neste mundo para nos transformar em um *meme* algum dia. É sempre um enorme prazer quando o *meme* de alguém expõe sua hipocrisia com tanta clareza. https://www.nytimes.com/2017/07/03/nyregion/chris-christie-beach-new-jerseybudget.html

Recarga 7: Desative as suas notificações

1. Lisa Feldman Barrett é brilhante ao discorrer sobre tudo o que tem a ver com o cérebro e as emoções, como você pode constatar em *How Emotions Are Made*, p. 70.

2. https://www.sciencedirect.com/science/article/pii/002432059600118X

3. https://hbr.org/2002/08/creativity-under-the-gun

4. https://www.theguardian.com/sport/2008/feb/03/features. sportmonthly16 — mas note que isso não se deve só ao estresse imposto aos jogadores. Muitas evidências indicam que juízes apresentam um comportamento que os cientistas chamam de "evasão" ou, no caso, tentar evitar críticas do público por tomar decisões contra o time da casa.

5. http://believeperform.com/education/crowd-and-the-home-advantage/

6. http://news.bbc.co.uk/sport1/hi/football/teams/n/newcastle_united/7122616.stm

7. https://www.belfasttelegraph.co.uk/sport/football/cut-out--the-negativity-and-get-behind-us-sterling-urges-england--fans-36747143.html

8. https://www.telegraph.co.uk/culture/comedy/9465052/Harry--Hillon-his-next-big-thing.html

9. https://www.mirror.co.uk/tv/tv-news/harry-hill-tv-burp-left-131864

10. https://hbr.org/2002/08/creativity-under-the-gun

11. Ibid.

12. As fotos são sinistras, mostrando fios dependurados saindo do crânio de ratos, mas pelo menos podemos nos beneficiar do aprendizado resultante.

13. http://discovermagazine.com/2012/may/11-jaak-panksepp-rat--tickler-found-humans-7-primal-emotions

14. Do episódio do *podcast* Eat Sleep Work Repeat gravado ao vivo para a Advertising Week 2018: https://eatsleepworkrepeat.fm/bringing-laughter-back-to-work/

15. https://pdfs.semanticscholar.org/c140/533bfa3d841fc016e-6f82ab9e5fbd67f2d75.pdf

16. http://www.lboro.ac.uk/news-events/news/2013/june/098e-mailstress.html

17. http://news.gallup.com/poll/168815/using-mobile-technology--work-linked-higher-stress.aspx

18. https://www.theguardian.com/small-business-network/2014/oct/03/have-emails-had-day-modern-office-business

19. No Android, vá para Configurações, Gmail (ou outro aplicativo de e-mail), Notificações, Desligar. No iOS, vá para Configurações, Notificações, Mail (ou outro aplicativo de e-mail), Desligar todas as notificações.

20. https://www.academia.edu/20670805/_Silence_Your_Phones_Smartphone_Notifications_Increase_Inattention_and_Hyperactivity_Symptoms?ends_sutd_reg_path=true

21. https://pdfs.semanticscholar.org/8637/403e90d5a6451ad99b-96827d00db63ef3d88.pdf

22. http://journals.plos.org/plosone/article?id=10.1371/journal.pone.0054402

23. https://pielot.org/pubs/PielotRello2017-MHCI-DoNotDisturb.pdf

24. https://www.newscientist.com/article/2142807-one-day-without-notifications-changes-behaviour-for-two-years/

25. https://pielot.org/2017/07/productive-anxious-lonely-24-hours-without-push-notifications/

26. http://oro.open.ac.uk/47011/1/Design%20Frictions_CHI2016L-BW_v18.camera.ready.pdf

27. https://www.newscientist.com/article/2142807-one-day-without-notifications-changes-behaviour-for-two-years/

Recarga 8: Saia para almoçar

1. Transcrição da conversa do autor com Laura Archer no *podcast* Eat Sleep Work Repeat: https://eatsleepworkrepeat.fm/honey-i-hacked-my-job/

2. https://www.bupa.com/sharedcontent/articles/take-a-break

3. https://www.researchgate.net/publication/242337761_Momentary_work_recovery_The_role_of_within-day_work_breaks

4. https://www.ncbi.nlm.nih.gov/pubmed/26375961

5. Theo Meijman e Gijsbertus Mulder, "Psychological Aspects of Workload", in Charles de Wolff, *Work Psychology*, p. 5.

6. Daniel Pink, *When*, p. 50.

7. https://hbr.org/2016/02/dont-make-important-decisions-late-in-the-day

8. https://www.theguardian.com/society/2018/may/23/the-friend-effect-why-the-secret-of-health-and-happiness-is-surprisingly-simple

9. https://eatsleepworkrepeat.fm/work-culture-follow-the-data/

10. https://journals.aom.org/doi/abs/10.5465/amj.2011.1072?journalCode=amj

Recarga 9: Defina as suas próprias regras

1. http://www.bbc.co.uk/news/magazine-22447726

2. https://ppc.sas.upenn.edu/sites/default/files/learnedhelplessness.pdf

3. https://www.ted.com/talks/leslie_perlow_thriving_in_an_overconnected_world#t-232888

4. A citação original pode ser traduzida como algo como: "Se eu puder fazer sucesso lá, vou conseguir em qualquer lugar".

5. https://hbr.org/2009/10/making-time-off-predictable-and-required

6. Ibid.

Recarga 10: Faça uma desintoxicação digital

1. Roubei descaradamente essa expressão de Geoff Lloyd, mas ele me contou que roubou de um colega de longa data. Parece que a própria expressão está se espalhando aos poucos de maneira fúngica.

2. https://hbr.org/2018/01/
    if-you-multitask-during-meetings-your-team-will-too

3. https://eatsleepworkrepeat.fm/is-deep-work-the-solution/

4. https://www.aeaweb.org/articles?id=10.1257/jep.14.4.23

5. https://hbr.org/1988/01/the-coming-of-the-new-organization

Recarga 11: Tenha uma boa noite de sono

1. O guia mais completo sobre todos os benefícios do sono pode
    ser encontrado em *Why We Sleep*, de Matthew Walker.

2. https://*on-line*library.wiley.com/doi/full/10.1002/brb3.576

3. Sinto agonia em ficar sabendo desses pobres animais.
    Eu costumava participar ativamente do Animal Aid e do
    Greenpeace na adolescência. No entanto, é assim que a ciência
    funciona. Matthew Walker, *Why We Sleep*, p. 81.

4. http://citeseerx.ist.psu.edu/viewdoc/
    download?doi=10.1.1.409.683&rep=rep1&type=pdf

5. http://citeseerx.ist.psu.edu/viewdoc/
    download?doi=10.1.1.409.683&rep=rep1&type=pdf

6. Matthew Walker, *Why We Sleep*, p. 3

7. https://www.ncbi.nlm.nih.gov/pmc/articles/PMC4340449/

Recarga 12: Faça uma coisa de cada vez

1. http://worldhappiness.report/wp-content/uploads/si-
    tes/2/2017/03/HR17-Ch6_wAppendix.pdf

2. Ibid.

3. http://www.pnas.org/content/109/49/19953

4. https://www.aft.org//sites/default/files/periodicals/TheEarlyCa-
    tastrophe.pdf

5. https://warwick.ac.uk/fac/soc/economics/staff/dsgroi/impact/
    hp_briefing.pdf

6. http://www.danielgilbert.com/KILLINGSWORTH%20&%20GIL-
    BERT%20(2010).pdf

Parte 2: Sincronize-se

Introdução

1. https://www.historyanswers.co.uk/kings-queens/emperor-frankenstein-the-truth-behind-frederick-ii-of-sicilys-sadistic-science-experiments/

2. https://pdfs.semanticscholar.org/5744/8ececb4f70edd8b31ab1fc9625b398afcd29.pdf

3. http://www.apa.org/news/press/releases/2017/08/lonely-die.aspx

4. Isso foi confirmado no estudo sobre bombeiros conduzido por Olivia O'Neill e Nancy Rothbard: https://journals.aom.org/doi/pdf/10.5465/amj.2014.0952

5. https://www.independent.co.uk/voices/grenfell-tower-fire-fighter-what-it-was-like-a7798766.html

6. Sigal Barsade, "All You Need is Love... At Work?", Freedom at Work: https://www.youtube.com/watch?v=sKNTyGW3o7E *e* https://hbr.org/2014/01/employees-who-feel-love-perform-better

7. Chris Voss, *Never Split the Difference*, p. 33.

8. https://*on-line*library.wiley.com/doi/full/10.1111/j.1475-6811.2010.01285.x

9. 2016 data: https://news.gallup.com/opinion/gallup/219947/weak-workplace-cultures-help-explain-productivity-woes.aspx

10. https://hbr.org/2017/03/why-the-millions-we-spend-on-employee-engagement-buy-us-so-little

11. Outros fatores que não foram levados em consideração podem estar em ação neste caso: as empresas de tecnologia demonstram uma grande preferência a ambientes orientados à experiência e têm apresentado (pela própria natureza das mudanças sociais) um desempenho muito bom em todas as métricas de crescimento, lucro e receita.

12. Todos os documentos sobre a cultura organizacional que você pode querer ler estão hospedados aqui: https://tettra.co/culture-codes/culture-decks/

13. http://uk.businessinsider.com/
    leadership-styles-around-the-world-2013-12

14. Stephen Lundin, Harry Paul e John Christensen, *Fish!*

15. Essas ideias foram em grande parte inspiradas em Ken
    Blanchard, que escreveu uma série de continuações de seu
    best-seller *O Gerente-minuto*, com um apelo cada vez mais
    extravagante no título em cada livro.

16. https://www.recode.net/2018/6/30/17519694/adam-grant-
    psychology-management-culture-fit-kara-swisher-recode-
    decode-*podcast*

17. Robin Dunbar, *Grooming, Gossip and the Evolution of Language*,
    p. 271.

1. https://www.nytimes.com/2016/02/28/magazine/the-post-
    cubicle-office-and-its-discontents.html

19. http://fortune.com/
    disrupted-excerpt-hubspot-*startup*-dan-lyons/

20. https://www.linkedin.com/pulse/
    long-slow-death-organisational-culture-dr-richard-claydon/

21. Daniel Pink, *Drive*, p. 29.

22. http://journals.sagepub.com/doi/
    pdf/10.1177/0146167282083027

23. https://pdfs.semanticscholar.org/abbc/
    acaa273b8fea38d142e795e968051fa368ea.pdf

24. Leia mais sobre o tema em Daniel Cable, *Alive at Work*.

25. https://eatsleepworkrepeat.fm/
    dan-pink-on-the-secret-of-drive/

26. https://hbr.org/2014/11/
    cooks-make-tastier-food-when-they-can-see-their-customers

27. https://www.fastcompany.com/3069200/heres-what-facebook-
    discovered-from-its-internal-research-on-employee-happiness

28. Note que Allport fez essas descobertas em condições de
    laboratório, mas isso também foi observado na vida real:
    https://brocku.ca/MeadProject/Allport/Allport_1920a.html

29. https://www.theguardian.com/science/2009/sep/16/
teams-do-better-researchproves

30. http://downloads.bbc.co.uk/6music/johnpeellecture/brian-eno-
john-peel-lecture.pdf

31. https://www.ncbi.nlm.nih.gov/pmc/articles/PMC4856205/

32. https://www.tandfon-line.com/doi/abs/10.1300/
J002v05n02_05?journalCode=wmfr20

33. https://www.researchgate.net/publication/19261005_Stress_
Social_Support_and_the_Buffering_Hypothesis

Sincronia 1: Mude o bebedouro de lugar

1. A melhor maneira de saber mais sobre o funcionamento dos
crachás sociométricos é ler o livro de Pentland, *Social Physics*.

2. Alex Pentland, "Social Physics: How Good Ideas Spread":
https://www.youtube.com/watch?v=HMBl0ttu-Ow

3. Alex Pentland, "Social Physics: From Ideas to Actions": https://
www. youtube.com/watch?v=o6lyeMJPo6I

4. Alex Pentland, *Social Physics*, p. 103.

5. Ibid., p. 104. Veja também https://hbr.org/2012/04/
the-new-science-of-building-great-teams

6. https://eatsleepworkrepeat.fm/work-culture-follow-the-data/

Sincronia 2: Sugira uma pausa para um café

1. Mais detalhes sobre os experimentos de Ben Waber podem
ser encontrados na minha conversa com ele no meu *podcast*:
https://eatsleepworkrepeat.fm/work-culture-follow-the-data/
ou em seu livro pioneiro, *People Analytics*.

2. Ben Waber, *Human Capital*, p. 87.

Sincronia 3: Reduza as suas reuniões pela metade

1. http://www.businessinsider.com/david-sacks-paypal-exec-
hates-meetings-2014-3?IR=T. Veja também o post no Quora
que levou ao artigo: https://www.quora.com/PayPal-product/

What-strong-beliefs-on-culture-for-entrepreneurialism-did-Peter-Max-and-David-have-at-PayPal

2. https://www.quora.com/Why-did-David-Sacks-crack-down-on-meetings-at-PayPal

3. https://eatsleepworkrepeat.fm/rory-sutherland-on-work-culture/

4. https://www.youtube.com/watch?v=1p5sBzMtB3Q

5. https://www.ted.com/talks/tom_wujec_build_a_tower#t-45675

6. http://www.bbc.co.uk/news/world-us-canada-43821509

7. https://hbr.org/2017/07/stop-the-meeting-madness

8. https://hbr.org/2018/01/if-you-multitask-during-meetings-your-team-will-too

9. https://www.researchgate.net/publication/258187597_Meetings_Matter_Effects_of_T eam_Meetings_on_Team_and_Organizational_Success

10. Pontuações médias (para fins de comparação, do teste de Tom Wujec): estudantes de administração: 28 centímetros; advogados: 41 centímetros; CEOs: 56 centímetros; crianças em idade pré-escolar: 66 centímetros; arquitetos e engenheiros: 99 centímetros (eles foram incluídos ao experimento posteriormente; qualquer pessoa familiarizada com construção de antenas teve um desempenho excepcional).

Sincronia 4: Organize um encontro social

1. https://eatsleepworkrepeat.fm/work-culture-follow-the-data/

2. Entrevista de Shane Parrish com Heffernan: https://www.fs.blog/2018/03/margaret-heffernan/

3. http://www.telegraph.co.uk/news/2016/09/01/drinks-after-work-are-unfair-on-mothers-jeremy-corbyn-claims/

4. https://econpapers.repec.org/article/eeejhecon/v_3a30_3ay_3a2011_3ai_3a5_3ap_3a1064-1076.htm e https://www. bbc.co.uk/news/uk-england-london-20308384

5. https://eatsleepworkrepeat.fm/rituals-emotions-and-food/

6. Steve Wozniak, *iWoz*.

7. https://eatsleepworkrepeat.fm/rituals-emotions-and-food/

8. Entrevista Shane Parrish com Heffernan: https://www.fs.blog/2018/03/margaret-heffernan/

Sincronia 5: Dê muita risada

1. Laurence Gonzales, *Deep Survival*, capítulo 1.

2. https://eatsleepworkrepeat.fm/the-culture-of-teams/

3. Ibid.

4. Al Siebert, *The Survivor Personality*.

5. Robert R. Provine, *Laughter*. Adorei esse livro. Vale muito a pena ler só pela descrição do humor de chimpanzés que aprenderam a linguagem dos sinais (falando sobre a sofisticação de crianças em idade pré-escolar, a propósito) (pp. 92–7).

6. Ibid, p. 7.

7. Ibid, p. 6.

8. Professora Sophie Scott em um episódio do *podcast* Eat Sleep Work Repeat: https://www.acast.com/eatsleepworkrepeat/laughter-howtobringthelolsbacktotheoffice?autoplay

9. https://www.youtube.com/watch?v=YcSI7irpU4U

10. https://www.newyorker.com/books/page-turner/the-two--friends-who-changed-how-we-think-about-how-we-think

11. http://journals.sagepub.com/doi/abs/10.1111/j.14678721.2009.01638.x *e* https://www.ncbi.nlm.nih.gov/pubmed/18578603

12. https://link.springer.com/article/10.1007%2Fs12110-015-9225-8

Sincronia 6: Energize os programas de boas-vindas

1. https://www.kronos.com/resources/new-hire-momentum-driving-onboarding-experience-research-report

2. Daniel Cable, *Alive at Work*, p. 55.

3. https://sloanreview.mit.edu/article/reinventing-employee-onboarding/

4. Daniel Cable, *Alive at Work*, p. 58.

5. Chip e Dan Heath, *The Power of Moments*, p. 20.

Sincronia 7: Não deixe o seu chefe ser um chefe ruim (e não seja um também)

1. Essa história foi contada no *podcast* Inside the Hive, da *Vanity Fair*, 11 ago. 2017: https://art19.com/shows/inside-the-hive

2. http://usatoday30.usatoday.com/news/health/story/2012-08-05/apa-mean-bosses/56813062/1

3. http://gruberpeplab.com/teaching/psych231_fall2013/documents/231_Kahneman2004.pdf

4. https://warwick.ac.uk/fac/soc/economics/research/workingpapers/2015/twerp_1072_oswald.pdf

5. http://usatoday30.usatoday.com/news/health/story/2012-08-05/apa-mean-bosses/56813062/1

6. https://www.ncbi.nlm.nih.gov/pmc/articles/PMC2602855/

7. https://warwick.ac.uk/fac/soc/economics/research/workingpapers/2015/twerp_1072_oswald.pdf

8. https://hbr.org/2015/01/if-your-boss-thinks-youre-awesome--you-will-become-more-awesome

9. https://on-linelibrary.wiley.com/doi/abs/10.1111/j.1475-6811.2010.01285.x

10. https://academic.oup.com/jeea/article-abstract/5/6/1223/2295747

11. Richard Reeves, autor *Happy Mondays*, em uma conversa com o autor: https://eatsleepworkrepeat.fm/friends-and-flow/

12. https://eatsleepworkrepeat.fm/bad-bosses/

13. https://hbr.org/ideacast/2018/04/why-technical-experts-make-great-leaders

14. Conversa do autor com Tom Leitch, ago. 2018.

15. https://eatsleepworkrepeat.fm/bad-bosses/

16. http://eprints.whiterose.ac.uk/93685/1/WRRO_93685.pdf

Sincronia 8: Saiba quando deixar as pessoas em paz

1. https://www.nytimes.com/2012/01/15/opinion/ sunday/the-rise-of-the-new- groupthink.html
2. https://www.linkedin.com/pulse/20141007161621-73685339 -why- steve-jobs-obsessed- about-office-design-and-yes-bathroom-locations/?trk=tod-home-art-list-large_ 0&trk= todhome-art-listlarge_0&irgwc=1
3. https://www.newyorker.com/magazine/2012/01/30/ groupthink
4. Ibid.
5. http://www.musicweek.com/interviews/read/ diamonds-are-forever-elton- john-bernie- taupin-on-their-50-year-songwriting-partnership/070518
6. https://www.youtube.com/watch? v=ItGqvIFpbPk
7. Tom DeMarco e Timothy Lister, *Peopleware*, p. 43.
8. https://www.gwern.net/docs/cs/2001-demarco- peopleware-whymeasureperformance.pdf
9. https://dl.acm.org/citation.cfm?id=274711
10. https://eatsleepworkrepeat.fm/work- culture-follow-the-data/

Parte 3: Crie um Buzz

Introdução

1. Alice Isen e Margaret Clark, "Duration of the Effect of Good Mood on Helping: 'Footprints on the Sands of Time'", 1976: https://clarkrelationshiplab.yale.edu
2. https://www.psychologie.uni-heidelberg.de/ae/allg/mitarb/ms/ Isen_2001.pdf
3. https://www.ncbi.nlm.nih.gov/pmc/articles/PMC3122271/
4. Ibid.
5. https://www.psychologie.uni-heidelberg.de/ae/allg/mitarb/ms/ Isen_2001.pdf
6. https://on-linelibrary.wiley.com/doi/ abs/10.1111/j.1559-1816.2002.tb00216.x
7. http://psycnet.apa.org/record/1980-22992-001

8. A resposta, caso você estiver curioso, é "banho".

9. https://www.psychologie.uni-heidelberg.de/ae/allg/mitarb/ms/Isen_2001.pdf

10. O conceito da foto foi recriado usando imagens da Unsplash; foto da casa: Luke Stackpoole; foto do homem: Tanja Heffner.

11. http://www.pnas.org/content/103/5/1599

12. https://greatergood.berkeley.edu/article/item/are_you_getting_enough_positivity_in_your_diet *e* http://www.jneurosci.org/content/32/33/11201

13. https://www.psychologie.uni-heidelberg.de/ae/allg/mitarb/ms/Isen_2001.pdf

14. http://www.acrwebsite.org/search/view-conference-proceedings. aspx?Id=6302

15. https://www.independent.co.uk/life-style/72-of-people-get-their-best-ideas-in-the-shower-heres-why-a6814776.html

16. https://www.youtube.com/watch?v=EOF-AB5c-ko *e* http://www.hollywood.com/general/aaron-sorkin-showers-up-to-eight-times-a-day-59438552/

17. https://www.ncbi.nlm.nih.gov/pmc/articles/PMC3132556/pdf/nihms90226.pdf *e* https://www.sciencedirect.com/science/article/pii/0749597889900320

18. https://www.ncbi.nlm.nih.gov/pubmed/11934003

19. https://www.ncbi.nlm.nih.gov/pmc/articles/PMC3132556/

20. https://www.ncbi.nlm.nih.gov/pmc/articles/PMC3122271/

21. Ibid.

22. http://www.scirp.org/(S(351jmbntvnsjt1aadkposzje))/reference/ReferencesPapers.aspx?ReferenceID=1389597 *e* http://www.psy.ohio-state.edu/petty/PDF%20Files/1995-JPSP-Wegener,Petty,Smith.pdf

23. https://www.youtube.com/watch?v=LhoLuui9gX8

24. *Podcast* Work Life, de Adam Grant, temporada 1, episódio 10 (conversa com Malcolm Gladwell): https://itunes.apple.com/gb/*podcast*/bonus-a-debate-with-malcolm-gladwell/id1346314086?i=1000411094716&mt=2

Notas   335

25. Isso também acontece com os cirurgiões. Os resultados de um cirurgião tendem a refletir a equipe toda; se ele sair para trabalhar em outro hospital, os resultados mudam, mas em geral refletem seu grau de familiaridade com a equipe do novo hospital: http://citeseerx.ist.psu.edu/viewdoc/download?doi=10.1.1.361.1611&rep=rep1&type=pdf

26. https://www.newstatesman.com/2014/05/how-mistakes-can-save-lives

27. http://qualitysafety.bmj.com/content/early/2015/05/13/bmjqs-2015-004129

28. http://www.hbs.edu/faculty/Publication%20Files/02-062_0b5726a8443d-4629-9e75-736679b870fc.pdf e https://www.researchgate.net/publication/8902776_Social_Influence_Compliance_and_Conformity

29. https://eatsleepworkrepeat.fm/rory-sutherland-on-work-culture/

30. https://pdfs.semanticscholar.org/1df3/b01b9a58f2d5d70b21935763e511af28b866.pdf

31. https://eatsleepworkrepeat.fm/rory-sutherland-on-work-culture/

32. https://www.fastcompany.com/3027135/inside-the-pixar-braintrust

33. https://variety.com/2016/film/features/disney-pixar-acquisition-bob-iger-john-lasseter-1201923719/

34. https://uk.ign.com/articles/2016/02/18/how-disneys-story-trust-helped-change-big-hero-6-frozen-wreck-it-ralph-and-more?page=1

35. https://www.slideshare.net/reed2001/culture-1798664/

Buzz 1: Veja o trabalho como um problema a ser resolvido

1. André Spicer, *Business Bullshit*, p. 138.

2. https://www.cnet.com/news/nokia-hangs-on-to-second-place-in-mobile-phone-market/

3. http://journals.sagepub.com/doi/10.2307/41166164

4. Laurence Gonzales, *Deep Survival.*

5. As cirurgias cardíacas minimamente invasivas foram desenvolvidas por Joseph T. McGinn Jr. em 2005 mas só começaram a se popularizar cinco anos depois: https://www.prnewswire.com/news-releases/new-study-confirms-minimally-invasive-heart-surgery-the-mcginn-technique-mics-cabg-as-a-safe-and-feasible-procedure-232558201.html

6. https://www.youtube.com/watch?v=LhoLuui9gX8

7. https://www.hbs.edu/faculty/Publication%20Files/02-062_0b5726a8-443d-4629-9e75-736679b870fc.pdf

Buzz 2: Quando pisar na bola, admita

1. https://www.forbes.com/sites/erikakelton/2018/05/07/uk-decision-about-jes-staley-in-barclays-whistleblower-case-is-a-disaster/#3ca50ea9394c

2. https://www.telegraph.co.uk/news/uknews/defence/8472610/SAS-the-chosen-few-who-are-a-force-like-no-other.html

3. http://phd.meghan-smith.com/wp-content/uploads/2015/09/katzsports.pdf

4. http://web.mit.edu/curhan/www/docs/Articles/15341_Readings/Group_Dynamics/Gersick_1988_Time_and_transition.pdf

Buzz 3: Mantenha as equipes enxutas

1. Jeff Sutherland, *Scrum*, p. 43.

2. Alguém criou um documento do Google Doc relacionando várias grandes empresas que utilizam o Scrum: https://docs.google.com/spreadsheets/d/1fm15YSM7yzHl6IKtWZOMJ5vHW9 6teHtCwTE_ZY7dP7w/edit#gid=5

3. Patrick Lencioni, *The Advantage*, p. 22.

4. https://www.hbs.edu/faculty/Publication%20Files/02-062_0b5726a8-443d-4629-9e75-736679b870fc.pdf

Buzz 4: Focalize os problemas, não as pessoas

1. As 200 horas são uma estimativa da CEB Inc., uma empresa de análise do local de trabalho, em uma avaliação do tempo por funcionário que uma empresa norte-americana gasta em média nos processos envolvidos na classificação em escala: https://www.washingtonpost.com/news/on-leadership/wp/2015/07/21/in-big-move-accenture-will-get-rid-of-annual-performance-reviews-and-rankings/?utm_term=.2ed33229088a

2. Ou a Dunder Mifflin, para os fãs da série cômica *The Office*. Eu sei... bem melhor, não é?

3. http://www.nber.org/papers/w19277

4. http://citeseerx.ist.psu.edu/viewdoc/download?doi=10.1.1.118.1943&rep=rep1&type=pdf

5. https://www.dezeen.com/dezeenhotlist/2016/architects-hot-list/

6. https://eatsleepworkrepeat.fm/architecture-of-work/

Buzz 5: Crie uma *Hack Week*

1. https://abc.xyz/investor/founders-letters/2004/ipo-letter.html

2. http://uk.businessinsider.com/mayer-google-20-time-does-not-exist-2015-1?r=US&IR=T

3. https://eatsleepworkrepeat.fm/dan-pink-on-the-secret-of-drive/

4. https://www.independent.co.uk/news/science/the-graphene-story-how-andrei-geim-and-kostya-novoselov-hit-on-a-scientific-breakthrough-that-8539743.html

5. https://eatsleepworkrepeat.fm/designing-great-culture/

6. Biz Stone, *Things a Little Bird Told Me*, capítulo 4.

Buzz 6: Proíba celulares nas reuniões

1. https://www.nytimes.com/2017/10/21/style/susan-fowler-uber.html

2. https://www.susanjfowler.com/blog/2017/2/19/reflecting-on-one-very-strange-year-at-uber

3. https://www.theguardian.com/technology/2016/dec/13/uber-employees-spying-expartners-politicians-beyonce

4. https://www.ted.com/talks/frances_frei_how_to_build_and_rebuild_trust?language=en

5. https://hbr.org/2018/03/having-your-smartphone-nearby-takes-a-toll-on-your-thinking

6. http://journals.sagepub.com/doi/abs/10.1177/0956797614524581

7. https://www.ted.com/talks/frances_frei_how_to_build_and_rebuild_trust/transcript?utm_source=tedcomshare&utm_medium=email&utm_campaign=tedspread#t-544013

8. http://ilo.org/global/about-the-ilo/newsroom/news/WCMS_544108/lang–en/index.htm*and*http://ilo.org/wcmsp5/groups/public/–dgreports/–dcomm/–publ/documents/publication/wcms_544138.pdf

9. https://hbr.org/2017/11/a-study-of-1100-employees-found-that-remote-workers-feel-shunned-and-left-out

Buzz 7: Promova a diversidade

1. https://hbr.org/2016/09/diverse-teams-feel-less-comfortable-and-thats-why-they-perform-better

2. https://www.apa.org/pubs/journals/releases/psp-904597.pdf

3. https://www.mckinsey.com/business-functions/organization/our-insights/why-diversity-matters

4. J. S. Mill, *Principles of Political Economy*, primeira edição de 1848.

Buzz 8: Substitua as apresentações pela leitura

1. https://www.sec.gov/Archives/edgar/data/1018724/000119312518121161/d456916dex99

2. https://blog.aboutamazon.com/2017-letter-to-shareholders/

3. http://www.cs.cmu.edu/~ab/Salon/research/Woolley_et_al_Science_2010-2.pdf

4. Figura 1: felicidade (crédito da foto: Hian Oliveira/Unsplash). Figura 2: raiva (crédito da foto: www.pexels.com). Você pode fazer o teste na Internet em dez minutos. Veja: https://socialintelligence.labinthewild.org/mite/

5. https://eatsleepworkrepeat.fm/the-collective-intelligence-of-teams/

6. https://www.nytimes.com/2015/01/18/opinion/sunday/why-some-teams-are-smarter-than-others.html

Buzz 9: Faça um pre-*mortem*

1. Atul Gawande, *The Checklist Manifesto*, p. 32.

2. https://hackernoon.com/happy-national-checklist-day-learn-the-history-and-importance-of-october-30-1935-17d556650b89

3. https://hbr.org/2007/09/performing-a-project-premortem

4. https://hbr.org/2018/09/curiosity

5. https://www.researchgate.net/profile/Blake_Ashforth/publication/49764184_Curiosity_Adapted_the_Cat_The_Role_of_Trait_Curiosity_in_Newcomer_Adaptation/links/53eb7e6f0cf202d087cceb59/Curiosity-Adapted-the-Cat-The-Role-of-Trait-Curiosity-in-Newcomer-Adaptation.pdf

6. https://hbr.org/2018/09/curiosity

Buzz 10: Relaxe

1. https://eatsleepworkrepeat.fm/the-culture-of-teams/

2. https://www.telegraph.co.uk/news/uknews/1547597/Replacement-of-Cambridge-cox-creates-ripples-in-rowing-world.html

3. https://www.researchgate.net/publication/273467469_Laughter's_Influence_on_the_Intimacy_of_Self-Disclosure

4. http://www.hbs.edu/faculty/Publication%20Files/02-062_0b5726a8443d-4629-9e75-736679b870fc.pdf

5. Entrevista de Noah com Adam Grant no *podcast* Work Life, abr. 2018: http://www.adamgrant.net/worklife

ÍNDICE REMISSIVO

A

admitindo os erros, 219-22

afetividade negativa, 20, 22, 221, 230

afetividade positiva, 194 - 213-12

Allport, Floyd, 146

alternância de atenção, 118

Amabile, Teresa, 39-2, 41-2, 193, 140

Amazon, 283-4

ambiente de trabalho orientado a resultados (Rowe), 76-77

Angello, Genna, 55

Apollo 13 (missão espacial), 81

Apple, 36, 37, 175, 268

Archer, Laura, 91, 93, 98

Arquimedes, 53

automação, 20

autonomia, 138

autorregulação, 93

aviação, e segurança psicológica, 223

B

B-17 (bombardeiro), 291

Bain, Adam, 277

banqueiros de investimento, 28

Barez-Brown, Chris, 46

Baron Cohen, Simon, 286

Barsade, Sigal, 129

Barton, Joey, 82

Baumeister, Roy, 127

bebedouro, mudar de lugar, 149

bebedouro, no escritório, 149

bebidas alcoólicas, 115

Beeman, Mark, 184

Best Buy, 76

Bezos, Jeff, 283

Bilton, Nick, 192

Boston Consulting Group, 101

brainstorming, 204

Braintrust, 236

Bridgewater Associates, 166, 235

Bromiley, Elaine, 226

Bromiley, Martin, 226

Brynjolfsson, Erik, 109

Buell, Ryan, 144

Buffer, 103

burnout, 32

Butterworth, Stewart, 7

buzz, 211, 212, 278

Índice Remissivo 341

C

Cable, Daniel, 142

cafeteira, 152

Cain, Susan, 205

call centers, 150

caminhadas: e pensamento criativo, 46; e reuniões, 48

Campeonato de Remo da Cambridge, 297

cansaço, e relação com pular o almoço, 93

Casablancas, Julian, 15, 84

Catmull, Ed, 236

celulares: proibição de, 272; e estresse, 87

checklists, 291

chefes: maus exemplos de, 196; boas qualidades dos, 202

Christie, Chris, 78

classificação em escala, 260

Claydon, Richard, 137

colaboração artística, 140

comer sozinho, 156

Comey, James, 183

comida, e encontros sociais, 172

compras on-line, 12

conectividade constante, 18

Corbyn, Jeremy, 173

coros, 147

cortisol, 81, 107

Cox, Anna, 89

crachás sociométricos, 24, 149, 152, 155

Credit Suisse, 31

Crew Resource Management, 224

criatividade: e distração, 44; e riso, 184; e motivação, 159; e afetividade positiva, 213; e propósito, 143; e trabalho solitário, 29, 276; e estresse, 82

Csiíkszentmihaályi, Mihaály, 39

cultura organizacional, 133

curiosidade, cultura de, 293

Curtis, Richard, 205

D

Dalio, Ray, 235

David, Paul, 108

De Neve, Jan-Emmanuel, 117

Deliveroo, 199

Desafio do Marshmallow, 161

desamparo aprendido, 100

diálogo no trabalho, 151

Dickens, Charles, 44

dinâmica de grupos, 135

direito (profissão), 20

Dirks, Kurt, 232

Disney, 237

distrações: e pensamento criativo, 50, 53; em escritórios de layout aberto, 37 diversidade étnica, 280

diversidade, benefícios da, 280

doença da pressa, 59, 195

doenças relacionadas ao estresse, 29, 61

Dorsey, Jack, 172, 268, 239

Dowbiggin, Rebecca, 298

Drucker, Peter, 109, 133

Duffy (cantora), 84

Dunbar, Robin, 95, 135, 146, 164, 299, 301

E

e-mails: notificações, 89; fora do trabalho, 101; estatísticas, 60; no fim de semana, 107

Economist (periódico), 71

Edmondson, Amy, 222, 228, 241, 297, 301

Ehnmark, Kristin, 99

Eisenstat, Stanley, 253

Elton, Ben, 205

Emap, 294

encontros sociais, 172

endorfinas, 96, 146, 300

engajamento, 131, 143

Eno, Brian, 146

equipes hospitalares, 222, 259

equipes: e segurança psicológica, 224; e "Scrum", 256

Erhardt, Moritz, 31

escritórios de layout aberto, 36, 50

esforço discricionário, 131

estresse: e criatividade, 81; e humor, 182

exaurir e descartar, 32

F

Facebook, 35

Feldman Barrett, Lisa, 52

felicidade, 116

fika, 157

Fish! (livro), 134

física social, 149

fluxo de ideias, 150

fluxo, 39

fones de ouvido, 49

Forças Especiais do Reino Unido, 247

Ford Motor Company, 68

Fowler, Susan, 272

Frankl, Viktor, 241

Franklin, Benjamin, 274

Frederickson, Barbara, 213, 237

Frederico II, imperador do Sacro Império Romano, 124

Frei, Frances, 274

Índice Remissivo   343

G

Gallup, pesquisas da, 13, 19, 131

Geim, André, 266

General Electric, 260

Gerkens, David, 55

Gersick, Connie, 251

Gino, Francesca, 94, 294

Gladwell, Malcolm, 228

Glenn, Russ, 298

Goldman Sachs, 28

Gone for Lunch (blog), 91

Gonzales, Laurence, 178

Goodall, Amanda, 198

Google, 35, 255

Grant, Adam, 135, 144, 224

Gray, Alan, 299

Greene, David, 140

Grenny, Joseph, 276

H

Hack Week, 268

Harrison, Spencer, 293

Hart, Betty, 117

Heath, Chip, 190

Heath, Dan, 190

Heffernan, Margaret, 170, 176

hierarquia das necessidades (Maslow), 125

hierarquia, 225, 228

Hill, Harry, 84

Hill, Peter, 290

Hitt, Lorin, 109

Hogan, Robert, 193

Holt-Lundstad, Julianne, 127

horas de trabalho: e conectividade, 20; aumento das, 68; e produtividade, 69; redução das, 69

hot debrief", 249

Hsieh, Tony, 136

Humanyze, 57, 76, 152

humor, 178; veja também riso

Hunter, Emily, 93

I

Iger, Bob, 237

Ikea, 157

ilusão positiva, 130, 197

Ingels, Bjarke, 262

inovação, e grupos, 151

instalações, escritório, 149

inteligência artificial, 18, 21

inteligência coletiva, 285

interrupções: e pensamento criativo, 38; e escritórios de layout aberto, 51, 39

intervalos para o almoço, 94

Isaacson, Walter, 203

Isen, Alice, 212

isolamento, no trabalho, 233

Ive, Jony, 36

J

Jackson, Tom, 87

Japão, e cultura organizacional, 133

Jobs, Steve, 12, 55, 192, 203

Jogos de Guerra de Codificação, 206

John Deere, 190

John, Elton, 205

K

Kahneman, Daniel, 52, 183, 187, 193

Kalanick, Travis, 273

Katzenbach, Jon, 70

Kieran, Dan, 75

Kierkegaard, Søren, 44, 138

Kirschbaum, Clemens, 81

Korean Airlines, 225

Kounios, John, 184

Kreamer, Anne, 49

Kronos, 188

Kuhn, Peter, 261

L

Labuta (cultura de escritório), 231, 262

laptops, 274

Leary, Mark, 127

Lei de Brooks, 256

Leitch, Tom, 199

leitura de informações, 283

Lencioni, Patrick, 257

Lennon, John, 205

Lepper, Mark, 140

Leroy, Sophie, 38

Levitin, Daniel, A mente organizada, 61, 66

Lewis, Richard, 133

Lundblad, Birgitta, 99

Lyons, Dan, Disrupted, 137

M

Manhã no Modo Monge, 37

Mann, Sandi, 62

Mansell, Jessica, 161

Mark, Gloria, 63

Maslow, Abraham, "hierarquia das necessidades", 125

Massino, Joseph C., 47

Maxfield, David, 276

Maxwell, Scott, 70

May, Theresa, 21

Mayer, Marissa, 67, 266

McCartney, Paul, 205

McCord, Patty, 239, 261

McKinsey, 70, 136, 281

McNeil, William, 147

Meijman, Theo, 93

Merrill Lynch, 31

Índice Remissivo   345

Method, 185

MGMT (banda), 84

Michel, Alexandra, 28-30

microfronteiras, 79

Mill, John Stuart, 282

Miller, Sir Robin, 294

Mitchell, Deborah, 292

modo de sobrevivência, 229

Morgan, Jacob, 132

Mosley, Lucy, 305

motivação extrínseca, 138, 140

motivação intrínseca, 138, 140

movimento da cultura organizacional veja cultura organizacional

Mulder, Gijsbertus, 93

mulheres: e inteligência coletiva, 287; e encontros sociais, 172

multitarefa, 88, 166

Murray, Andy, 65, 67

N

Nações Unidas (relatório de 2017), 276

Nasr, Dara, 304

Nemeth, Charlan, 204

Netflix, 35, 239, 260

neuroeconomia, 52

Newport, Cal, 40, 121

Nietzsche, Friedrich, 47

Noah, Trevor, 301

Nokia, 240

Novoselov, Konstantin, 266

O

Odeo, 268

Oldgren, Elisabeth, 99

Oppezzo, Marily, 44-53

orgulho, 144

Oswald, Andrew, 117

Owen, Robert, 68

P

Panksepp, Jaak, 85

Parfitt, Andy, 175

Parkinson, Brian, 299

Pencavel, John, 69, 107

pensamento convergente, 45, 47

pensamento divergente, 46-53

Pentland, Alex "Sandy", 24, 151, 176

Perlow, Leslie, 100, 107, 165

pertencimento, senso de, 127, 172

Pielot, Martin, 89

Pink, Daniel, 78, 94, 139, 142, 267, 271

Pixar, 236

pobreza, e felicidade, 117

pre-mortem, 292

presenteísmo, 76

problemas de saúde, relacionados ao trabalho, 29

processos cerebrais, 52

produtividade, e "fluxo de ideias", 150

programas de boas-vindas, para novos funcionários, 188

propósito, senso de, 138

Provine, Robert, 179

Puleston, Andy, 175, 186

Q

Quem Vai Ficar com Mary? (filme, 1998), 66

R

Radicati, 60

Radio 175

reavaliação, 251

Reeves, Richard, 197

Regra do Sábado, 31

remo, 274

repúblicas universitárias, 257

Ressler, Cali, 76

Rippol, Deborah, 103

Risley, Todd, 117

riso, impacto positivo do, 163, 273

Rocco, Elena, 217

Rond, Mark de, 179, 298

Rowling, J. K., 44

S

Sacks, David, 159

Säfström, Sven, 99

Salford Iron Works, 68

Schwartz, Daniel, 55

Schwartz, Tony, 72

Scott, Sophie, 86, 182

Scrum (metodologia), 254

segurança psicológica, 212, 221, 228, 230, 299

sensibilidade social, 285

Seligman, Martin, 100

setor bancário, e excesso de trabalho, 25

Siebert, Al, 178, 179

silêncio, nas reuniões, 283-286

sinais faciais, teste de interpretação de, 286

sincronização ("Sincronia"): e comida, 170; e "fluxo de ideias", 150; e riso, 173; efeitos positivos da, 146; e pausas para um café, 133

síndrome de Estocolmo, 99

Skillman, Peter, 161

Índice Remissivo 347

Slack, 71

smartphones veja celulares

Smith, Sam, 84

Smith, Steven, 55

sobrecarga de informação, 66

solidão no trabalho, 32

solidão, 32, 128; veja também isolamento

Sommers, Sam, 280

sono, importância do, 112, 220

Sorkin, Aaron, 218

Southgate, Gareth, 83

Spicer, André, 164, 230

stack ranking veja classificação em escala

Staley, Jes, 247

Sterling, Raheem, 83, 90

Stickgold, Robert, 114

Stone, Biz, 172, 268

Stone, Linda, 65

Strokes, The (banda), 15, 84

Sutherland, Jeff, 254

Sutherland, Rory, 41, 53, 160, 230, 234

T

tamanho da equipe, 256

Taupin, Bernie, 205

Taylor, Matthew, 21

Técnica para produção de ideias, 55

técnicas de enquadramento, 241

tédio, benefícios do, 62

Telefonica, 88

The New Work Manifesto, 4

Thompson, Jody, 76

Todd, Sue, 14

tomada de decisão, 67

trabalhadores remotos, 207, 276

trabalho em casa, 207

trabalho focado, 40, 108, 109

trabalho solitário, 203

transporte entre a casa e o trabalho, 194

transtorno do déficit de atenção com hiperatividade (TDAH), 88

TripAdvisor, 188

Trougakos, John, 97

Trump, Donald, 183

Tversky, Amos, 183

Twitter, cultura de escritório do, 14, 163, 268, 277,

U

Uber, 272

Universidade Carnegie Mellon, 88

urgência, senso de, 61

V

vício, e excesso de trabalho, 29

Vohs, Kathleen, 66

Voss, Chris, 130

W

Waber, Ben, 57, 96, 152, 165, 169, 207, 277

Walker, Matthew, 114

Wallace, Claudia, 174

Webb Young, James, 218

Weinstein, Daniel, 147

Welch, Jack, 260

Wilding, David, 41

Williams Woolley, Anita, 285

Williams, Ev, 268

Wilson, Matthew A., 113

Wipro, 189

Wozniak, Steve, 175, 203

Wu, Cindy, 93

Wujec, Tom, 162

Y

Yahoo, 170

Agradecimentos

Sou profundamente grato a várias pessoas por toda a ajuda que recebi para escrever este livro.

Sou grato a Tula, Billy e Carol, por encher nossa casa de alegria.

Minha família sempre soube que rir diante das adversidades nos ajuda a nos sentir melhor e agradeço a minha mãe e a Jo por sua presença constante e por rir comigo nos piores momentos. Envio meu amor a meu pai e minha avó.

Sou imensamente grato a Sue Todd, que me inspirou e colaborou comigo para escrever o The New Work Manifesto. Como eu, ela se incomodou ao ver como o local de trabalho pode ser disfuncional e se decepcionou profundamente ao constatar que ninguém estava falando a respeito.

Não tenho como agradecer a Matt Pennington o suficiente. Em muitas ocasiões, parecia que ele era o único ouvinte do meu *podcast* e seus comentários sobre o primeiro manuscrito deste livro me ajudaram enormemente. Ele é um amigo incrível.

Sou grato a Nigel Wilcockson e à equipe da Penguin Random House por tornar esta empreitada tão prazerosa. Nigel foi simplesmente heroico e sou grato a ele por toda a ajuda no processo de edição.

E, por fim: sou grato a todas as pessoas que encheram meu trabalho de alegria e prazer no passado e no presente. Dar risadas com Rhianna, Rebecca e Dara é sempre o ponto alto da minha vida no Twitter e sou muito grato à minha grande sorte.

Alegria de Trabalhar